關於聖經的100個故事

的100個故事

100 Stories of
Bible

林彥麒◎編著

前 言

《聖經》既是基督教的經典著作，也是想像力豐富、引人入勝的文學瑰寶。至今已被譯為2197種語言，有十幾億人把《聖經》當作靈性生命的寶典和上主啟示的泉源。

《聖經》更是一部年代久遠的歷史手卷，記載了聖賢、先知、使徒、詩人、民族英雄以及平民與上主在一起的宗教經歷和體驗。他們在走過了人生偉大的旅程之後，或以口述的方式，或以文字紀錄，把自己對生命的體驗和感悟深刻地紀錄下來。這部生命之書，既充滿了理想，又根植於現實；它以神明為中心，同時也迸發出了人道的精神。

在《聖經》裡面，記載了許多故事，這些故事裡蘊含的智慧恍如棕櫚樹林裡的風聲、曠野中的天籟。純樸的人可以聽到福音的呼喚，熱愛生命的人可以感受到天國的慈光。

本書選取了《聖經》裡面流傳最廣、最值得閱讀、最具代表性的100個故事，將這些故事奉獻給讀者，以祈福上主垂憐我們。

通俗易懂是這本書的最大特點。由於這些故事是在特定的時代背景下寫成的，裡面蘊含了一些宗教觀點和教義。一般讀者直接從《聖經》裡面閱讀這些故事，就會覺得艱澀、難懂。所以本書在編寫過程中，編者查閱了大量資料，將這些語句之間的關連、內在的宗教觀點和教義，通俗易懂的敘述出來，讓讀者看得明白，讀著簡單。

《聖經》中的某些故事，具有超越宗教意義之外的普遍哲理。比如寡婦給聖殿捐錢，生動說明了「善心的價值不在於捐獻多少，而在於善心的真誠」；

聖徒保羅是一個惡徒，在上帝的感化下成了宣揚福音的聖徒。保羅轉化之後，人們依然對他敬而遠之，唯獨巴拿巴對他關愛、友善。這說明了在人際關係中，我們要心懷善心，要給那些犯過錯的人改正的機會。有鑒於此，編者盡量不圍於故事中的宗教意義，而是將視野放開，將故事中的道理和人生的哲理結合起來，使人讀後耳目一新，受益匪淺。

對於一些平時前所未聞的知識，書中也有詳盡的介紹。如：撕裂衣服和往頭上撒灰代表什麼？「肘」指的是什麼意思？「賀梅珥」又指的是什麼意思？讀者可以在閱讀中感受到古猶太人的歷史風貌和風俗習慣，不知不覺學到很多新奇的知識。

「諾亞方舟」是《聖經》裡面想像力最豐富、流傳最廣的故事之一。但是，諾亞方舟真有實物，還是僅僅存在於傳說中呢？在書中，你不妨看看《聖經》研究者的探險和考證。一些《聖經》裡的故事，在一般人看來，屬於虛無縹緲的神話傳說；而在一些虔誠的基督教徒和《聖經》研究者眼中，這些故事卻真實地存在久遠的歷史長河中。

如果你是一個一般的讀者，這本書會帶給你文學的精華和想像力的翅膀；如果你是一個虔誠的信徒，這本書將帶給你通俗易懂的基督教義和教規。無論如何，都是開卷有益的。

第一編　創世之初

第二編　迦南之路

目錄

第三編　士師時代

第四編　君王統治

目錄

第五編　　耶穌傳說

第六編　福音傳播

第一編

創世之初

上帝開天闢地創造萬物

「創世論」是基督教基本教義之一，是關於世界的創造與維持的教義。來自於《舊約・創世紀》，認為世界是上帝在六天之內創造的，第一天創造了光，第二天創造了空氣，第三天創造了地和海並與地上的草木，第四天創造了日月星辰，第五天創造了水裡的魚和空中的飛鳥，第六天創造了地上的牲畜、昆蟲、野獸和人。第七日上帝歇息，這一天定為聖日。創世論是基督教的核心。

在宇宙天地尚未形成之前，沒有天地、沒有空氣、沒有人類萬物。一片混沌，一片黑暗。

上帝在混沌黑暗的世界漂遊。祂想讓這個世界有天地、有水、有光亮、有生機勃勃的草木、有靈動活潑的飛鳥走獸、有萬物靈長的人類。於是，祂決定用六天的時間開天闢地，創造萬物。

第一天，上帝說：「要有光！」於是光明在一剎那間產生了，驅走了黑暗。上帝將光與暗分開，稱光明為晝，稱黑暗為夜。於是天地之間有了白天和黑夜。

第二天，上帝望著混沌的世界說：「水和空氣分開！」於是，空氣飄浮到了水面之上，空氣和水之間，投進了光亮，形成了一個空曠明淨的世界。上帝將高遠明淨的空氣，稱作「天」。這樣，天地的最初形狀就形成了。

第三天，上帝望著煙波浩渺的水面說：「地上的水聚集到一起，使旱地露出來！」於是，地上浩渺無邊的水匯流到了一起，形成了大海、河流和陸地。上帝看著光禿禿的陸地說：「這樣太荒涼了，如果生長了茂盛的青草、果樹和蔬菜多好啊！」於是地上便長出了各式各樣的植物。

第四天，上帝認為白天和黑夜的長短和交替需要有一定規律。於是祂創造出了太陽和月亮。太陽掌管白晝，月亮掌管黑夜，互相輪換，各司其職。上帝還創造了無數的星斗，把它們排列在天幕之中。白天隱去，夜間出現。上帝根據白天、黑夜的輪轉，制訂了節令、日曆和一年四季。

第五天，上帝望著寂靜、空曠的天地說：「我希望水中有魚兒游弋、天空有鳥雀飛翔！」於是，水中生出了魚蝦等生物，天空中有了各種各樣的飛禽。

第六天，上帝看著空盪盪的陸地，感到實在太安靜、太空曠了。於是祂創造出了各種各樣的走獸、昆蟲和牲畜。寂靜的天地熱鬧了起來，有了勃勃生機。水中有魚兒安靜地游弋、空中有飛鳥悠閒地飛翔、陸地上有走獸快樂地奔跑。上帝看到如此和諧的場景，感到十分快樂。祂說：「我還要依照我的模樣，創造出人類，來管理海裡的魚、天上的鳥、地上的走獸和草木。」於是，

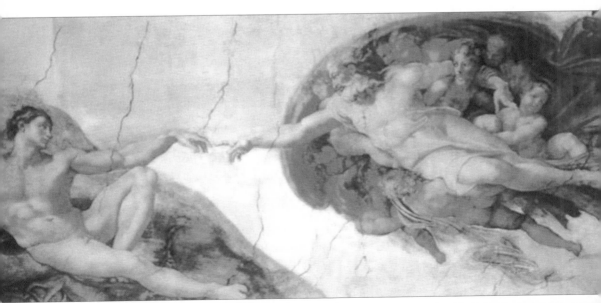

壁畫《上帝創造亞當 》米開朗基羅，1508年創作。

上帝用泥捏了一個人的形狀，在泥人的鼻孔裡面吹了一口氣，泥人就變成了活人。這個人就是人類的始祖亞當。

上帝本意讓人成為萬物之靈，就賜福給他們，對他們說：「希望你們能夠繁衍不息，治理地上的一切，也要管理海裡的魚、空中的鳥和地上各種生物！我將遍地上一切結種子的菜蔬和一切樹上所結有核的果子，全賜給你們做食物。」

就這樣，上帝用了六天的時間創造了世界萬物，到了第七天造物的工作已經完成了，上帝開始休息。於是，上帝給第七日賜福，稱之為「聖日」。也就是人們工作六天，就要休息一天，因此這一天又稱為「安息日」。信徒們到了這一天，都要放下手中的工作去禮拜上帝。一星期有七天，也就來源於此。

《創世紀》描述了上帝創造世界和人類始祖的過程。基督教認為，上帝開闢鴻蒙，創造了宇宙萬物。正因為祂創造了一切，才被說成是至高無上、全能全知、無所不在的唯一真神和宇宙的最高主宰。

馬禮遜（1782年～1834年），是西方派到中國的第一位基督新教傳教士，他在華25年，在許多方面都有首創之功。他首次把《聖經》全譯為中文並予以出版，使基督教經典得以完整地介紹到中國；編纂第一部《華英字典》；創辦的《察世俗每月統紀傳》，成為第一份中文月刊；建立「英華書院」，開傳教士創辦教會學校之先河；他又和東印度公司醫生在澳門開設眼科醫館，首創醫藥傳教的方式。他所開創一系列事業，使其成為近代中西文化交流的先驅。

亞當和夏娃被逐出伊甸園

基督教是世界三大宗教之一，發源於西元1世紀巴勒斯坦地區猶太人社會，是信奉耶穌為救世主的各個教派的統稱，一般稱為「基督宗教」。基督宗教包括天主教、新教和正教以及一些比較小的教派，各派在教義、禮儀、組織和制度等方面雖有或多或少的差別，但是都以《聖經》（《舊約》和《新約》）為根本經典，以上帝為唯一崇拜對象。

上帝在東方的伊甸，建造了一個美麗的花園，將亞當安置在伊甸園裡面。

伊甸園裡面有四條河流流淌而過，滋潤著伊甸園美麗的土地。這四條河流分別是基訓河、希底結、伯拉河、比遜河。前三條河清澈碧綠，水草豐美；最後一條比遜河泛著柔美金黃的顏色，河水裡面佈滿了金子、珍珠和瑪瑙。這四條河是上帝對伊甸園的恩賜，天不下雨也能植物繁茂、五穀豐登。

上帝讓伊甸園裡面長出奇花異草和美麗的林木，林木上面結滿了美麗的果子。伊甸園的樹木，分為生命樹和善惡樹。上帝對亞當說：「這些樹上的果子，味道鮮美，你可以隨便吃。但是你不能吃善惡樹上的果子，否則將招致災禍，必定死亡。」

上帝看到亞當一個人孤單，就說：「你這樣獨居是不是很煩悶？我創造一個配偶陪伴你吧！」在亞當沉睡之際，上帝從他身上抽出一條肋骨，然後輕輕地吹了一口氣，亞當的傷口立刻癒合，肋骨變成了女人。亞當醒來看見了這個女人，立刻意識到這個她與自己的生命有某種神秘的連繫，不由得心中充滿了快慰和滿意，脫口說道：「妳是我骨頭上的骨頭，肉裡面的肉，我就把妳稱作女人吧！女人，就是從男人身上取出來的。」

這個女人，就是亞當的妻子夏娃。亞當和夏娃在和風習習、花香鳥語的伊

拉斐爾（1843年～1520年）壁畫中的「逐出伊甸園」。

甸園，無憂無慮、快樂逍遙地生活。他們赤身裸體，卻坦然共處。他們沒有善惡觀念，也沒有羞恥之心，更沒有非分的欲望，過著天堂般的日子。

伊甸園裡面有一種動物，亞當稱牠為「蛇」。蛇最初人身長尾，還有一對漂亮的翅膀，能在空中飛翔，長得非常美麗，那時候所有的動物都很溫馴善良，只有蛇因為有惡靈附體，非常狡猾、邪惡，牠對亞當、夏娃美滿的生活心懷嫉妒。

一天，蛇爬到夏娃身邊，用充滿挑釁的聲調說道：「難道上帝不允許你們吃樹上的果子嗎？」心地單純的夏娃，對蛇的問話絲毫沒有戒備，她回答說：「上帝讓我們吃生命樹上的果子，唯獨不能吃善惡樹上的果子。上帝告誡我們：貪吃善惡樹上的果子，必死無疑！」

蛇聽了夏娃的話，用充滿誘惑的口吻說道：「善惡樹上的果子是可以吃的，吃了你們會變得聰明、眼睛變得明亮、心靈變得通透，你們就會像上帝一樣知道什麼是善，什麼是惡。你們大膽去吃吧！上帝在嚇唬你們，根本不會有事的！」

夏娃聽了蛇的話，仔細打量著善惡樹上的果子，那些果子顏色美麗、飄著清香。她猶豫了片刻，摘下吃了一個；又給亞當摘了一個，亞當也吃掉了。兩人吃了善惡果，看到自己赤身裸體，頓時萌生了羞恥之心。他們用無花果的葉子編織成裙子，來遮掩裸露的身體。

上帝得知亞當和夏娃偷吃了禁果，就將他們趕出了伊甸園，讓他們去遭受生活的苦難。上帝對夏娃說：「妳要飽受懷胎的痛楚，多生兒女多受苦累，一輩子受丈夫管教。」接著又對亞當說：「你也要遭受懲罰，必須終生勞作才能

吃飽穿暖。」同時，上帝又給亞當和夏娃限定了壽命，讓他們勞作一生，在病痛衰老中死去。誘惑夏娃偷吃禁果的蛇，也受到了懲戒。上帝責罰罪魁禍首的蛇說：「你既然做了這樣的事，就必須接受詛咒和懲罰，你將比一切的牲畜禽獸更甚，形體可憎，為人們所厭惡；用肚子行走，終身吃土！」於是，蛇失去了翅膀和人身，變成了一調條彎彎曲曲的長蟲。

上帝將亞當夏娃趕出伊甸園後，為了防範他們回來偷吃生命樹上的果子，變得長生不老，就設立了天使（基路伯）和噴射火焰的刀劍，來守護伊甸園裡的生命樹。

在基督信徒看來，亞當和夏娃是人類的始祖，亞當是眾生之父，夏娃是眾生之母。

人類的始祖在伊甸園受到蛇的誘惑，違背上帝的旨意偷吃了禁果，所以被逐出伊甸樂園，到人世間遭受勞作、病痛和死亡的痛苦。這個罪過，成為人類最原始的罪過，被稱之為「原罪」，它是基督教最重要的教義之一。在亞當和夏娃後代的所有人身上，都有難以磨滅的「原罪」的痕跡，成為人類一切災禍和罪惡的根源。上帝讓基路伯把守通往伊甸園的路，象徵著有罪的人是不能夠進入天國的，也不能得到永生。暗示著人類只有透過基督的「救贖」，才能夠重返昔日的樂土。

瓦爾特‧亨利‧麥都思 （1796年～1857年）英國傳教士，生於英國倫敦。自號「墨海老人」，漢學家。1843年麥都思代表倫敦會到上海，是第一個到上海的外國傳教士。
1848年3月，麥都思與幾個人擅自去青浦傳教，與船民發生衝突，英領事藉此挑起事端，激起中國近代第一件教案──青浦教案。1857年1月24日，麥都思在倫敦逝世。

兄弟相殘

基督教相傳為猶太的拿撒勒人耶穌所創立，基督（Christ）又譯作「基利斯督」，意思是「受膏者」。基督教裡面的基督是對耶穌的專稱，是上帝差遣來的救世主。

亞當和夏娃被上帝逐出伊甸園後，開始了男耕女織的生活。時隔不久，夏娃懷孕了，生下了長子該隱。又過了一段時間，該隱的弟弟亞伯也降生於世。

該隱長大後做了一個農夫，亞伯成為一個牧羊人。他們看見父親亞當經常拿禮物獻給上帝，也紛紛效仿，拿出自產的物品奉獻給上帝。

可是，令該隱不解的事情發生了：上帝面對亞伯獻上的羊和羊脂，滿心歡喜；而對自己的農產品，卻不屑一顧。該隱對此十分生氣，他認為弟弟和自己爭寵，奪走了上帝對他的歡心。

有一天，該隱手拿鋤頭在農田除草，看見亞伯在對面的山坡上放羊。他按捺不住內心的嫉妒，就走過去氣勢洶洶地質問亞伯：「你是用了什麼手段，在上帝面前和我爭寵的？為什麼一直疼愛我的上帝，只喜歡你的物品呢？」

亞伯說：「我沒有和你爭寵，我只是用了心。」

該隱冷笑道：「用心？難道我對上帝沒有用心嗎？」

亞伯說：「哥哥，你大可不必和我爭論，靜下心來思考一下，對上帝，你是不是真正用心了！」

該隱聽了更加生氣，用手推搡亞伯。亞伯說：「哥哥，請你不要生氣了，在這方面浪費時間，實在不值得。用心去做你喜歡做的事情吧！只要用心，上帝就會高興。也許你認真去做了，可是你心情煩躁、驕傲或者輕慢，上帝也同

樣不會高興。」

　　被怒氣衝昏頭的該隱，根本聽不進亞伯的勸告。他用力踢了亞伯一腳，亞伯趔趄著後退了一步，跌進身後的溝渠裡面，腦袋撞在石頭上，暈了過去。該隱還是不解氣，拿起鋤頭將亞伯砸死了，鮮血流了一地。

　　該隱殺死了弟弟亞伯，用雜草將屍體掩蓋了一下，若無其事地繼續到農田鋤草。他認為自己所做的一切，永遠不會有人知道。上帝看到了這一幕，心裡悲嘆骨肉相殘。祂來到該隱面前問道：「你看到弟弟亞伯了嗎？」

該隱殺亞伯

　　該隱抬頭望著對面山坡上的羊群，心裡一陣慌亂，故作鎮靜地說：「我沒有看到他，他或許在山坡上放羊呢！」

　　上帝說：「他沒在山坡上放羊。你一定知道他在哪裡。」

　　「我又沒有看守我弟弟的義務，我怎麼知道他在哪裡！」該隱反駁道。

　　看到該隱這樣強硬，上帝不由得發出一陣嘆息：「嫉妒竟然讓人這樣墮落！」他對該隱說：「你剛才做了什麼，難道你不知道嗎？你弟弟的血，在向我哀告；大地也浸染了他的血，你必須受到懲罰。從此以後，你將居無定所，四處飄泊，土地也不會再給你豐足的衣食，你將飽受貧寒飢餓！」

　　該隱見上帝如此神通，十分害怕。他匍匐在上帝的腳下哀求道：「我殺死了我的親弟弟亞伯，罪孽深重，甘願受到懲罰。祢把我從這片土地上趕出去

吧！我願意遭受飢寒和流浪。凡見到我的人，都有權利因為我的罪惡而殺死我。」

但是，上帝還是寬恕了該隱的罪惡，他要該隱經歷苦難來悔改，不想讓別人殺了他，於是在他身上做了一個記號，並說：「殺該隱者，必遭七倍的報應。」

該隱離開了上帝，開始了被放逐的生活。後來他在伊甸園以東，一個叫挪得的地方住了下來，在那裡生了以諾，以諾又生子孫，家族日漸興盛起來。

按照《聖經》的說法，亞當的長子殺死了次子，是人類歷史上第一宗凶殺案，也開了骨肉相殘的先河，人類血腥的殺戮史由此開端。罪惡和仇恨，開始在人的心中蔓延，燒去了良善、理智。

「本罪」是基督教教義用語，有別於「原罪」。本罪又稱為「現犯罪」，指的是除了原罪之外，個人自己違背上帝旨意所犯的罪。該隱殺死亞伯，就是「本罪」。

在上帝的威嚴中，還帶著仁慈和體恤。即便對待該隱這樣一個大惡的人，上帝還保留他的生命，給他悔改的機會。

裨治文（1801年～1861年），美國第一位來華傳教士，美國基督教公理會牧師，中文《聖經》的早期翻譯者之一。他出生於馬薩諸塞州一個虔誠的基督教家庭，1829年從紐約啟程來華傳教，1830年2月到達廣州，受到馬禮遜的熱烈歡迎，1861年死於上海，在華長達31年。

諾亞方舟

西元395年，羅馬帝國分裂為東羅馬和西羅馬，基督教也開始分裂為東正教（自稱正教）和羅馬公教（自稱公教），兩個教派都自稱是基督教的正統。羅馬教皇（教宗）是羅馬公教最高領導者，而君士坦丁堡牧首則是東正教的首領。到1054年，東部教會和西部教會互相宣佈把對方宗主教驅逐出教，象徵著羅馬公教和東正教正式分道揚鑣，史稱基督宗教大分裂。

亞當和夏娃由於偷吃了禁果，被上帝逐出伊甸園。之後亞當活了930歲，和夏娃生了很多子孫後代。亞當的後人遍佈整個大地。亞當的長子該隱殺死弟弟亞伯，揭開了人類互相殘殺的序幕。從此，人類逐漸滋生了仇殺、怨恨、憎惡、掠奪、爭鬥、嫉妒等暴力和罪惡。這種罪惡年復一年演變增加，達到了無以復加的地步。

上帝對人類的這種罪孽，感到憂傷和憤怒，祂後悔創造了人類萬物，決定用洪水將這個罪惡的世界沖毀。祂站在高空俯瞰人間，自言自語道：「我要將所有的人、走獸、昆蟲和飛鳥，全部從地上滅除！」

但是，上帝又捨不得將所有的生物銷毀。祂希望留下新的人類和物種，讓他們體認到自己的罪惡，改過自新，重新建立一個美好、善良的理想世界。

亞當的後裔中，有一個人叫諾亞。諾亞生了三個兒子，名叫閃、含和雅弗。在上帝看來，諾亞是一個「義人」，他品行善良，沒有人類那種固有的罪惡。諾亞安守本分，他經常告誡周圍的人，及早停止做惡，從罪惡強暴的生活中脫離出來。可是人們對他的勸誡不以為然，照樣我行我素，做惡享樂。諾亞看感化不了周圍的人，只好盡心盡力將自己的三個兒子教育好。三個兒子在諾亞的嚴格教育下，沒有隨波逐流誤入歧途。

　　在滅除人類和動物之前，上帝決定留下諾亞全家，包括諾亞夫婦二人，和他的三個兒子、兒媳，讓他們肩負起繁衍新人、建立新世界的重任。上帝對諾亞說：「現在這個世界敗壞了，凡是有氣血的人，都成了罪惡的泉源。他們的生命都走到了盡頭，我要將他們和大地全部毀滅。你現在就動手，用歌斐木造一個大方舟。」

　　上帝告訴了諾亞造方舟的辦法：方舟要分上、中、下三層，長300肘，寬50肘，高30肘。方舟的門開在側邊。七天之後，洪水將在大地上泛濫，凡是有血肉、有氣息的活物，都要被毀滅。上帝告誡諾亞和他的妻子、兒子和兒媳，一同進入方舟躲過劫難。

　　為了保全物種，建立新世界，上帝叮囑諾亞說：「乾淨的牲畜，每樣帶上七對公母，不乾淨的每樣帶上一對；空中的飛鳥每樣帶上七對；地上的昆蟲，每樣帶上兩個，留作衍生後代的種子。你要備足糧食，當作你全家和這些動物的食品。」

　　諾亞聽了上帝的話，帶領全家開始建造方舟。他們走進森林，砍伐了一株最大的歌斐樹木，將歌斐木枝椏砍去，按照上帝的旨意，日夜不停修建方舟。第六天，方舟建成了，諾亞將上帝叮囑的飛禽走獸、昆蟲飛鳥捉進方舟避難，放入了足夠的食物和水；諾亞全家也進入方舟，等待大災難的來臨。

　　2月17日，正是諾亞六百歲的生日。這天早晨，天色灰暗，狂風四起，霹靂聲不斷。一聲驚天動地的巨響，大地開裂，河流、泉源沸騰奔湧，洪水噴射，在大地上泛濫；與此同時，天河決堤，大水從敞開的天窗中直瀉而下。

　　沸騰的大水迅速覆蓋了大地，沖毀了家園，大地上的生靈在洪水中掙扎、毀滅。大雨整整下了四十晝夜，地上水勢浩大，淹沒了高山峻嶺。大水的深度，比世上最高的山還要深15肘。水勢整整蔓延了150天，諾亞方舟水漲船

壁畫《大洪水》。米開朗基羅 1508年～1509年創作。

高，隨著洪流漫無目的地漂移。

上帝惦記著方舟裡面的諾亞全家和飛禽走獸，讓風吹過來，水勢一點點消退；將地上的泉源和天上的河堤全部關閉，大雨停止了。7月17日那天，諾亞方舟停泊在亞拉臘山上。水一點點消退，十月初一，水落山出。

又過了四十天，諾亞打開方舟的窗子，放出了一隻烏鴉讓牠查看地上的水

是否乾了，烏鴉一去不復返，盤旋飛舞一直到水乾；諾亞放出了一隻鴿子，地上滿是積水，鴿子沒有落腳的地方又飛了回來；又過了七天，諾亞再次放飛鴿子，晚上鴿子飛回來了，銜回了一片橄欖葉。諾亞知道地上的水退了。

在諾亞六百零一歲的時候，正月初一那天，諾亞將方舟上面的蓋子去掉，地面上沒有了水漬；二月十七日那天，地面全乾了。

上帝吩咐諾亞說：「你和你的妻子、兒子、兒媳可以從方舟裡面出來了。你所帶的飛鳥、昆蟲、牲畜和走獸也可以出來了。你們可以在大地上滋生後代，興旺發達了。」

於是，諾亞全家和倖存下來的物種，走出了方舟。而諾亞全家，成為新人類的始祖。

在這個故事裡，上帝叮囑諾亞製造方舟的時候，用了一個特殊的長度單位「肘」。《聖經》時代，人們用手肘至手指尖的距離做為長度單位，稱為一肘。《舊約》時代一肘約相當 44.5 公分，《新約》時代的一肘約等於55.5 公分。

由於鴿子銜橄欖葉給諾亞帶來了洪水消退的喜訊，所以後人用鴿子和橄欖枝來象徵和平。

在《聖經》傳說和現實世界之間，諾亞方舟一直被人們所爭論、研究。從古至今，很多《聖經》考古學家都希望揭開「諾亞方舟」這個千古之謎。

《聖經》故事中說，諾亞方舟擱淺在亞拉臘山上。近年來，又流傳了另一種說法，諾亞方舟很可能因為黑海水位暴漲而沉入黑海海底。

在《聖經》記載之外，世界各國的古文明，都流傳著大洪水和方舟的傳說。

人們相信，人類和動物之所以延續存活，擺脫上帝的懲罰和憤怒，都是因為那艘船。幾個世紀以來，各國科學家進行了上百次探險，都沒有找到方舟存在的證據。

還有一種說法認為，諾亞方舟成了化石，停留在亞拉臘山5000公尺的山峰上。亞拉臘山位於土耳其境內，是一座冰山。在土耳其語中，亞拉臘山被稱為「懲罰之山」，山上經常發生山崩、雪崩、地震和火山，游離著大量有害氣體。不僅如此，山上的花崗岩會吸引閃電，登山者還要面臨被雷擊的危險。上世紀五○年代末，法國探險家弗爾南·納瓦拉，先後三次登上了亞拉臘山，並且從山上帶回來一根木樑，憑藉這根用橡木製成的木樑，納瓦拉斷言冰川之下一定有一艘木船，這根木樑就是從船上掉下來的。有研究顯示，納瓦拉先生帶回來的木樑，大約是五千年前的遺物；而有些人對這個論斷持質疑態度。

關於諾亞方舟的研究和辯論仍在繼續，相信不久的將來能揭去罩在方舟上的神秘面紗。

郭士立（1803年～1851年），又譯郭實臘，生於波美拉尼亞，漢學家，是德國教會傳入華南的開創人。1831年首次進入中國沿海，1851年死於香港。

郭士立十分有才學，除母語德文外，他還通中文、日文、荷蘭文，對中國官話和廣東、福建的方言也有相當的瞭解。他還會馬來語、暹羅語，曾將《新約》中的〈路加福音〉和〈約翰福音〉翻譯成暹羅語。他一生著述多至80多種，領域涉及經濟、歷史、地理、科技、金融各個方面。

迦南詛咒和巴比倫的來歷

16世紀，德國、瑞士、荷蘭、北歐和英國等地發生了宗教改革運動，它產生出脫離天主教會的基督教新教教會。領導人物是馬丁・路德、加爾文等人，他們建立了新教和聖公會，脫離了羅馬天主教。中國所稱的「基督教」，基本上都是這個時候產生的新教。

洪水退去後，上帝和諾亞重新立約，應允以後不再用洪水消滅人類萬物，還允許人們吃煮熟的肉。在此之前，上帝只允許人們吃水果和蔬菜。

諾亞做了農夫，帶領孩子們開墾荒地，飼養牲畜，栽培葡萄園，還學會了釀酒。

一天中午，諾亞在新開墾的葡萄園中喝醉了，昏醉中他把自己身上的衣服脫光，赤身裸體地在帳篷裡睡著了。迦南的父親含看見了，走到外面幸災樂禍地向兩個兄弟閃、雅弗描述父親的醜態。閃和雅弗聽了，拿著衣服倒退著走路，來到父親身邊，背對著父親給父親蓋上衣服。他們始終背著臉，不敢看父親的裸體。

諾亞醒後，知道了小兒子含做的事情，大發脾氣，發下詛咒說：「含的後代迦南，必給他的兄弟做奴僕的奴僕！」

洪水過後，諾亞一家在這片土地上繁衍、生息，家族慢慢繁盛起來，他們按照宗族，在這片土地上分邦立國。諾亞又活了三百五十歲，在他九百五十歲那年去世了。

這一年，人們決定向東遷移。他們到了示拿平原，見這裡土地平整肥沃，決定在這裡定居。那時候，他們的口音和語言都是一樣的。在定居過程中，他們發明了製磚的方法，同時也發明了灰泥的替代品——石漆。就這樣，他們用

《巴別塔》。荷蘭畫家彼得‧勃魯蓋爾（1525年～1569年）所畫。

燒製的磚和石漆建造了一座城市。

人們為了頌揚、紀念自己的功績，決定建造一座通天高塔。

高塔很快動工了，人們幹勁十足，一層一層往上疊砌，幾個月後，已經高不可及。建設塔的舉動驚動了上帝，上帝來到世間，觀看他們建造的城市和高塔。

參觀完城市和高塔後，上帝深有感觸：「他們都是一樣的人，口音和語言都一樣。照這樣下去做起事情來，力量會很強大，沒有他們做不成的事情了！」

上帝害怕人類的智慧挑戰祂的權威，於是變亂了他們的口音，讓他們說不

同的語言。人與人之間無法溝通，高塔只好停工了。隨後，又有不少人搬出了城市，到另外的地方建立邦國。

後來，人們把那座城市叫做巴比倫，沒有修完的高塔稱為巴比倫塔。巴比倫就是「變亂」的意思。

《聖經》研究專家認為，裸體在《聖經》中是一種羞恥的行為，往往和性慾聯想在一起。諾亞是一位偉大的、有信心的英雄，但是他也會酒醉裸體。而含看見父親酒醉裸體後，態度輕薄，幸災樂禍，完全沒有對上帝、對父親應有的敬仰。惡人儘管消滅了，但是罪依然留在人們的心裡面。

含的兒子迦南，定居迦南之地繁衍後代。諾亞詛咒迦南族，上帝也知道迦南族會變壞。所以到了約書亞時代，宗教領袖帶領以色列人進入迦南，諾亞的詛咒得到了驗證。

人們想修建巴比倫塔，直通上天，和上帝比較高低，驚動了上帝，變亂人們的語言。解經專家認為：這說明人類的狂妄自大，只會帶來混亂的結局。

故事中的巴比倫塔，是宗教意義上的，而歷史上的巴比倫塔修建於西元前610年，建築宏偉，是人類的偉大成就，世界奇蹟。

伯駕（1804年～1888年），美國傳教士、醫生兼外交官，是第一個來華傳教的醫生。他出生於馬薩諸塞州的一個農民家庭，15歲受洗入教，1831年畢業於美國耶魯大學，1834年10月26日來到廣州，受到了第一位來華傳教士裨治文的歡迎。
伯駕於1835年11月開設免費醫局，一直到1840年，一共診治患者將近一萬人，受到了當地人的尊敬。1857年奉召回國，結束了在華的各項活動。

多國之父亞伯拉罕

割禮是上帝與亞伯拉罕和整個以色列民族之間立約的記號。男童出生八天之後，要切除陰莖的包皮。經過割禮的男童，象徵著成為了猶太人，永不能反悔。同時，割禮還代表著去除犯罪，潔淨心靈。

閃的孫子亞伯蘭一家住在吾珥城內，吾珥繁華興盛，商業發達，環境優美。亞伯蘭一家十分富足，成為吾珥城內有名的富翁。亞伯蘭家中女僕成群，牛羊牲畜不計其數，金銀財寶堆滿了寶庫。

那時候，人們信奉的不是上帝，而是月神南納辛。這一天晚上，上帝耶和華對亞伯蘭說：「你要離開本地、本族、父家，往我所指示你的地方去。我必使你成為大國。我必賜福給你，使你的名聲大，你也要使別人得福。為你祝福的，我必賜福給他；那些咒詛你的，我必咒詛他。地上的萬族都要因你得福。」

亞伯蘭聆聽了上帝的教誨，毫不遲疑攜帶家產財寶，和妻子撒萊和侄兒羅德離開了吾珥，照著耶和華的吩咐，踏上了前往迦南的道路。他們途經哈蘭，在哈蘭停頓了數年。在哈蘭，亞伯蘭他們辛苦經營，家業日益變得富足強大。這時候亞伯蘭的父親去世了，安葬了父親後，他又帶著家人、家產動身前往迦南。

那一年，亞伯蘭七十五歲。

一行人到了迦南示劍城的摩利橡樹下。這時候上帝顯現在亞伯蘭面前，說道：「我要將這塊地方賜給你的後裔。」亞伯蘭感激萬分，給上帝築起了一個祭壇，每天祈禱祭拜。

到迦南不久，天降大災，迦南赤地千里，顆粒不收。為了躲避飢荒，亞伯

割禮

蘭帶著全家到埃及避難。亞伯蘭妻子撒萊美貌驚人，埃及法老看上了撒萊，要迎娶她到後宮。亞伯蘭害怕招致殺身之禍，對法老謊稱他和撒萊是兄妹關係。於是，法老將撒萊迎娶進了後宮，賞賜給了亞伯蘭牛羊、駱駝、驢子等牲口不計其數，還賞賜給了他很多奴僕。

法老奪走了亞伯蘭的妻子，上帝十分生氣，降下災禍給法老全家，法老這才仔細查問，知道撒萊是亞伯蘭的妻子。法老責怪亞伯蘭：「你為什麼向我撒謊，說她是你妹妹呢？」因為身犯欺騙大罪，法老將亞伯蘭一家驅逐出埃及。亞伯蘭帶著成群的牛羊和家產，又來到了迦南。

亞伯蘭九十九歲的時候，上帝再一次降臨到他身邊，對他說：「我是全能的上帝，你是一個順服我、信任我的人。我今天和你立約，讓你的後裔興盛強大。」

亞伯蘭聽了，跪伏在地。上帝繼續說道：「我要你做多國之父。你的名字不再叫亞伯蘭，要叫亞伯拉罕，國度從你而立，君王從你而出。我要與你和你世世代代的後裔堅立我的約，做永遠的約，是要做你和你後裔的神。我要將你現在寄居的地，就是迦南全地，賜給你和你的後裔，永遠為業。我也必做他們的神。」

就這樣，亞伯蘭正式改名為亞伯拉罕。隨後，上帝對亞伯拉罕說：「所有

的男子，從出生下來第八天，都要受割禮。凡是不接受割禮的男子，都要從猶太人中排除，因為他違背了上帝的約定。」

亞伯拉罕是閃的後代，整個猶太民族都是閃的後裔。到了約書亞統領時期，他們進入迦南之地。

上帝讓亞伯拉罕從吾珥到迦南，而他卻在中途的哈蘭停下定居。《聖經》研究學者認為可能有如下原因：第一，氣候不適或者健康不佳，需要調整；第二可能由於父親阻攔。亞伯拉罕尊重父親的意見，等他死後才再次動身。不管何種原因，面對上帝的召喚，他都無條件順從。正因為如此，上帝才應許亞伯拉罕建立一個大國，讓他的後裔得福。

亞伯拉罕一家剛剛到達迦南，就遇上了災荒。研究者認為，這是上帝在考驗亞伯拉罕的信心：在面對飢荒時，有沒有對上帝的引領產生懷疑？

迦南面積不大，但在歷史上具有很重要的地位。迦南是基督教的起源地，是以色列歷史的焦點。在《聖經》時代，被上帝稱為流奶和蜜的地方。

文惠廉（1811年～1864年），美國人。年輕時曾學醫，是美國聖公會派至中國最早的傳教士之一。1840年至澳門。1842年至廈門活動，設立傳教站。1844年被任命為美國聖公會中國傳教區主教。他與人合譯了《舊約》。其一生創作了許多中文基督教作品，大多是用上海方言撰寫的，最有影響力的是《聖會禱》。

亞伯拉罕燔祭獨生子

燔祭是人和神之間完全交融的一種敬拜。獻上的動物完全焚燒在祭壇上，象徵獻祭者完全降服在神面前，也象徵神完全的接納。

亞伯拉罕用心信奉上帝，上帝很感動，對亞伯拉罕說：「我要賜給你富貴幸福，讓你的子孫興旺發達，讓你做多國的父親，讓你的妻子成為多國之母。所有的君王都由她而生。你們夫婦二人，必定富足美滿，受後人敬仰。」

於是，上帝將亞伯拉罕妻子撒萊改名為撒拉，並許諾第二年賜福給撒拉，讓一直沒有生育能力的撒拉生一個貴子。這時候亞伯拉罕和妻子撒拉已經九十多歲高齡了，年老體衰，尤其是撒拉，月經早已停了。撒拉對上帝的許諾，並沒有十足的信心。

到了上帝許諾的日子，撒拉果然生下了一個男嬰，取名以撒，撒拉對此歡喜不已。孩子漸漸長大了，得到了父母無微不至的關懷和愛護。在以撒16歲那年，上帝決定對亞伯拉罕做最後的試探。

一天，他命令亞伯拉罕道：「你帶著你的獨生兒子以撒，到摩利亞去，用他來做為燔祭。」

所謂燔祭，也就是將祭品燒毀，不留下一點血肉。上帝的這個旨意，對亞伯拉罕來說是極其殘忍的。但是，全心全意信奉上帝的亞伯拉罕，沒有一點遲疑。他順從了上帝的旨意，立刻帶著獨生子以撒，套上驢車裝上燔祭用的木柴，和兩個僕人悄悄動身了。他沒有聲張，沒有告訴妻子，害怕妻子阻攔；更沒有告訴兒子，擔心兒子驚恐。

在路上，父子二人和兩個僕人一直走了三天，才看到上帝所指定的地方。亞伯拉罕告訴僕人停下等候，讓兒子背著燔祭用的柴，他手拿火種和刀子，兩

亞伯拉罕燔祭獨子

人一起前行。

　　以撒一邊走，一邊感到疑惑。他對於燔祭的情形毫不陌生，每次燔祭，父

親總要帶上一隻烤好的羔羊，而這次卻兩手空空。他忍不住問道：「父親，我們火和劈柴都有了，但是燔祭的羔羊在哪裡呢？」

亞伯拉罕說道：「我的孩子，上帝會給我們預備燔祭的羔羊的。」

兩個人到了燔祭的地方，亞伯拉罕將兒子捆綁住，兒子感到驚恐。亞伯拉罕說道：「我的兒子，既然上帝讓我燔祭你，你要相信上帝的旨意。請你不要害怕，安心去吧！」說罷手拿刀子，就要殺死以撒。這時候，上帝派來的天使從天上喊道：「亞伯拉罕，你不能傷害這個孩子。我現在知道你對上帝心懷敬畏了，你對祂，是一心一意的虔誠信奉，沒有一點疑問，也沒有一點私心雜念。因為我剛才看到，你嚴格按照上帝的旨意，要將你的獨生兒子燔祭。」

亞伯拉罕抬頭一看，只見在茂盛的樹林裡面，拴著一隻小羔羊，他欣喜若狂，解開捆綁兒子的繩索，對孩子親暱擁抱親吻。他和孩子一起牽來羔羊，捆綁殺死，點火燔祭。

這時候天使又來了，說道：「上帝已經知道了你的虔誠，你對上帝的信奉是無以倫比的，你必定會成為信心的典範。所以上帝要賜給你無邊的福；而且讓你子孫繁衍旺盛，多的就像天上的星星、海邊的沙子。地上所有的國家，都會享受到你子孫的福氣。所有的一切，都是因為你聽從了上帝的話。」

這個故事是《創世紀》第22章的內容，講述了上帝對亞伯拉罕的考驗，同時也表現出了上帝對於基督徒的絕對權威，顯示了「敬畏」和「信心」的重要意義。所以，亞伯拉罕是基督信徒的「信仰楷模」。

無論在信徒還是非信徒之間，「燔祭以撒」也是《聖經》之中爭議最多的話題之一。

除了《聖經》之外，古猶太教和伊斯蘭教，都把亞伯拉罕奉為「先祖聖徒」。

　　亞伯拉罕原意為「萬民之父」，被認為是猶太人的祖先。《創世紀》中記載，亞伯拉罕生於迦勒底的吾珥。廣義而言，迦勒底指的是巴比倫，狹義而言，迦勒底意指巴比倫南部。

　　上帝將撒萊改名為撒拉，撒拉是「公主」的意思，顯示上帝要實現讓撒拉為「多國和多王之母」的約定。亞伯拉罕和妻子撒拉生下了上帝賜予的兒子以撒。以撒原意是「幸福和歡笑」，是以色列民族的始祖。亞伯拉罕和他的使女夏甲也生有一個兒子以實瑪利，被認為是阿拉伯人的祖先。

　　還有一個有趣的現象：在《創世紀》第五章之前，人們的年齡平均為912歲，後來的諾亞也活了950歲。而亞伯拉罕的壽命是175歲，亞伯拉罕的兒子以撒的壽命是127歲。這說明在《聖經》裡面，人們的壽命逐漸由傳說和現實銜接了。

理雅各（1815年～1897年）是倫敦佈道會傳教士，英華書院校長，近代英國第一位著名漢學家，曾來華傳教。他是第一個系統研究、翻譯中國古代經典的人，從1861年到1886年的25年間，將「四書」、「五經」等中國主要典籍全部譯出，共計28卷。與法國學者顧賽芬、德國學者衛禮賢並稱漢籍歐譯三大師，也是儒蓮翻譯獎的第一個得主。

上帝毀滅罪惡之城

基督教有三大教派，但是基本教義都是相同的。即上帝創世說、原罪救贖說、天堂地獄說。十字架是基督教的標誌。

所多瑪在《聖經》裡面被稱為「罪惡之城」。

亞伯拉罕的侄子羅德和妻子、兩個女兒在所多瑪城定居。

所多瑪位於約旦河流域，它佈局宏偉華美。城外是一望無際的良田沃野，田間穀禾壓地，五穀豐登；田野植物繁茂，到處都是葡萄園、橄欖樹和棕樹，各種飛鳥盤旋飛舞，愉快地鳴叫。這裡一年四季鳥語花香，氣候溫潤。山坡上滿是悠閒的牛羊，牠們動作慵懶，體態肥胖；城裡面建築精美，商舖林立，來自各地的商人，供給著廉價豐盛的商品。

富足美好的生活，使得所多瑪城裡面的人漸漸滋生了驕奢淫逸、懶惰放縱的生活習慣。漸漸地，這裡民風墮落，罪惡滋生。

上帝看到了這種景象，決定要將所多瑪城毀滅，消除罪惡。祂派了兩個天使，來到所多瑪城。恰巧羅德正在城門休息，看到兩個天使，神采飄逸，面容和善，知道不同於所多瑪城內的那些惡民。看天色已晚，羅德虔誠地對兩位遠道而來的客人說道：「兩位尊貴的客人，妳們遠道而來，如果不嫌棄，請到我家裡住一夜吧！」

兩位天使婉拒了羅德的邀請：「十分感謝你的誠意，我們打算在街上過夜。」

羅德再三懇請：「兩位遠道而來，不知道這裡民風敗壞。妳們住在街上或

者旅館都不安全。還是請到我家裡來吧！」

天使來到羅德家裡，羅德拿出最好的酒、肉、乳酪招待客人。晚飯吃過，他們剛剛熄燈躺下，就聽見門外人聲鼎沸，好多所多瑪城的居民，將羅德家的大門圍堵得水洩不通。他們叫嚷著：「今天晚上到你們家的兩個客人在哪裡？把她們放出來，我們要玩樂一番！」

羅德聽了十分害怕，他知道這裡的居民什麼事情都做得出來，言外之意是要強姦（雞姦）兩位客人。他叮囑兩位客人不要輕舉妄動，走出門去對那些暴民說道：「各位鄉鄰兄弟！請你們不要這樣做惡！請你們放過這兩個無辜的客人吧！」

來人哪裡聽得進羅德的哀求，他們一擁而上要進去搜捕那兩個客人。羅德情急之下高聲喊道：「我有兩個女兒，她們都是處女。如果你們願意放過這兩位客人，就讓我的兩個女兒隨你們去吧！」

眾人說道：「你這樣維護那兩個客人，她們究竟是做什麼的！」說著就要擠破大門。房內的兩個天使見狀，伸手將羅德拉了進去，朝門外揮揮衣袖，門外的人眼睛全都瞎了，他們哀號著，摸來摸去找不到房門。

客人對羅德說道：「你帶著你的家人、你所敬重的親朋好友趕快離開吧！我們是上帝的使者，上帝對這裡的罪惡十分震怒，派我們來毀滅這個地方！」

羅德聽了此話告訴了妻子、女兒。天亮了，羅德對所多瑪心懷依戀，遲遲捨不得走。上帝憐惜羅德一家，將他們帶出城外，告誡羅德：「趕快逃命吧！記住不能回頭看，否則就會招致禍殃。不可在平原停留，往山上跑才能保全性命！」

羅德一家跑到了瑣珥。這時候上帝將硫磺和火降臨到了所多瑪城內，所多

逃走中的羅德一家。魯本斯作品，繪於17世紀。

瑪城內即刻燃起了熊熊烈火，煙霧瀰漫開來，城裡面的生靈和建築物都毀滅了。羅德的妻子忍不住轉身凝望，剎那間變成了一根鹽柱。

羅德和女兒孤零零住在瑣珥山上。大女兒對小女兒說道：「父親老了，而這裡又荒涼，沒有人煙。我們要想辦法為父親留下後裔。」於是，兩個女兒輪番給父親灌酒，羅德醉了，女兒就和羅德同寢，兩個女兒先後懷孕。大女兒生了一個兒子叫摩押，二女兒生了一個兒子叫便亞米。

伴隨所多瑪一起被上帝毀滅的，還有一個罪惡之城，名叫蛾摩拉。

在基督教教義中，善惡是分開的。羅德一家就像大洪水中的諾亞一家一樣，在災難面前，因為善而被救。

羅德最初見到天使，並不認識她們，而是憑藉自己有禮好客的習慣，這也是他信仰的一部分。如果他沒有這種殷勤有禮的習慣，他可能也和其他的所多瑪人一樣同歸於盡了。所以，生活上的每一個細節，無論多麼渺小細微，都會產生善惡的影響。小事，足以檢驗一個人的品格。小小的殷勤，微不足道的禮貌，對一個人的幸福有著很重要的影響。人生中的很多不幸，就是因為對於善小的疏忽引起的。

在近代的西方，所多瑪（sodom）成了淫亂、罪惡的代名詞；而起源於所多瑪的另一個詞彙所多靡（sodomy），是「雞姦、獸姦和男同性戀」的意思。

羅德女兒和父親的亂倫，恐怕是有據可查的最早性亂記載了。

上帝常常因為罪惡給予人類最嚴厲的懲罰，比如大洪水，比如大火毀滅所多瑪，但是對羅德兩個亂倫的女兒給予了寬容。這個問題，一直為基督教研究者所爭議、迷惑。

羅孝全（1802年～1871年），美國浸禮會牧師。他是第一位來香港的傳教士，另外，他還因為與太平天國有著特殊的關係而聞名於世，洪秀全等太平天國領袖曾師從羅孝全。

和上帝摔角的人

猶太教出現於西元前1世紀，流傳在猶太人之中，而基督教卻出現於西元1世紀中葉，流傳在部分猶太人和外邦人之中。

亞伯拉罕的兒子以撒娶妻利百加。以撒在六十歲時，利百加生下了雙胞胎兒子。長子皮膚發紅，渾身長毛，就像穿著皮衣一樣，取名以掃，也就是「有毛」的意思；次子抓著哥哥的腳跟緊接著生下，取名雅各，也就是「抓住」的意思。

以掃為人勇猛，擅長打獵；雅各為人文靜，擅長思考。以撒喜歡吃以掃獵來的野味，所以疼愛以掃；而母親利百加則更加喜歡雅各。

幾十年過去了，以撒年老昏花，看不清東西。他將長子以掃叫到面前，說道：「兒子呀，我老了，說不定哪天就不在人世了。你現在就去打獵，做我最喜歡吃的野味。在我有生之年，求上帝降福給你。」

以掃順從地拿著弓箭，到野外打獵去了。利百加聽見了以撒對以掃的許諾，對雅各說道：「你父親即將祈求上帝降福給你哥哥以掃，你快趁你父親老眼昏花，假裝成你哥哥，讓父親為你祝福吧！」

雅各說道：「哥哥身上長毛，假如父親撫摸我知道我假冒哥哥，不但不會給我祝福，反倒會詛咒我。」

利百加說道：「所有的詛咒，我替你承擔，你按照我的吩咐去做就是了。」他讓雅各牽來新生的羔羊，親自下廚，做了一鍋鮮美可口的羔羊肉湯。隨後，她又將羔羊皮披在雅各手臂和脖子上，讓雅各端著羔羊湯給父親送去。

雅各忐忑不安地來到父親床前，說道：「父親，我幫您獵來野味了。」

高更名作——《雅各與天使搏鬥》

以撒說道：「你是以掃還是雅各？」

聽到父親這麼問，雅各心裡一陣慌張，他強作鎮定地說道：「我是您的長子以掃呀，我給您獵來野味了，請您品嚐，在上帝面前為我祈福。」

以撒滿心疑惑，心想：「兒子這次打獵，怎麼回來得這麼快呢？」他說：「孩子，你過來，讓我摸摸你，是不是真的是以掃！」雅各伸出手握住父親的手，父親撫摸著兒子的手臂和脖子，疑惑地說道：「你的聲音是雅各的聲音，手臂卻是以掃的手臂。」

雅各聽了，心裡又怕又急，怕父親戳破了他的身分引來詛咒。他說道：「我是您的兒子，怎麼會欺騙您呢！」

以撒半信半疑，喝了雅各端來的羔羊湯，他親吻了兒子，然後為他祝福：「願上帝賜給你肥沃的土地、茂盛的農作物；風調雨順，物產豐富。你會受到眾人的跪拜和侍奉！」

雅各接受父親的祝福，滿心歡喜走了出來。時隔不久，以掃打獵回來，得知雅各冒名頂替騙取了父親的祝福，怒火中燒，決心要殺害雅各。雅各匆匆逃到了巴旦亞蘭，找到了他的母舅。

雅各娶了母舅的兩個女兒為妻，一晃二十年過去了，雅各思念家鄉，決定回去和哥哥以掃化解仇恨。他帶著全家走到雅博渡口，將全家打發過了河。這時候遠遠走來一個形體魁梧的人，對雅各言語不恭，進行挑釁。雅各與他搏鬥摔角，從黃昏一直打到黎明。來人打不過雅各，在雅各大腿窩處摸了一下，雅各即刻變成了瘸子。

望著升起的太陽，來人說道：「天亮了，讓我走吧，從此以後，你不能再叫雅各了，改名叫以色列吧！」

雅各問來人的姓名，來人笑而不答，給了雅各祝福之後就離開了。後來雅各見到了哥哥以掃，以掃寬容大度，原諒了雅各。

上面這個故事，講述了「以色列」一詞的由來。以色列意思是「和神搏鬥的人」。那麼，和雅各打鬥摔角的人，也就是上帝了。3000多年以來，以色列人被公認為是亞伯拉罕、以撒和雅各的後裔。雅各是以色列民族早期的第三代，也是最後一代祖先。

上帝和雅各整夜搏鬥，目的是消磨雅各的心性，讓雅各徹底屈服，然後上帝才能給雅各真正的祝福。雅各雖然表面上勝利了，但是上帝「摸了一下他的大腿窩」，雅各成了瘸子。這是給雅各啟示：和上帝較勁，永遠不會勝利。

所以，這次搏鬥，真正的勝利者不是雅各，而是上帝。

雅各身為以色列民族的始祖，他能和上帝整夜搏鬥，這直接蘊含了以色列民族堅忍不拔的精神和非比尋常的頑強毅力。

這次搏鬥，還有一個風俗流傳下來：上帝摸過雅各的大腿筋，因此大腿筋被以色列人稱為聖物。在宰殺牲口的時候他們會將大腿筋剔除，因為「聖物不可吃」。

戴德生（1832年～1905年）是中國內地會的創造人。他自1853年來華直到去世，傾其畢生於中國福音事工。他對神絕對的順從和信賴，堪為後代信徒之表率，他用一生實踐了自己的名言，「假使我有千磅英金，中國可以全數支取。假使我有千條性命，絕不留下一條不給中國。」

從奴隸到宰相

基督教最初產生於猶太教內部，其教徒參加猶太教的一切活動，與猶太教徒一起在會堂裡舉行宗教儀式。隨著時間的推移，基督教逐漸發展為一種新的世界性宗教，而猶太教則仍保留著崇拜氏族神的成分和對自然力的崇拜。

以色列（雅各）一家在迦南（今巴勒斯坦地區）的伯特利長期居住了下來。以色列一共生了12個兒子，約瑟排名第11。

以色列十分寵愛約瑟，約瑟發現大哥流便和姨媽私通，就向父親告發。父親嚴厲懲罰了流便，從此更加喜愛約瑟了。

約瑟仗著父親的寵愛，慢慢地變得有些飛揚跋扈了。有一天，約瑟向哥哥們吹噓自己晚上做的夢：「我們一起收割麥子，我的麥捆在田地中央，你們的麥捆都圍著我的麥捆下跪。」

約瑟得意洋洋的神態，激怒了哥哥。他們憤怒地質問約瑟：「你這是什麼意思，難道你要做我們的君王嗎？」

約瑟聽了，神情不屑地對哥哥們說道：「總有那麼一天，你們得向我下跪！」時隔不久，約瑟在一次午餐上，當著全家的面炫耀自己的另一個夢：「我又做了一個夢，夢見十一顆星星和太陽、月亮一起向我下跪！」眾兄弟們憤憤不平，以色列說道：「你這是什麼夢，難道我和你母親，以及你的兄弟們，都要向你下跪嗎？」以色列嘴上雖然這麼說，卻將約瑟的話記在心裡，從此更加溺愛約瑟。

約瑟的得寵、約瑟的告密、約瑟的囂張，深深激怒了哥哥們。他們心裡面憋著一股氣，要找時機狠狠教訓約瑟一頓。

蓬托爾莫（1494年～1557年） 代表作《約瑟在埃及》

約瑟17歲那年，以色列讓約瑟的10個哥哥（約瑟的弟弟年齡尚小）出去放羊，卻讓約瑟在家裡玩耍。幾天過去了，一直不見他們回來。以色列讓約瑟出去尋找，叮囑約瑟說道：「你哥哥們出去了好幾天了，一直沒有音信，我很擔心他們。你出去尋找一下吧！他們可能在示劍地區放牧呢！你一路上小心，打聽到他們的消息，趕快回來告訴我。」

約瑟帶著乾糧，走出家門尋找哥哥。在曠野中迷路了，在一個好心人的指引下，約瑟找到了哥哥們。哥哥們看見約瑟遠遠走過來了，認為這是一個報復洩憤的良機，他們密謀要將約瑟殺死。大哥流便不忍心看到骨肉相殘，說道：「我們教訓他一下就行了，沒必要殺死他。他畢竟是我們的胞弟。我們將他捆綁丟在野地的大坑裡面，讓他受受苦也就行了。」流便的意思是保全約瑟性

命，伺機將他解救送回去。

　　眾人聽從了流便的建議。約瑟走到近前了，剛要詢問哥哥們這幾天的情況，沒想到哥哥們一擁而上，將他的外衣剝去，捆綁住四肢，丟棄在一個沒有水的大坑裡面。

　　面對突發的變故，約瑟十分驚恐。他原以為哥哥們和他開玩笑，一會兒就將自己放開。可是他看見哥哥們坐下來吃午飯，喝羊奶，根本沒有放開自己的意思，心裡十分焦急。這時候，一隊商人趕著駝隊走了過來。駝隊馱著乳香、香料和沒藥（一種珍貴的香料），要往埃及去。

　　約瑟的四哥猶太靈機一動，說道：「我們殺了我們的兄弟，有什麼益處呢？不如把他賣給這些商人，既能保全他的性命，我們也能得點實惠，兩全其美，何樂而不為呢？」

　　眾人聽從了猶太的建議，找來商隊的頭領，一番討價還價之後，將約瑟用二十舍客勒的價格賣給了商隊，商隊帶著約瑟往埃及去了。約瑟的哥哥們拿著銀子，雖然洩憤了，卻又擔心回去不好和父親交待。他們商議了一番，將約瑟的衣服撕碎，殺了一隻山羊，用山羊血灑在約瑟的衣服上，偽造約瑟被野獸吃掉的假象，騙過了父親以色列。

　　約瑟被商隊帶到埃及後，賣給了法老的護衛長波提乏做奴隸。約瑟在波提乏家盡心盡責，波提乏的妻子貪戀約瑟的俊美，三番兩次提出要和約瑟同床共枕。約瑟拒絕了波提乏妻子的非分之想後，她惱羞成怒，誣告約瑟非禮她。波提乏居然聽信，將約瑟關入獄中。

　　約瑟在獄中苦熬了兩年多後，在上帝的啟示下，法老將約瑟從獄中釋放了出來。由於約瑟雄才大略，法老任命約瑟為宰相，時年約瑟30歲。約瑟預言，在經過七個豐年之後，天下要有七年的大飢荒。於是他廣積糧食，以防備飢

荒。七年過去了，大飢荒來了，天下的人都到埃及買糧求生。以色列也派兒子到埃及買糧。約瑟以德報怨，厚待兄弟。這件事情傳到了法老耳中，法老極力邀請約瑟父親全家遷來埃及。

於是，以色列帶領全家，來到了埃及定居。不久以色列去世了，去世前將以色列民族分為十二個支派給兒子們，約瑟在110歲的時候也去世了。

約瑟遭受了很多苦，受到了很多不公正的待遇，但是始終沒有放棄對上帝的信心；面對逆境，他心裡面始終懷有寬容和善良；面對女色的誘惑，他以虔誠純潔的態度抗拒，終於透過了上帝的考驗，被上帝挑選為忠誠的僕人。上帝挑選約瑟做為以色列民族的拯救者，幫助他們度過了大飢荒，以色列民族的十二支派才得以完整地保留了下來。

創世紀的故事到此結束。編纂者在創世紀中，以宗教的觀點選擇素材，主要論述了以色列民族的歷史，全部在上帝的旨意下展開。

倪維思（1829年～1893年），美國人。基督教北長老會教士。1854年來華，1861年到登州傳教，次年開辦山東第一所女子學校。1871年到煙臺傳教，開闢示範農場，引進美國蘋果、梨、葡萄和梅等優質樹種及栽培技術，並將美國樹種與中國樹種相嫁接，生產出香蕉蘋果。1877年到臨朐縣賑災，捐助救濟銀7600兩。1893年卒於煙臺。

第二編

迦南之路

猶太領袖摩西的誕生

基督教承襲了猶太教的「至高一神」、「救世主」、信仰「先知」和「啓示」等觀念。但不同的是猶太教敬拜耶和華為「唯一之真神」，認為猶太教徒是耶和華的「特選子民」，而基督教則敬拜耶穌是上帝的兒子，認為凡信奉上帝的人都為其「選民」。猶太教盼望彌賽亞（救世主）降臨，認為真正的彌賽亞尚未到來，應繼續等待，而基督教則認為真正的彌賽亞已經到來，他就是耶穌。

以色列的後人在埃及的土地上繁衍生長。從以色列帶領全家來到埃及定居，之後四百年間，猶太人由原來的七十多人，達到了兩百萬人。猶太人人丁繁茂，遍佈埃及。

埃及法老對猶太人的擴張感到恐懼，而猶太人憑藉著聰明能幹，累積了大量財富，也招致了本地人的嫉妒。法老召集臣下商議：「你們看，猶太人現在比我們還多，而且還很富有強盛。一旦發生戰爭等變故，他們會對我們產生威脅，極有可能聯合仇敵攻擊我們。所以我們要未雨綢繆，先發制人。」

有謀臣給法老出了一個惡毒的主意：「從現在起就對猶太人進行限制，用繁重的勞役、嚴厲的監督來折磨他們的肉體，以便縮短他們的壽命；對猶太男嬰進行大屠殺，凡是猶太人剛剛出生的男嬰，一律處死。」

法老採取了這個建議，於是開始殘酷地奴役猶太人，讓他們幹最苦、最累的活；法老召來猶太人的兩個接生婆，下旨道：「猶太人如果生下男嬰，一律處死，女嬰可以存活。」接生婆因為敬畏上帝，不敢殘害生靈，於是，猶太人更加繁衍生殖。法老見狀親自下令給民眾：「凡是猶太人所生的男孩，全部丟到河裡面淹死；女孩可以保留性命。」

摩西被公主救起

　　有一對猶太夫婦，生了一個兒子，模樣十分俊美。他們將孩子在家裡藏匿了三個月，由於懼怕法老的命令，取來一個蒲草箱，塗抹上石漆和石油，將孩子放進箱子裡面，扔進了河邊的蘆葦叢。孩子的姐姐捨不得弟弟，遠遠觀望。

　　第二天中午，法老的女兒在宮女們的簇擁下來到河邊洗澡，看見了箱子裡的孩子。孩子對著她哇哇大哭，公主可憐孩子，說道：「這個孩子儘管是猶太人，但是我決定收養他。」孩子姐姐見狀，對公主說：「猶太人的孩子最好找一個猶太人做奶媽，我幫妳請一個奶媽好嗎？」得到公主應允後，孩子姐姐將母親叫來，做了孩子的奶媽。孩子長大後，奶媽（孩子的親生母親）將孩子帶到公主面前，公主將孩子視為自己的兒子，並且給他取了一個名字「摩西」，意思是「因我把他從水裡拉出來」。

　　看著摩西一天天成人，奶媽開始給摩西講解他的身世，以及猶太人的歷史。漸漸地，摩西明白，他身上流著的是希伯來人的血統。他看到埃及人殘酷

49

對待猶太人，心裡面憤憤不平。有一天他看見一個埃及人毆打一個猶太人，他一怒之下殺死了埃及人，逃到米甸，娶了那裡祭司的女兒，以放牧為生。在何烈山上，上帝召見了摩西，命摩西帶領猶太人逃出埃及，遷移到流淌著奶和蜜之地的迦南。

但是，埃及法老強硬如鐵，任摩西如何勸說、哀告，他堅決不允許猶太人離開埃及。於是，上帝給法老降下十災。十災結束後，法老十分恐懼，答應摩西帶著猶太人離開埃及。

最早的猶太人被稱為希伯來人，意為「渡過河而來的人」。

這個故事出自《出埃及記》。摩西是西元前13世紀的猶太人先知和最高領袖，是向猶太人傳授律法的人，也是《舊約》《聖經》《創世記》、《出埃及記》、《利未記》、《民數記》和《申命記》的署名作者，這五卷書常常被稱為「摩西五經」。

在埃及語中，摩西被稱為「梅瑟」，意思是「兒童」或「兒子」。他的名望和基督教一樣，傳遍了歐洲大地，就連穆罕默德也將梅瑟崇拜為真正的先知。

楊格非（1831～1912年），原名Griffith John，英國倫敦會著名的來華傳教士之一，他是中國華中地區基督教事業的開創者。

上帝十災駁退法老

逾越節，又稱無酵節、巴斯卦節，是猶太教的主要節日之一。逾越節是猶太曆正月十四日白晝及其前夜，是猶太人的新年，猶太民族的四大節日之一（第二個是猶太曆七月吹角節——贖罪日——住棚節，一個節日系列；第三個為獻殿節；第四個是普爾節）。

上帝曉諭摩西帶著猶太人離開埃及，遭到了法老阻攔。上帝決定給法老降下十個大災難，駁退法老的強硬之心。

血水之災

摩西和哥哥亞倫，按照上帝的吩咐，在法老和群臣面前用手杖擊打尼羅河水，河水瞬間變成了血水。河裡面的魚蝦死了，河水變得腥臭不堪。全埃及的大地上佈滿了血水，埃及人民無法取水喝。血水之災一直持續了七天，但是法老對此不以為然，依舊不肯放走埃及境內的猶太人。

青蛙之災

第八天，亞倫將手杖放進江河水池中，裡面成千上萬的青蛙爬到陸地上來了，鑽進房屋宮殿、菜盆水缸、床上衣櫃，景象令人恐懼。法老對摩西和亞倫說道：「我允許百姓祭祀上帝，請你讓這些青蛙走開吧！」第二天，上帝施展法術，讓房屋、庭院和田間的青蛙全部死去了。埃及人將青蛙屍體集中在一起燒毀，空中滿是塵煙和腥臭。

蝨子之災

法老見青蛙之災消除了，反悔了自己的許諾，依舊阻攔猶太人離開埃及。摩西對亞倫傳達上帝旨意，讓他用手杖擊打地上的塵土，塵土飛散，變成了無以計數的蝨子，黑壓壓爬滿了埃及大地。人和牲畜的眼眶、鼻孔、耳朵裡面都

尼羅河

是蝨子。法老不為所動，依然不允許猶太人離開埃及。

飛蠅之災

上帝對法老的反悔感到憤怒，祂命令亞倫和摩西給法老降下飛蠅之災。成群的蒼蠅飛舞而來，遮住了天空，飛到了法老的宮殿，爬滿法老和大臣們的身上。埃及人的房屋、道路，成千上萬的蒼蠅飛舞嗡叫，嘈雜駭人。但是猶太人居住的歌珊地，卻沒有一隻蒼蠅。面對飛蠅之災，法老應許猶太人可以到曠野中祭祀他們的上帝。摩西祈求上帝結束飛蠅之災。

畜疫之災

　　法老見上帝滅除了飛蠅之災，再一次反悔了自己的承諾。上帝給埃及人降下了畜疫之災，凡是埃及人的牲畜，牛羊、駱駝、驢子、馬匹都生了瘟疫，成批成批死亡。一時間，埃及的大街小巷、田間曠野，堆滿了牲畜屍體。這些屍體腐爛生蛆，景象十分破敗。而猶太人的牲畜都保全了下來。

泡瘡之災

　　面對法老的強硬，上帝給法老降下了泡瘡之災。他令摩西取了幾捧爐灰，在法老面前揚灑起來。灰塵無孔不入，在埃及大地上飄盪。所有的人和牲畜沾上了灰塵，身上就起了泡瘡。泡瘡潰敗腐爛，流著腥臭的膿水，令人痛苦不堪。法老依然冥頑不化，不肯放猶太人離開。

冰雹之災

　　上帝令摩西將神杖伸向天去，霎時雷霆大作，狂風驟起，天空變得陰暗無比。不一會兒，大塊的冰雹摻雜著火焰砸落下來。田間的蔬菜禾苗、野外的雜草林木、村莊的房屋、城裡的宮殿，一時間被砸得千瘡百孔。受傷的人畜不計其數。唯獨歌珊地沒有落下一塊冰雹。

蝗蟲之災

　　冰雹過後，法老依然不服輸。上帝給法老降下了蝗蟲之災。傍晚的時候，摩西的手杖伸向天空，但見涼風颯颯，颳了一夜東風。第二天一早，令人震驚的事情發生了：鋪天蓋地的蝗蟲，遮天蔽日，帶著巨大的轟響飛舞過來，剎那間將埃及大地上的植物、農作物蠶食一空，碧綠金黃的埃及大地變得荒涼一片。

黑暗之災

　　面對蝗蟲之災，法老應許猶太人離開埃及。蝗蟲之災過去了，法老再次反

悔了自己的許諾。上帝令摩西給法老降下黑暗之災，摩西將法杖伸向夜空，剎那間，黑暗降臨在埃及大地，沉沉暗夜持續了三天之久，人們都不敢擅自活動，誰也看不見誰。只有猶太人的家裡有亮光。

末次之災

上帝要將最深重的災難降臨到法老身上。他對摩西和亞倫說道：「你們把這個月當作正月，是一年的開始。你們告知全體以色列人，本月初十，每家準備一隻沒有殘疾、年滿一歲的公羊。到十四日那天，將羊殺了，晚間要吃羔羊肉，用火烤食；不能用水煮，不能留到明天。然後將羊血塗抹到自家門楣上做記號。因為今晚我要巡行埃及，將埃及人家所有頭胎出生的無論人和牲畜全部屠殺。有羊血記號的房屋，我會越過去，災難降臨不到你們身上。你們要紀念這個節日，做為世世代代的定例。」

上帝在當晚來到埃及大地，看到沒有羊血的人家，進去將他們的長子和頭胎生的牲畜全部屠殺。一霎時，埃及大地嚎咷震天，家家死人，戶戶悲傷。

上帝降十災，擊潰了法老的心理防線。法老終於屈服了，允許摩西帶領猶太人離開埃及。

在最後一次災難中，上帝給臣民們制訂了「逾越節之禮」。

逾越節前四天，也就是尼散月初十，選擇一隻無瑕疵的羔羊，然後將家中所有的有酵物品燒毀。十四日黃昏，宰殺羔羊，用火烤食，和無酵餅、苦菜一起吃。羔羊血代表潔淨、苦菜代表在埃及為奴時期的艱苦、無酵餅代表純潔，同時紀念當時緊急出逃埃及，沒時間發酵。

上帝給埃及降臨十個大災難，除了讓以色列民族順利逃出埃及外，還有打擊埃及假神的意圖。

　　在埃及人的信仰中，有好多神：尼羅河是埃及人的神，埃及人們相信尼羅河給他們帶來豐富、福祉和豐收，於是上帝讓尼羅河變成血水；青蛙被稱為蛙神，是幫助生產的女神，埃及人崇拜多產，青蛙乃多產動物，但多產動物變成他們的災難，證明牠根本不是神；蝨子和沙漠之神有關；蠅災打擊的是埃及人心目中的巴力西卜，即蒼蠅神，糞堆王。

　　上面的四個災難，都沒有傷及到人。

　　瘟疫之災針對的是埃及人崇拜的「牛神」，也就是聖牛亞比斯，聖牛被供奉在埃及的第二大廟宇中，享受著人們的崇拜；爐灰被法杖打起變成了瘡災，意在打擊塵土守護神他弟斯；冰雹之災是打擊大氣神修。

　　在埃及，法老皇冠上有金子鑄造的蝗蟲，受人膜拜，蝗蟲之災打擊的是甲蟲神；黑暗之災針對的是埃及人所崇拜的「太陽神」。最後的末次之災，針對的是埃及人最大的神「法老」。上帝十災摧毀了法老頑抗的信心，最後屈服於上帝的旨意。

　　嘉約翰（1824年～1901年），美國長老會教徒，最早來中國的著名傳教醫生之一。1853年來到中國傳教，1859年在廣州創辦了中國最早的教會醫院博濟醫院；1898年在廣州建立了第一所精神病醫院。1901年，他在廣州去世。他一生中共為70多萬名患者治療，做過近5萬次手術，培養了150名西醫，編譯醫學書籍34種。

摩西劈水橫渡紅海

基督教承襲了猶太教的教會組織形式及其祈禱、唱詩、讀經、講道等禮拜儀式。但其差別在於猶太教在宗教禮儀中實行「割禮」，強調嚴格的戒律和繁縟禮儀，而基督教則廢除嚴格的戒律和繁瑣的禮儀，實行較為簡便的宗教儀式。

上帝給埃及人降臨十災後，法老允許摩西帶領以色列人離開埃及。以色列人帶走了埃及人好多金銀珠寶、衣服兵器和牲畜牛羊。他們從蘭塞出發，向東邊的疏割前進。

以色列人在埃及生活了430年，由最初的七十多人，發展到現在，成了一個龐大的民族，光步行的男子，就有六十多萬人。以色列人祖先約瑟的靈車，行進在隊伍最前面，靈車木棺中是約瑟的木乃伊。後面是浩浩盪盪的羊群和駝隊。整個隊伍綿延幾十里，十分壯觀。上帝在隊伍的前面引領，白天祂在半空的雲柱中，夜間，祂祭起一條通天火柱照亮黑夜。在上帝的指引下，以色列人日夜兼程，都想盡早走出埃及的土地。

以色列人出走後，法老又心生悔意。他召集群臣說：「以色列人給我們提供了廉價勞動力，我們可以隨意役使。如今他們走了，誰來服侍我們呢？」群臣獻計道：「現在趁他們還沒有走遠，我們派兵把他們追回來，照舊做我們的奴隸。」

法老聽從了群臣的建議，親自帶領600輛戰車，匆匆地追趕以色列人。攜家帶眷的以色列人，在紅海岸邊行進緩慢，很快地被法老的精兵追趕上了。以色列人見法老精兵在漫天灰塵中席捲過來，感到十分害怕。他們紛紛抱怨摩西說：「我們在埃及生活了430年，已經習慣了。我們寧願回去繼續做奴隸，也比在這裡被殺死好得多！」

有人的話更加尖刻：「埃及有的是墳墓，我們何必棄屍荒野呢？」

摩西看到人心浮動，安慰他們說：「你們不要害怕，我們是上帝的子民，上帝不會袖手旁觀的！」

夜幕降臨了，突然從天空垂下漫天迷霧，構成了一道煙霧牆壁，橫亙在埃及兵馬和以色列人之間。埃及人那邊漆黑一片，以色列人這裡光明如晝。半夜時分，狂風驟起，颳退了紅海海潮。

第二天，在上帝的授意下，摩西將手杖伸進紅海，紅海浪濤驚天動地，向兩側席捲。一瞬間，一條旱道從紅海劈出，旱道兩側的海濤，如牆壁般聳立。以色列人透過旱道，穿越紅海走到對岸。

以色列人渡過了紅海，上帝撤銷了煙霧牆壁，法老見狀，暴跳如雷，率領士兵走進紅海旱道，繼續追趕。上帝從半空射下一道強光將埃及兵馬籠罩，埃及兵馬驟然受到強光恐嚇，陷入混亂之中。對岸的摩西將手杖放入大海，海水漸漸合攏。驚恐的埃及兵馬四下亂竄，互相踐踏傾軋，全部葬身海底。紅海復歸平靜，埃及兵馬的屍體飄浮在海面上。以色列人見狀，對上帝充滿了敬畏之情。同時，他們也更加信服上帝的使者摩西了。

以色列人勝利了。大家便在海邊的曠野裡狂歡起來。人們歡天喜地，擊鼓奏樂，載歌載舞地唱道：

我要向耶和華歌唱，

因為祂無所不能，

將馬和騎馬的人投在海中。

耶和華是我的力量，

我的詩歌，

也成了我的拯救。

這是我的上帝，

我要讚美祂；

祂是我父親的上帝，

我要尊崇祂。

耶和華是戰士，

祂的名是耶和華。

法老的車輛、軍兵，

耶和華已拋在海中，

法老特選的軍長，

都沉於紅海。

渡過紅海

帶領人們唱歌的是摩西的姐姐米利暗，她手裡拿著鼓，一邊擊鼓一邊唱，眾人便跟著她唱。盡情歡唱之後，人們便坐下來吃無酵餅，養精蓄銳準備繼續前進。

這個故事彰顯了上帝對以色列民族的救贖。以色列人看見上帝向埃及人所做的大事，就敬畏上帝，又信服祂和祂的僕人摩西。後來，摩西和他的姐姐米利暗帶領以色列人向神歌唱，歌頌神對他們的眷顧。他們體認到上帝在掌管一切！

現在的紅海位於非洲東北部與阿拉伯半島之間，是印度洋的附屬海。紅海是世界上水溫溫度最高的海，也是含鹽量最高的海。

　　俄羅斯海洋研究專家認為，摩西打通紅海旱路，帶領以色列人橫渡紅海的傳說，可以用現代海洋學解釋。他們認為，摩西打通的旱道，其實是從埃及到紅海北岸的一條海上暗礁。這條暗礁走廊，以最短的距離橫穿紅海。在摩西橫穿紅海的年代，按照當時的海洋氣候，海風以每秒30公尺的速度，整晚吹拂海水，暗礁就會長時間暴露出來，摩西帶領以色列人，可以用四小時的時間，穿越這個長達7公里的海上走廊。一段時間後，海水會重新將暗礁淹沒。所以法老的兵馬葬身紅海，也就不足為奇了。

　　對於上述解釋，一些《聖經》研究專家不以為然。他們認為當時的《聖經》是用希伯來語寫的，裡面的紅海和現在的紅海不是同一個，無法確定《聖經》紅海的具體位置。而且將數千年前紅海暗礁走廊的公里數、海風速度都推算得如此精確，本身就是一件可笑的事情。

林樂知（1836年～1907年），原名Young John Allen，美國基督教監利會牧師，著名的來華傳教士。他在中國傳教達47年，影響很大，1907年在上海去世。

荒漠中的食物和磐石上的清泉

基督教最初做為猶太教內部的一支派別時，守的節日是安息日和逾越節。而當它從猶太教中分離出來後，則改安息日為禮拜日，改逾越節為復活節。

摩西帶領以色列人逃到紅海對岸後，又走了幾天，到了西奈山附近的一個大沙漠。屈指算來，從埃及出走到現在已經六個星期了。

白天，烈日將沙漠炙烤得熱浪沸騰；夜間，溫度降低，寒風刺骨。在沙漠中行走兩天後，他們攜帶的食物吃光了。看著漫無邊際的沙漠，以色列人不由得心生失望。有人抱怨：「這樣下去，不是渴死，就是餓死。」

有人叫嚷：「還不如待在埃及呢！待在埃及，我們雖然受人役使，但是有飯吃，有水喝。」

有人埋怨摩西：「你把我們帶出來，在這個杳無人煙的沙漠，想把我們餓死嗎？」

看到以色列人這麼短視，沒有一點堅韌之心，摩西感到悲傷難過。不過，他還是安慰大家說：「你們的苦難和怨氣，上帝都知道了。祂不會坐視不管的。請你們耐心等待，祂一定會給我們送來吃的！」

暮色降臨時，忽然從四面八方飛來無數個鵪鶉，落在以色列人身邊的沙地上，圍繞著以色列人游弋、飛舞。餓極了的人們伸手抓取鵪鶉，鵪鶉不躲不閃，任由他們捕捉。以色列人燃起篝火，不一會兒，沙漠上瀰漫著烤肉的香氣。以色列人吃飽了，心滿意足入睡。他們知道，這是摩西祈求上帝的恩賜，他們在夢中囈語，讚美上帝，頌揚摩西。

第二天一早，睡眼惺忪的以色列人，又發現了一個奇蹟：在以色列人的帳篷周圍，早晨的露水消退後，覆蓋上了白雪似的小圓物。他們下意識拿起來品嚐，卻發現味道甜美，就像他們平時吃的蜜餡薄餅。他們一邊吃一邊讚美：「這是什麼呢？」

摩西說道：「這是上帝的恩賜！」

人們於是取「這是什麼呢」最後兩個字的諧音，將這些小圓物稱之為「嗎哪」。

就這樣，每天早晨，嗎哪就會覆蓋在沙漠上，以色列人將這些食品收集在一起，按照自己的飯量，用俄梅珥量過之後，

天降嗎哪

恰好夠一天食用。收集多了留到第二天，就會生蟲變臭，而且摩西也會發怒。

第六天，摩西告訴人們：「你們可以收集兩倍的食物，因為第二天就是安息日了，上帝要休息。」並且指派亞倫說：「你拿一個罐子，盛滿一俄梅珥嗎

哪，敬奉上帝，世代留存。」

食品問題解決了，但是以色列人又面臨著缺水的危機。乾渴折磨著他們，他們又心生不滿：「有了嗎哪餓不死我們了，但是還會渴死！我們還不如留在埃及受苦呢！」

「我們都快渴死了，我們的父母兒女、牛羊駱駝也要渴死了！」

「有沒有水喝呀，可憐可憐我們吧！」

人們乾裂的嘴唇一張一合，抱怨聲此起彼落。暴怒的人們遷怒於摩西，撿起身邊的石頭要砸死他。摩西向上帝求救，上帝指使摩西將人們帶到何烈山下。摩西用法杖擊打何烈山下的一個磐石，磐石一聲巨響裂開，一股清泉噴湧而出。焦渴的人們蜂擁而上，手捧清泉喝了個痛快。

總而言之，災難的設置和化解，是上帝反覆試驗子民的信心，不斷讓他們趨於溫順、拜服。

狄考文（1836年～1908年），著名來華傳教士，美國北長老會牧師。1864年到山東省，開始傳教生涯。不久在山東創辦一所學校，招收家庭貧窮的學生。狄考文對數理學科有很高的造詣，編寫並翻譯了許多教材，在中國教育界享有很高的威望。1908年狄考文在山東省的青島去世，他在中國從事傳教事業達40多年。

大戰亞瑪力人

基督教不限制其教徒與外族人通婚，而猶太教則規定其教徒不能與未受割禮的外族人通婚。猶太教徒以耶和華的「選民」自居，外族人歸化猶太教者必須接受割禮。

摩西敲擊磐石流出清泉後，安營紮寨準備休整。還沒有安頓好，聽見遠處一陣人喊馬嘶聲。原來，深居沙漠、兇暴好戰的亞瑪力人衝了過來，要搶奪他們的財物、女人，霸佔他們的水源。

剛剛躲過數重劫難的以色列人，面對氣勢洶洶的亞瑪力人，露出了驚慌失措的神色。摩西鎮定自若，叮囑人們不要驚慌，他自有妙法。他指派年輕力壯的以色列青年，建造防禦工事，使亞瑪力人一時難以衝進來。

摩西吩咐助手約書亞，挑選強壯的青年男子組成臨時戰隊，準備迎戰亞瑪力人；又對哥哥亞倫、助手戶珥說道：「明天我要拿著上帝的法杖，站在何烈山頂上指揮戰鬥，你們兩人在山頂上協助我。」

第二天一早，摩西和亞倫、戶珥上了山頂，約書亞帶領臨時組建的軍隊，衝了出去和亞瑪力人廝殺。摩西手臂舉起來，以色列人就佔了優勢，一旦手臂不勝勞累放下，亞瑪力人就反敗為勝佔了上風。就這樣反反覆覆，從早晨一直戰到黃昏。約書亞帶領臨時軍隊，頑強拼殺，毫不退縮。廝殺聲、刀槍撞擊聲，將原本荒涼冷漠的何烈山震得搖搖欲墜。

到了最後，摩西實在是疲憊不堪了，手臂酸軟無力，再也無法舉起。亞倫和戶珥搬了一塊大石頭，讓摩西坐下，兩個人一左一右將摩西手臂舉了起來。原本處於劣勢的以色列人，立刻精神振作，展開了兇猛反擊，將亞瑪力人殺得潰不成軍。到了太陽快下山的時候，亞瑪力王被約書亞一刀砍死，其餘人死的

大戰亞瑪力人

死，逃的逃，以色列人大獲全勝。

戰鬥結束，摩西讓人在戰場上豎起了一座感恩壇，上面寫著「耶和華尼西」，意思是「上帝是我旌旗」。上帝授意摩西，將這一個勝利事件紀錄在案，並且發誓：「以色列人要世世代代和亞瑪力人爭戰。」

　　約書亞是以色列人的重要領袖，是摩西的繼任者。約書亞第一次在《聖經》中出現，身分是摩西的助手。在這裡，我們可以看出，約書亞對摩西無條件順從。之後的諸多事件，約書亞對摩西，也是極端順從的。所以，上帝看中了約書亞，將其確認為以色列人的領袖。

　　亞瑪力人是雅各哥哥以掃的後裔，是野蠻的游牧民族，是以色列人的死敵，也是魔鬼和情慾的象徵。約書亞帶領臨時軍隊頑強殺敵，取得了上帝的信任。

　　這段故事的記述者，將戰爭的勝敗，完全繫於摩西的舉手行為上。而摩西的舉手行為，古人相信，上帝的法力，能透過舉手產生效力。故事最後設立感恩壇，旨在說明，以色列民族是在上帝管轄下，由鬆散到聯合、由軟弱到強大的。

丁韙良（1827年～1916年），中國近代史上最著名的來華傳教士之一，美國北長老會牧師，曾經擔任過中國著名教育機構北京同文館和京師大學堂的負責人。

以色列司法行政的開端

基督教與猶太教採用的紀元不同。基督教採用的紀元亦稱西元，以耶穌基督誕生年為西元元年。猶太教原來無紀元，直到馬加比時代才採用敘利亞國王塞琉古一世的紀元。

摩西岳父的家鄉米甸，距離何烈山不遠。得知摩西帶領以色列人大勝亞瑪力人後，摩西岳父、米甸大祭司葉忒羅帶著摩西的妻子和兩個兒子，來見摩西。

見到久別的親人，摩西熱情款待，向他們講述上帝的各種救贖，以及路上遭遇的各種苦難。

經歷一場大戰，以色列人在何烈山下安營紮寨稍事休整。從出埃及至今，以色列民眾中大事小事累積了很多，摩西從早到晚處理各種糾紛、案件。上百萬人的事物，全部攬在摩西一個人手中，他累得四肢無力，口乾舌燥；排隊等候的百姓，也顯得很不耐煩。他們看著長長的隊伍不停抱怨：「照這樣下去，何年何月才能輪到我們呢？」

葉忒羅在米甸做大祭司，有豐富的管理經驗。他認為摩西這樣事必躬親，不管大事小事都參與的做法，費力不討好。既消耗了自己的精力，也浪費了別人的時間。他向摩西建議說：「現在，你需要處理的事情太多了，就像一塊巨大的石頭，你無法一下子搬走。假如你讓很多人參與，分成幾塊，是不是就可以輕鬆搬動了呢？你可以將事情，按照輕重緩急，分成幾個類別，從以色列人中挑選有能力的人，讓他們分別處理。這些人要有好的品德，他們必須敬畏上帝，誠實無欺、痛恨不義之財。按照他們的品德和能力，委派他們做千夫長、百夫長、五十夫長和十夫長。你交給他們律法法度，授予他們一定權限。這樣，他們能為你分擔大部分事物。那些關係到全族的大事、疑難的案件，呈報

給你。這樣，你也輕鬆了，百姓的事情，也能即時得到處理。」

摩西聽從了岳父的建議，他從民眾中選取了有才有德的人，擔任不同的官職，上級官員統領下級官員，而所有官員在摩西的統領之下。重大的事情，下級官員呈給上級官員，最後報給摩西處理。這樣，以色列民族的統治雛形基本形成了，摩西開始了他名副其實的領袖生涯。

這種全新的行政司法組織形式，顯示了以色列人政治制度開始萌芽。葉忒羅對摩西的建議，應該是世界上最早關於社會內部分層管理的論述。他對摩西說的那段話，被後人廣泛引用。

摩西對官員的挑選和任命，第一是有才能，第二是有品德，第三是廉潔奉公不受賄賂，「誠實無欺，痛恨不義之財」，符合現代民主政治的訴求。摩西進行人事挑選、權力委任、責任分工、權限範圍都進行了明確規定，這種做法符合現代管理學的許多原則。

李提摩太（1845年～1919年），英國浸禮會傳教士。1870年來到中國，最初在山東、東北一帶傳教。1876年，山東發生了大規模的旱災，李提摩太就到處為災民募集救災物資；1878年，山西也發生了災荒，李提摩太就又到山西救災，並在太原開始傳教。李提摩太介紹大量的西方文化，對中國之後的維新運動有很大影響。

上帝和以色列人約定十誡

立約是基督教的神學用語，源自於猶太教傳統。猶太人把自己的經典，稱為上帝和人所立的契約，摩西十誡就是立約的一種。

以色列人出埃及三個月後，來到西奈山腳下的一塊空地中。這裡林木豐茂、水源充足，摩西決定在這裡休整幾日。於是，男人們砍伐樹木搭建帳篷，女人們做飯、紡線、織布，一派生機勃勃的熱鬧景象。

上帝對摩西說：「三天之後我要和你立約。所以你們今明兩天，要保持清潔，不要親近女人。第三天我要在西奈山上和你對話，讓全體以色列人都能聽見，這樣能增加你的權威，百姓也會更加信任你。」

約定的日期到了，西奈山上雷聲滾滾，陰雲密佈。以色列人全體集中在山腳下，仰望高山，心裡面充滿了敬畏之情。摩西上山之前，在山腳下畫了一道線，警告人們：「無論人畜，誰也不能越過這道線，否則必死無疑！」說完，摩西開始登山。

不一會兒，人們看見西奈山上迸濺出濃密的煙霧，上帝在一團烈火中降臨到山頂上。山上的煙霧更加濃烈，烈焰罡風在煙霧中忽隱忽現，就像沸騰灼熱的磚窯。整個西奈山就像一雙無形的大手緊握著搖擺，突然響起了震人心魄的號角聲。摩西步履堅定一步步往山上走，漸漸消失在煙霧中。

登上了西奈山頂峰，上帝給摩西頒發了一系列戒律和法規，所有的以色列人都要遵守，當作他們的生活準則。其中最重要的是十誡，具體內容如下：

第一條，崇拜唯一上帝耶和華而不可祭拜他神。

第二條，不可雕刻和敬拜偶像。

摩西十誡

第三條，不可妄稱上帝的名字。

第四條，須守安息日為聖日。

第五條，孝敬父母。

第六條，不可殺人。

第七條，不可姦淫。

第八條，不可偷竊。

第九條，不可作假見證陷害人。

第十條，不可貪戀人的房屋，也不可貪戀人的妻子、僕婢、牛驢，與他一切所有的。

除此之外還訂立了法典和教規，為上帝建造了聖所等，制訂了櫃子、桌子、燈臺、幕幔、幕板、祭壇、燃燈、聖衣、胸牌、外袍、祭司的衣冠、香壇、聖膏、聖香等物品的方法。

摩西受領了上帝的教誨，回到山下，將內容說給百姓們聽，百姓們一起說道：「我們必定認真遵守上帝的吩咐！」

第二天，在摩西的指揮下，人們在山腳下築起一座聖壇，立起了十二根柱子，象徵以色列民族的十二個支派。摩西讓一個少年用一隻牛來燔祭，稱之為平安祭。將牛宰殺後，牛血一半盛在盆裡面，一半灑在聖壇上。盆裡的牛血，灑在百姓身上，做為上帝立約的憑證。

十誡，也可以稱作「十戒」，是上帝和以色列人的領袖、先知摩西訂立的十條約定，做為猶太人的生活準則，也是以色列民族最早的法律條文。

世界上的許多事情，都是有關連的。有研究者認為，摩西十誡和佛教教義「沙彌十戒」有相互對應之處：

第一誡對應佛教的不二法門。

第二誡對應佛教的凡所有相，皆是虛妄。若見諸相非相，即見如來。

第三誡對應佛教的不可未得謂得，未證言證，犯大妄語。

第四誡對應佛教的時時注意返觀自心，不要被塵勞迷惑，不可向外弛求。

第五誡對應佛教的上報四重恩，四重恩指天地恩、國家恩、父母恩、佛恩。

第六誡對應佛教的戒殺。

第七誡對應佛教的戒邪淫。

第八誡對應佛教的戒盜。

第九誡對應佛教的不可誑妄。

第十誡對應佛教的戒貪。

古約翰（1859年～1936年），原名Johnathan Goforth，來自加拿大的著名來華傳教士，1888年來到中國從事傳教活動，先是在上海，後來又到山東、河南等地進行佈道。古約翰是一位典型的傳教士和佈道家。他在中國所宣傳的教義和思想，尤其是在河南省產生了廣泛而持久的影響。

金牛崇拜造成的災難

基督教繼承了猶太教的經典，其中包括律法書、先知書、聖錄等，並把它稱作《舊約》《聖經》。所不同的是，猶太教還有聖法經傳《塔木德》，而基督教則適應時代的發展，編纂了《新約》《聖經》，以滿足傳教的需要。

在以色列民族傳說中，有一個慘絕人寰的同族大屠殺。

上帝頒布十誡後時隔不久，再次在西奈山約見摩西。這次與摩西同行的有七十名以色列長老，他們在山腰等候，摩西一個人上了山，在山上停留了四十個晝夜。上帝授予摩西兩個石版，上面鐫刻著十條戒律。上帝教導摩西如何設立供奉祂的祭壇，如何設立保存聖約的約櫃。上帝賜予亞倫最高祭司的稱號，這個稱號世代承襲，永遠相傳。

在山腰等待的長老們，又餓又累，困乏無比。他們左等右等，見摩西遲遲不下山，只好返回營地。摩西的哥哥亞倫，擔心弟弟遭遇不測，寢食難安。摩西離開了這麼長時間，以色列人沒有了頭領，久而久之，就對上帝的信仰產生了懷疑。百姓認為上帝和摩西拋棄了他們，決定重新供奉起他們在埃及所崇拜的神——牛神。他們簇擁在亞倫帳篷前高聲大喊：「快點起來吧！摩西不知道出了什麼事，我們重新製造一個神像來保佑我們吧！」

面對人們的要求，亞倫左右為難。最後他動搖了對上帝的信仰，答應了百姓的要求。他命令人們將金首飾全部捐獻出來，點燃一個大爐子，將金子放進爐子裡面融化，幾天幾夜過去後，金子融化了，人們用金水澆鑄成了一頭金牛。

狂熱的人們，將金牛安放在營地中間，歡歌熱舞。他們彷彿看見從遠古

古埃及金牛崇拜

就開始崇拜的神像，又回到了他們身邊。他們宰殺了一個牛犢，給神像獻了燔祭，然後坐下來大吃大喝，狂歡慶典。只有利未人在一旁，帶著驚懼的神情，看著眼前的一切。

上帝看到了以色列人的行為，告訴摩西快快下山，摩西回來見狀，十分生氣，將兩塊法版摔得粉碎。他命人將金牛焚毀，磨成金粉，灑在水面上讓人們喝下去。面對摩西的痛斥，亞倫自我辯解：「我也是沒辦法的呀，這些人專門作惡，他們圍在我的帳篷前面，逼迫我、圍攻我，要我出面為他們製造偶像，我不得不這樣做啊！」

摩西對於以色列人的放肆，大為震怒。他舉起手中的法杖，高聲呼喝：「信奉上帝的人，都站到我這邊來！」利未人全部聚集到摩西身邊，摩西命令他們將那些反叛者全部處死。

於是，一場殘酷的殺戮開始了。利未人手持刀劍，將那些崇拜偶像的同族人，無論婦孺老幼全部斬殺，一天之內，有三千名百姓被殺。一時間，草木含悲，風雲變色，景象十分淒厲。

上帝在基督徒信仰中的唯一性，再次在這個故事中得到了體現。「嚴禁崇拜偶像」，也是上帝十誡中的一條。摩西用三千名同族的血，懲罰了那些背叛者，用武力重新建立起了他權威的統治地位。

摩西命令利未人斬殺三千名背叛者，也是上帝的旨意。埃及人是一個多神

崇拜的民族，牛神也是其中之一。以色列人和埃及人共同生活了430年，對神或者是偶像的崇拜根深蒂固。在上帝降臨給埃及人的十大災難中，畜疫之災打擊了埃及人的偶像牛神，沒想到在西奈山曠野死灰復燃，以色列人重新搬出了他們曾經崇拜過的牛神。上帝對這種信仰的背棄，顯然是震怒萬分。以色列人圍繞著牛神偶像，縱情歌舞娛樂，這表現了他們在宗教上的縱淫，這更是上帝所不允許的。

面對這種情況，上帝打算放棄以色列人的選民資格，在摩西的請求下，上帝改變了初衷。這也從另一面說明了摩西對以色列人的重要性。

摩西讓人將金牛研碎放入水裡面讓人們喝下，也是懲罰的一個措施，但這種懲罰方式顯然太輕了。上帝要用血的懲罰，來增加以色列人對上帝的敬畏和信心。

這裡有必要提一下利未人。利未人充當了殺手的角色。利未人是雅各與利亞的第三子利未的後人，他們對上帝最為忠心，不屬於以色列人的十二支派之一，不參與分配土地，被上帝選為侍奉祂的支派，負責所有的祭司工作，並向百姓講解律法。

穆德（1865年～1955年），美國人，20世紀的基督教全球傳教運動活動家、世界基督教學生運動的領導人、國際宣教協會和世界基督教教會聯合會創立者及領導人，同時還是中國基督教青年會、基督教學生運動和傳教活動鼓動者。

史上最早的人口統計

三位一體是基督教基本信條之一，認為上帝只有一個，包括聖父、聖子和聖靈三個位格，是一個神三個位。

摩西帶領以色列人出埃及後，到達西奈山下的曠野。上帝在這裡傳授摩西十誡和一系列宗教戒律和法規，以色列人一邊學習，一邊演練，一晃幾個月過去了。

第二年的二月初一，上帝在西奈山曉諭摩西：「以色列民族發展繁衍了數百年了，現在要清點一下人數。按照家室、宗室和人名，統計一下男丁的數目，以便做到心中有數。」

按照上帝的指派，摩西和亞倫負責清點二十歲以上、具有戰鬥能力的男丁；十二個支派中，每個支派的族長，負責每個支派男丁的清點工作。這些族長都是選召出來的，也是本派的首領，身兼以色列軍隊中的統領。

經過幾天的清點統計，十二個支派中、二十歲以上、能出去打仗的壯年男丁，共有603550人。

壯年男丁的數目確定後，摩西按照上帝的曉諭，開始整編軍隊。他們按照東、南、西、北四個方位，設置了四個大纛（音ㄉㄨ，古時軍隊或儀仗隊的大旗）。東纛包括安紮在會幕東邊的猶太支派、以薩迦支派、西布倫支派。行軍時，東纛作前鋒。南纛包括安紮在會幕南邊的流便支派、西緬支派、迦得支派。行軍時南纛作第一中鋒。西纛包括安紮在會幕西邊的以法蓮支派、瑪拿西支派、便雅憫支派。行軍時西纛作第二中鋒。北纛包括安紮在會幕北邊的但支派、亞設支派、拿弗他利支派。行軍時北纛殿後。就這樣，摩西將十二個支派劃歸為四個大纛統領。猶太支派、流便支派、以法蓮支派和但支派分別掌管四個大纛，四個大纛的旗號分別是獅子纛、人首纛、牛纛和鷹纛。

象徵以色列七大支派

軍營按照四方形排列，以會幕為中心安營。各支派各營都要有自己的旗號，有自己的規章紀律。

十二個支派之外的利未人，不在總數的清點之列，因為他們具有護衛上帝法物的特權。法櫃、帳幕和裡面的器具，只有利未人才有權利管理打點；利未人負責帳幕的搭建和拆卸，任何人不得靠近，否則就要被處死。

隨後，上帝命摩西清點利未人的男丁。出生一個月以上的利未人男丁，一共22273人。年齡在30歲到50歲的利未男丁，都要按照上帝分派的職責，在會幕裡面盡職。這些人一共8580名。他們主要承擔以下的工作：哥轄的子孫在會幕中搬運至聖之物；亞倫的兒子以利亞撒看守聖所裡點燈的油、香料、素祭、油膏以及聖所的各種器具；革順的子孫抬帳幕的幔子、會幕的蓋、海狗皮、門簾，聖所院子的帷子和門簾、繩子等；米拉利的子孫抬帳幕的板、閂、柱子和帶卯的座。

摩西命令部屬用銀子做成兩支號，並規定：當兩支號同時吹響時，全體會眾就在會幕門口集合；當只吹一支號的時候，各支派的首領就在帳幕門口集合；出征的號比集合號大聲；當大聲的號第一次響起時，就是東纛出發，第二次吹響時，就是南纛出發；戰鬥號由祭司吹響；打仗的時候要吹號，喜慶的時候也要吹號。

這是《聖經》第四卷〈民數記〉中的第一個事件。〈民數記〉以人口普查開始，以人口統計結束，亦可稱為「戶口普查記」，因它一開始是人口調查，

結束時也是人口統計。這應該是有史以來記載的最早的人口普查。不過這次普查的不是全體人數，而是具有打仗能力的役男人數。那些沒有戰鬥能力的婦孺老幼，則不在統計之列。這也暗示著在神國之人口中，每一名都是要打仗的，每一名都是精兵；通往迦南之路，充滿了艱辛和阻隔，需要不斷努力、不斷爭取才能到達。透過人口統計和軍事編排，無組織、散漫的游牧部落，成了一個組織嚴密、管理系統的政治、軍事集團。

之後由於各種原因，以色列人在荒原上耽擱了將近四十年才到達迦南。這次統計，將老弱婦孺計算在內，以色列人總人口恐怕要超過兩百萬。如此龐大的群體，如何在三千多年前的曠野上生活四十年，這是一個令人費解的問題。好多《聖經》研究者都無法得到合理解釋。

有研究者認為，上帝曾經應許亞伯拉罕「你的子孫就像星星、沙粒一樣多」。如此龐大的以色列人家族，正顯示了上帝對亞伯拉罕的應許，得到了驗證。同時，興旺發達的以色列人，也會對法老產生壓力，有利於以色列民族的生存。

也有研究者認為，正是因為上帝這樣獨具匠心的組織安排，以色列人才克服了很多險惡環境和社會壓力，順利存活下來。

卜舫濟（1864年～1947年），美國來華傳教士，出生紐約，畢業於哥倫比亞大學，1886年他接受美國聖公會的差遣到上海，開始在中國的傳教事業。來到上海後，他在著名教會學校聖約翰書院從事英語教學，後任校長。之後的17年中，他一直努力把聖約翰書院發展成為一所大學。1905年該學校在美國註冊，正式改名為聖約翰大學，進而吸引了大批中國學生前來就讀。該校為中國近代培養了一大批著名傑出人物。在中國近代歷史上以及中國與美國的關係歷史上，卜舫濟是一位重要的人物。

上帝鑑定婚外情的方法

上帝聖父，簡稱聖父或者天父，是基督教基本信條三位一體中的第一位格。

上帝喜歡潔淨，規定凡不潔淨的人，都要遷出營地居住。

上帝對潔淨做了兩種分類，第一是身體上的，比如痲瘋病人和傳染性皮膚病的人、性器官有漏症（比如女性崩漏等）、死屍不潔淨等；第二是行為上的不潔淨，比如人際關係彼此虧欠、行為上的罪惡、兩性關係的不貞潔等。

上帝對兩性關係的不貞潔尤其關注，祂將「疑妻行淫試驗之法」傳給祭司，讓他以此來判別女子是否貞潔。這個方法，也對摩西十誡中的第七條「不可姦淫」，提供了審判依據。

如果丈夫懷疑妻子有行淫的行為，而自己又沒有證據，可以將妻子送到祭司那裡，請求祭司判定妻子的貞潔與否。當事人著上大麥麵粉依法十分之一當作供品，大麥麵粉不允許淋油，也不允許添加乳香，因為這是素祭（和流血的燔祭相對應）。

祭司吩咐女人走過來，站在上帝的面前。祭司取聖水放在聖器裡面，去帷幕下面取一點塵土放入水中，然後對著水發咒語，水漸漸變苦。祭司讓女人披頭散髮，手捧素祭，讓女人發誓：「我若背著丈夫行淫，上帝會令我肚子發脹、大腿變瘦。」

女人發過誓後，祭司將咒語虛空寫下，然後塗抹在苦水裡面。祭司接過女人手裡的素祭，取一把放在聖壇前燒掉，讓女人喝掉苦水。如果這個女人的確背著丈夫行淫，她的肚子會發脹、大腿變瘦，要遭受應有的懲罰；如果女子沒

叛逆天使的墮落

有不潔性行為，她就會因福懷孕。

故事中的「伊法」，是《舊約》時代的容量單位元，相當於現在的2.2公升。

以上的行為應該是史上最早的關於婚外情的鑑定方法。行淫，指的是夫妻關係之外的性生活。在上帝看來，這樣的行為是不潔的，是罪。

不潔，是《舊約》裡面最重要的論述之一。在《利未記》11章至15章裡面，上帝給子民詳細規定了「潔淨」和「不潔」的各種戒律，尤其在飲食上，將動植物的「潔淨」和「不潔」，做了詳細的分類。

有研究者認為，對於潔和不潔的規定，除了衛生方面的考慮外，最重要的是要維護一個完美的上帝。

也有研究者認為，本節故事，女性處於被歧視、被欺壓的境地。「行淫」行為是雙向的，單單針對「妻子行淫」進行試驗，為什麼不對「丈夫行淫」進行試驗呢？難道只有不忠的妻子，沒有不忠的丈夫嗎？

樂靈生（1871年～1937年），著名的來華傳教士，社會福音派的代表人物，生於英國。1899年移民到美國，1902年取得美國國籍，並被美南浸信會派往中國傳教。1912年任上海《教務雜誌》編輯，由於他的努力，使該雜誌成為全國基督教的一本權威雜誌。1919年前後參與大型統計資料《中華歸主》的編輯工作。曾擔任上海公共租界工部局中國學校部主任。

鵪鶉之災

上帝聖子，簡稱聖子，是三位一體中的第二位。為了救贖世人，取肉身為世人，然後受死、復活、升天。將來再降臨，審判活人和死人。

摩西帶領以色列人渡過紅海之後，上帝降福，讓飢餓的以色列人飽食鵪鶉，幫他們度過難關。然而將近一年後，正是這種美味的鵪鶉，卻給以色列人帶來了滅頂之災。

以色列人在西奈山下的曠野，住了將近一年時間，整編完畢後，起身前往迦南。兩百多萬的隊伍，帶著輜重財務，扶老攜幼，在荒涼、酷熱的沙漠上跋涉。

因為禁止殺羊，一連數天，以色列人的主要食品就是上帝賜予的嗎哪。單調的飲食、艱苦的跋涉讓以色列人怨聲載道。一天傍晚安營紮寨後，幾個閒雜人，利用以色列人的不滿情緒，來到摩西帳篷前，紛紛指責摩西：「我們在埃及的時候儘管受奴役，但是守著尼羅河，不花錢可以吃到鮮魚。菜園裡有豐盛的黃瓜、韭菜、大蔥和大蒜，隨便吃。到了這裡，每天吃嗎哪，我們什麼也沒有！」

「你究竟要帶我們到哪裡去呀，你許諾的流著奶和蜜的地方在哪裡呢？不會是在騙我們吧！」

「我們都沒有胃口了，誰給我們肉吃呢？」

圍觀的人越積越多，十二支派的人，都來到摩西帳篷前抗議。面對這麼多的人，摩西的信心也動搖了。他也開始了抱怨：「上帝呀，為什麼偏偏要將這樣的重任添加在我肩頭上呢？祢為什麼要這麼苦待祢的僕人呢？祢向他們應許迦南寶地，可是我們遭受了這麼多的苦，卻還是遙遙無期。祢要求我對百姓就

聖神降臨

像對吃奶的孩子那樣仁慈關愛，可是他們現在面臨飢餓，我總不能宰殺牲畜讓他們填飽肚子吧！」

上帝見以色列人這樣抱怨、這樣忘本，怒氣大發。祂曉諭以色列人：「你們洗淨身體和衣服，明天讓你們吃肉。我會讓你們連續一個月吃肉，吃到心滿意足，甚至肉末都會從你們鼻孔裡噴出來，使你們厭惡。」

摩西聽了上帝的話，感到難以置信：「我們以色列人僅壯年男子就有六十萬人，祢讓我們連續一個月吃肉，哪裡有那麼多肉呢？難道讓我們將牛羊都宰殺，或者將海裡的魚蝦都聚集在一起嗎？」

面對摩西的疑問，上帝說道：「相信我的話吧！明天就會讓你看到是否應驗。」

第二天一早，微風從海面吹來，一直吹到荒漠，吹過以色列人的營地。漸漸地，風越來越大，無數鵪鶉由遠及近，在風中鋪天蓋地飛了過來，停在營地的空地上，一隻挨著一隻，停滿了一層又一層，高達兩肘。渴望吃肉的以色列人，見狀欣喜若狂，他們沒日沒夜撲捉這些鵪鶉，將鵪鶉囤積在營房周圍。囤

積最少的人也囤積了10賀梅珥。他們燃起篝火，將鵪鶉剖肚、去毛，在火上燒烤，狼吞虎嚥的吞食，牙縫裡面塞滿了肉絲，一口還沒有嚼爛，另一口就咬了下去。

當他們飽食一頓，心滿意足入睡後，上帝將災難悄悄降臨到了以色列人身上。那些愛發怨言、對上帝不虔誠的人，由於吃了過多的鵪鶉肉而相繼死去。瘟疫在以色列人之中肆虐，曠野上佈滿了墳墓。以色列人心懷悲痛，處理完喪事之後，帶著懊惱、遺憾的心情，離開了此地。後來，人們將這個地方取名為「基博羅哈他瓦」。

兩肘，折合現在約八、九十公分；賀梅珥，《舊約》時代容量單位，一賀梅珥相當於現在的22公升。基博羅哈他瓦，意即「貪慾之人的墳墓」。

面對以色列人中的貪婪、不信任和不虔誠，上帝給出了極其嚴屬的懲罰。以色列人在收集鵪鶉的時候，貪婪之心暴露無遺。上帝給他們降臨災難，是為了讓後代永遠記住這個教訓。

《聖經》研究學者認為，上帝降臨鵪鶉之災，具有科學依據。鵪鶉從海岸飛往半島，就像燕子春天北飛、秋天南飛一樣，屬於候鳥的季節性遷移。兩次鵪鶉降臨，都是在猶太人的二月分，相當於現在國曆的四、五月期間。鵪鶉經過長時間疲勞，飛行高度接近地面，十分易於捕捉。

同時，《聖經》研究者還從科學角度解釋了「鵪鶉之災」現象：四、五月間的沙漠炎熱無比，大量囤積的鵪鶉肉容易變質，吃後引起食物中毒，引發大面積瘟疫。

文幼章，1898年出生於中國四川一個加拿大監理會家庭，加拿大著名來華傳教士之一，長期在中國四川省從事傳教和教育活動，並熱情支持中國的革命和和平。他為了使中國與加拿大建立外交關係，做出了巨大的貢獻。

探子帶來的惡訊

上帝聖靈，簡稱聖靈，是三位一體中的第三位。和聖父、聖子一起接受敬拜，同受尊榮。

摩西帶領以色列人來到巴蘭，巴蘭和迦南南疆比鄰。以色列人眺望著迦南之地，幻想著美好家園的勝景，歡呼雀躍。

摩西是一個謹慎的人，他不主張即刻進入迦南。因為將近兩百多萬的人口一下子湧入一個陌生的地方，必須做好前期準備。當務之急，是先將迦南的情況瞭解清楚。於是，他吩咐十二分支的族長，挑選出十二名精明強幹的青年做探子，進入迦南瞭解情況。摩西對他們說：「你們到那裡，看看當地居民是強還是弱；城牆是否堅固；土地是否肥沃；農作物的耕種情況。你們膽子要大，心要細緻。」

十二個探子，都是各個支派未來的領袖。他們聆聽了摩西的教誨之後，立刻動身啟程前往迦南。他們在迦南，沒有遇到任何困難，很快搜集到了各種資訊。四十天過去了，探子們回到了巴蘭。

此時正是葡萄成熟的季節，他們從迦南砍了一根葡萄枝，兩個人輪番扛著帶回了巴蘭。圓潤碩大的葡萄，散發著清香，閃爍著水晶般的紫色。除此之外，他們還帶回了石榴、無花果等多種水果。以色列人看了，更相信迦南物產豐饒，恨不得一腳踏入那裡。

然而，和這種豐饒富足的景象相反，探子們帶來的，卻是一個又一個的惡訊。

「迦南之地的確十分富庶，但那裡兵強馬壯，城池高大堅固，我們進不去呀！」

西奈山

　　「迦南的有些地方有巨人居住，他們是亞納族人，以吃人為生。他們身材高大，我們站在他們面前就像螞蚱一樣，無法降服他們！」

　　「那裡還有我們的仇敵亞瑪力人，他們一定會聯合當地人阻擋我們的！」

　　面對這樣的富庶之地，這些探子感到沒有信心佔領迦南。於是，他們萌發了對上帝的不信任感，將一些原本很小的困難誇大其詞，目的是為了阻止以色列人進入迦南。

　　以色列人聽了這樣的惡訊，浮現在心裡面的美好願望一下子破滅了，他們惱羞成怒，紛紛抱怨起來：「如此凶險的地方，我們怎麼可能進得去呢？一旦打起仗來，我們必死無疑，老婆、孩子都會被人家擄走，世代受人奴役！上帝為什麼要我們來這種凶險的地方，千里迢迢來做人家的刀下亡魂！我們寧願死在埃及、死在曠野，也不願意受人宰割！」

　　有些人藉機挑釁鬧事：「我們要求摩西和亞倫辭職下臺，我們要重新選舉頭領，帶領我們重返埃及！」

　　探子中有兩個青年領袖，一個叫約書亞，一個叫迦勒。他們對上帝懷著十足的虔誠和信任，對進入迦南充滿了信心。面對探子們惡意提供的訊息，他們十分憤怒，撕裂衣服，露出胸膛，向全體以色列人盟誓：「我們發誓，我們看到的迦南富饒美麗。如果大家對上帝充滿信心，就請相信上帝會帶領我們進入迦南，過著美好、自由、富足的生活！上帝與我們同在，我們一定能攻下迦南！」

　　被失望、惱怒沖昏腦的以色列人，根本聽不進兩人的話。有人高喊：「他們在蠱惑我們去送死，用石頭砸死他們！」

　　約書亞和迦勒被眾人圍擁起來，他們奮力從人群中逃出來，躲進會幕，倖免一死。

　　這時候上帝在會幕中出現了。面對瘋狂的以色列人，上帝感到十分失望。他對摩西說道：「你的百姓如此藐視我，要到什麼時候呢？我給他們降下了無數次神跡，他們不信任要到什麼時候呢？」祂決定降下瘟疫，懲罰以色列人。

　　於是，一場大災難降臨到了以色列人身上。二十歲以上的以色列人，凡是發過怨言的，永遠失去了進入迦南的資格，必定死在曠野中；這些人的女眷和孩子，今後會進入迦南；約書亞和迦勒對上帝有信心，今後有資格進入迦南；其他探子用四十天的時間窺探迦南，一天等於一年，他們的子孫後代，還要在曠野荒漠中漂泊四十年，來承擔他們的罪責。

　　那些謊報惡訊的人，即刻感染瘟疫，死在上帝面前，只有約書亞和迦勒倖免於難，並且受到了上帝的賞識。

　　遭受了如此之大的懲罰，以色列人對上帝的信任和順服，雖然沒有達到最忠誠的程度，但是不敢公開忤逆了，他們再也不提重回埃及的事了，甚至要立刻實現上帝的應許，進入迦南之地。但是大錯已經鑄成，因為「祂（上帝）必

不與你們同在」，面對迦南人和亞瑪力人聯合攻打下，以色列人落得一個慘敗的結局，節節敗退，從巴蘭退到何瑪珥。

何瑪珥，位於巴蘭東部約十英里處，意思是「完全毀滅」。

十個探子謊報惡訊，是因為他們害怕迦南人的強大，忘記了迦南是上帝對以色列人的應許之地。追根究底是對上帝不虔誠、不信任，因而招致惡果。而以色列人所遭受的懲罰，也不單單是十個探子的牽連。面對約書亞和迦勒的盟誓，他們冥頑不化，終於將上帝激怒了。於是，上帝的應許不變，但是延後了四十年，應許轉移到他們的後代身上。他們這一代（主要指二十歲以上的人），都要死在曠野中。

以色列人從西奈山啟程後，一路上不住埋怨，面對探子們的惡訊，達到了頂點。上帝不斷試驗百姓的信心，反之，百姓也在不斷試驗上帝的能力。從出埃及到現在，六次為水和食物埋怨上帝，兩次不服從領袖；崇拜金牛偶像和盲從探子惡訊，達到了極點；而上帝對他們的懲罰，也達到了最嚴厲的程度。

研究《聖經》的地理學者認為，摩西指派的探子，從利合出發到哈馬口，兩地相距250英里。按照當時的交通狀況，再加上他們在迦南停留搜集情況，來回花費四十天的時間，是很合理的。

塞繆爾·柏格里，也被譯作塞繆爾·波拉德，1864年出生在英格蘭，1887年來到中國，首先在雲南省的昆明、昭通、會澤等地傳教，1903年成為首次訪問涼山彝族的西方人。他提倡文明習俗，禁除鴉片毒害，進行慈善救濟等，被中國教會界所稱為「苗族救星」。

法杖上的花兒

信（信仰）、望（希望）、愛（仁愛）並稱三種神學美德和耶穌的三大綱領，是基督教的重要教義。

有利益的地方就有爭端。摩西的權力接二連三的面臨挑戰。第一次是摩西的哥哥亞倫、妹妹米利暗對摩西的反叛，被上帝平息下來；主謀米利暗受到了「身患大痲瘋病」的懲戒。

時隔不久，以色列人中的利未人，組成了可拉黨，舉行了一次規模很大的叛亂，這次叛亂，針對的是亞倫的祭司職位。

經過了幾番波折，摩西的威望下降。由於人心不齊，摩西無法帶領人攻打迦南，只好在荒漠上開始了更為漫長的漂泊生涯。

一天，他們在阿卡巴灣安頓下來，派人尋找能夠長期居住的地方。自從以色列人從迦南邊境折回沙漠以來，由於失去了進入迦南樂土的希望，民心開始渙散，就連最為忠誠的利未人，也產生了不滿情緒。他們覬覦祭司的職位，企圖篡奪。利未人可拉，糾集了族內兩百五十個人，結成可拉黨。他們聚集在摩西帳篷面前，大聲質問道：「我們都是上帝子民，你們為什麼享有特權呢？我們比你們低下多少呢？你們又比我們高明多少呢？」

摩西見狀，十分痛心，他說道：「利未人的子孫呀，你們可是上帝最忠誠的子民呀，你們今天是怎麼啦？上帝將你們列為以色列人十二支派之外，是你們的榮耀；上帝親近你們，讓你們打理帳幕等聖事，你們還不滿足嗎？」

可拉黨人不理會摩西的勸誡，要進行攻擊。摩西大怒：「你們不滿足現狀，難道想當祭司嗎？亞倫是上帝委任為祭司的，你們針對亞倫就是要反對上帝！你們這些人，如果不怕上帝的神力，就繼續我行我素吧；如果心中還有上帝，那麼明天你們拿著香爐過來，向上帝獻祭，看看到底誰對誰錯！」

可拉黨人心裡面忌憚上帝的威力，停止了進攻。第二天，他們人人手捧香爐來到會幕前，等待上帝的裁判。

不一會兒，上帝出現了，對摩西說道：「你們離這些叛亂黨人遠一些，我要將他們滅絕！」

女先知米利暗手裡拿著鼓，眾婦女跟著她拿鼓跳舞。

摩西和亞倫苦苦求情，上帝不理不睬：「你立刻帶人離開這些叛亂黨人居住的帳篷，我要降災禍給他們！」摩西無奈，只得帶人遠遠走開。這時候一聲沉悶的巨響從地下發出，可拉人居住的帳篷地面裂開，可拉人和他們所有的財產全部落入地縫。

兩百五十名可拉黨人見狀，驚慌失措，紛紛逃跑。上帝發出一團火焰，火焰追逐著逃跑的可拉黨人，把他們都燒死了。

到了第二天，更可怕的事情發生了。全體以色列會眾（參加宗教組織的人）蜂擁到摩西和亞倫的帳篷前，說道：「是你們殺死了可拉家族的人！」摩西和亞倫見狀倉皇逃到會幕裡面，才躲過劫難。上帝見狀，命令摩西和亞倫速速逃走，祂給這些叛亂者降下瘟疫，瘟疫剎那間在百姓中傳播，14700人在這場瘟疫中死亡。

這場叛亂最終被平息下來了。摩西感到有必要向以色列人說明：「亞倫祭司的職位，不是因為自己親屬關係授予的，而是上帝委派的。」

於是，摩西按照上帝的吩咐，讓以色列十二支派的領袖，每人手持法杖來到帳幕中。第二天，奇蹟出現了，十二根法杖中，只有亞倫的法杖上面盛開了一朵花兒，最後結出了一棵熟杏。以色列人見狀，終於明白亞倫的祭司之職是

上帝賜予的，因此消除了抱怨之心。

亞倫開花的法杖被留在法櫃裡面，世代警示那些背叛者的子孫。

這是繼摩西領袖地位受到最嚴屬的挑戰之後，亞倫的祭司職位也受到了考驗。叛亂者和摩西、亞倫同輩，但是擁有的權力比摩西和亞倫低一級，地位上的差距容易造成心理上的不平衡。加上長期的荒野漂泊生活，使他們對埃及的生活十分留戀，他們認為埃及才是真正的流奶和蜜之地。摩西並沒有順利地將他們帶領到上帝應許的地方，他們希望另立領袖重返埃及，結束這種流浪困苦的生活。

上帝一改過去的懲戒方法，讓大地裂開，活埋叛亂者，目的是顯現法力，表示這樣的事情並不是摩西所能做的，為摩西開脫。

法杖的「杖」字，原來和「支派」兩字相同，上面刻著各派的名字。法杖都是用枯木做成的，枯木開花發芽，而且結出熟杏，是很神奇的事情，顯示了亞倫權力源自神授，威嚴不可侵犯。在基督教信仰中，杏屬於貴重的果實，白色杏花代表聖潔。上帝的神跡，讓充滿罪惡的百姓心生恐懼，充滿了敬畏之心。

拋開基督教義，這件事情也有普遍意義：做人要腳踏實地，不可愛慕虛榮，嫉妒他人，要有和人同榮同樂的心胸。

司徒雷登（1876年～1962年），出生於中國杭州一個美國長老會傳教士家庭，從小就在中國長大，著名的來華傳教士，擔任過美國駐華大使。1918年43歲時，教會派遣他到北京負責管理燕京大學。在司徒雷登的努力下，該大學到20世紀30年代時，成為中國最著名的教會大學。

摩西的遺憾

信仰（信）是基督教教義之一，它強調人和神的關係，接受上帝的感召，對《聖經》所記載的上帝的啟示、耶穌的教誨表示信奉和遵從。《舊約》《聖經》強調個人民族對上帝之約的信守，而《新約》《聖經》強調對耶穌福音的信賴。

以色列人在阿卡巴灣停留了一段時間以後，轉而向北，遷到加底斯長期居住了下來。

加底斯沒有水源，以色列人最初到達那裡，因為飢渴，發生了一次小小的騷動。他們聚集起來圍攻摩西和亞倫，抱怨道：「這裡土地貧瘠，連水也沒有，別說播種農作物，栽種葡萄樹、無花果和石榴樹了，就連喝的水都成問題，我們遲早會渴死在這裡。你們為什麼逼迫我們離開埃及呢？」

摩西和亞倫來到會幕面前，跪伏在地向上帝求取方法。上帝的榮光將二人籠罩，半空中傳來上帝神秘的曉諭聲：「你手持法杖，和你哥哥召集會眾。當著他們的面吩咐磐石出水，磐石就會裂開流出水來，供百姓和牲畜飲用。」

摩西領命，拿著上帝法杖離去了。

第二天一早，摩西和亞倫召集會眾，來到一塊巨大的磐石面前。想起會眾多次抱怨、挑釁，摩西情緒激動：「你們這些心懷不滿的人看著，難道我不能使這磐石流出水嗎？」說完憤恨地舉起法杖，用力擊打磐石。磐石一聲轟響，瞬間裂開，一股清冽甘泉噴湧而出，圍觀的會眾歡呼雀躍，手捧泉水狂飲起來。

上帝將泉水命名為「米利巴」，就是「爭鬧」的意思。

這次磐石擊水，給摩西帶來了畢生遺憾。上帝要摩西手持法杖「吩咐磐

90

石出水」，而摩西沒有遵從上帝的命令，用法杖「擊打磐石出水」。上帝認為摩西和亞倫的行為是對祂的「不信任」，所以對摩西和亞倫說道：「因為你們不信任我，不在以色列人面前尊我為聖，所以你們失去了進入應許之地的資格。」

磐石出水

摩西一生謹慎，沒想到磐石擊水，讓他眼看著迦南寶地，卻無法進入，這不能不說是他一生中最大的遺憾。

上帝原本沒有讓摩西擊打磐石，摩西竟然動怒，違反上帝的吩咐。上帝因此取消了摩西和亞倫進入迦南的資格。

雖然摩西和亞倫是神挑選的僕人，被神重用多年，但神仍要施予公平的懲罰，向他們取回帶領會眾進應許地的職分，要他們死在曠野之中。

正月初一，以色列人的女先知、摩西胞姊米利暗去世，五個月之後，摩西哥哥亞倫去世。亞倫死後，祭司職位傳給了亞倫的兒子以利亞撒繼任，做了第二任大祭司。至此，以色列人離開埃及，已經四十年了。按上帝的旨意，他們的那一代都要死在曠野，以色列人才可以起程進應許之地。

愛默生（1803年～1882年），美國基督教派一位論派散文家，生於波士頓牧師家庭，在哈佛研習神學，1829年接受牧師職位。

亂民中的火蛇和銅蛇

希望（望）是對上帝普世救贖意志的確信，也就是對基督最後審判所迎來的新天地抱有虔誠的希望，涉及到人與世界的未來以及對未來及美好結局。

摩西帶著以色列人，從埃及出來之後，在荒漠、曠野中顛沛流離，過著漂泊不定的生活，轉眼將近四十個年頭了。為了進入上帝應許的田園樂土迦南，他們經歷了內憂外患、天災人禍。老人死去，新人出生，新一代以色列人不斷成長了。他們自幼生長在曠野荒漠之中，身心受到艱苦條件的磨礪。艱難困苦的生活，使他們富有生存經驗，在和其他部族的爭鬥中，他們掌握了打仗的要領。摩西認為進軍迦南的條件成熟了。

在以色列人居住的加底斯以東，有一個以東國。以東國內，有一條寬闊通達的王道，供商隊來往。透過這條王道可以到達迦南。摩西派出使者，向以東國王借道。

以色列使臣帶著豐盛的禮物，畢恭畢敬地求見國王，說道：「尊敬的國王陛下，我們以色列人要去迦南，請允許我們從貴國經過。」

以東國王拒絕了使臣的請求，態度堅決：「我不允許你們從我們這裡經過，否則，我會派軍隊阻止你們！」

使臣繼續請求：「尊貴的國王陛下。我們只是經過而已，不會動你們境內的一草一木。如果我們損壞了境內的農作物、牲畜，我們會加倍賠償。」

國王不等使臣把話說完，粗暴地揮手送客。非但如此，他還派重兵把守王道入口，嚴禁以色列人通行。

面對這種情況，摩西只好率領以色列人繞道而行。行進到了何珥山，亞倫病逝，祭司職位傳給了亞倫的兒子伊利亞撒。以色列人為亞倫舉行了盛大的葬禮之後，繼續前行，到達一條幽深狹窄的峽谷中。這條峽谷沒有水源，他們攜帶的食物也吃光了。又飢又渴的以色列人又開始了抱怨：「為什麼要帶我們走這條峽谷呢，既沒有水也沒有食物，難道我們要倒斃在這裡嗎？」

旗杆上的銅蛇

於是，隊伍混亂起來，有的堅持前行，有的堅決後退，有的賭氣躺臥在原地不動，他們不再聽從摩西的指揮了。

突然之間，無數條火紅的蛇竄進了亂民之中，咬死、咬傷了很多人。一時間，百姓們驚恐不堪，他們知道這是上帝在懲罰他們，紛紛跑到摩西面前哀告：「我們不該抱怨，請原諒我們的罪過吧！」

摩西按照上帝的意願，命令工匠製造了一條巨大的銅蛇，懸掛在營地中央的旗杆上。凡被火蛇咬傷的人，只要看一眼銅蛇，傷勢即刻痊癒，而且還產生了奮勇向前的力量。

以東人的祖先是以掃，以色列人的祖先是雅各。雅各和以掃是親兄弟，曾經有過仇恨，但是已經化解。沒想到仇恨流傳給了後代。所以，以東國王堅決不借道給以色列人。摩西念及舊情，不願意和以東人開戰，所以繞道而行。

火蛇是毒蛇的一種，十分可怕。人被咬後傷口發炎，所以稱之為火蛇。在荒漠曠野，尤其是《舊約》時代，這種蛇很普遍。

《聖經》研究專家認為，這種普遍存在於曠野中的火蛇，之前之所以沒有出現，是因為上帝在福佑以色列人。當以色列人紛紛抱怨的時候，上帝撤去了保護，火蛇就紛紛出現了。摩西製造銅蛇治病，源於傷者對上帝的信心。如果傷者沒有信心，即便看見銅蛇，傷口也不會痊癒。

基督文化認為，銅的顏色接近血的顏色，帶有救贖的象徵，所以祭壇也是用銅包裹的。銅蛇救贖也暗喻：仰望、跟隨上帝，是以色列人的唯一出路。

托爾斯泰（1828年～1910年），俄國作家，全名列夫·尼古拉耶維奇·托爾斯泰，出身貴族。1869年在一家旅館過夜的時候突然感到恐懼，於是對宗教和哲學發生了興趣，1901年因抨擊俄國官方教會而被革除教籍。

亞摩利屠城

仁愛（愛）是指上帝對人的愛，以及人在信仰中所表現的對上帝和世人的愛。仁愛專指聖愛，也就是上帝之愛。

以色列人穿過峽谷後，毫不費力地透過摩押國境，來到亞嫩河岸，和亞摩利國相對而望。

亞嫩河從亞摩利境內流出，水流湍急。河對岸是刀削直立的懸崖峭壁，是亞摩利國的天然屏障。以色列人千辛萬苦渡過亞嫩河，百折千迴到了毗斯迦山頂。站在毗斯迦山頂上，遠眺可以望見迦南的豐饒之地；近望可以看見亞摩利境內的王道，王道橫穿亞摩利境內，直達迦南。

摩西派人向亞摩利國王西宏借道：「請允許我們從你們國家經過吧！我們不動你們的一草一木！」

國王西宏拒絕了以色列人的請求。非但如此，兇暴嗜殺的國王西宏，組織兵馬來到以色列人的駐紮之地，要趕走以色列人。摩西帶領軍隊頑強抵抗，擊敗了來犯之敵，殺死了西宏。隨後，以色列人以迅雷不及掩耳之勢，佔領了亞摩利國全境。以色列人將亞摩利人的牲畜和財物掠為己有，毀滅了一切有人煙的城邑，無論婦孺老幼全部屠殺，一個人也沒有留下。

亞摩利戰役後，以色列人向巴珊之城挺進，遭遇到了巴珊軍隊的頑強抵抗。巴珊國王是一個巨人，他生性好戰，力大無窮。他的床是用鋼鐵做成的，長九肘，寬四肘。面對這支巨人統領的軍隊，節節勝利的以色列軍隊毫不畏懼。他們奮勇爭殺，擊退了巴珊國軍隊，將巴珊國王斬殺。

潰敗了的巴珊軍隊四處逃散，以色列人進入巴珊國內，如入無人之境。從城市到鄉村，以色列人將巴珊國的財物、牲畜搶掠一空。

古巴比倫石雕

　　到此為止，約旦河東部的廣大地區，全部被以色列人控制。這塊區域成了以色列人進攻迦南的基地。

　　《聖經》原文講述這段故事時，提到了許多地名。以色列人為了到達上帝的應許之地迦南，百折千迴，歷經艱險。以色列人的足跡，基本上是由南到北，繞行迦南一周。這種「巡行繞走」，或許是進入迦南必要的磨練和前奏。從繞過以掃後人以東國開始，敘述的過程明顯加快，暗指以色列人大捷在即，

很快就要進入迦南了。

亞嫩河位於摩押國的北面,「亞嫩」是「急流」的意思,比喻亞嫩河水流湍急。《聖經》研究專家認為,亞嫩河裡面有靈訓表示:要進入豐饒之地迦南,必須遵從上帝的意思,急流勇退,不可偏離航道,不可怠慢。

「毗斯迦」是「裂縫」的意思,暗喻以色列人到了這裡,就要和荒漠曠野永別了,即刻進入迦南,過著安穩富足的生活。毗斯迦是迦南和曠野的分界線。

亞摩利是閃米特人中的一支。約西元前1894年,亞摩利人首領蘇姆阿布姆,在美索不達米亞南部建立巴比倫王國,史稱古巴比倫。《聖經》中稱,諾亞的兒子閃,是閃米特人(閃族)祖先。

摩西之所以指揮軍隊殺滅亞摩利人,是因為亞摩利人到了摩西時代,已經惡貫滿盈。上帝藉以色列人征戰亞摩利人,實施審判。

巴珊是巴勒斯坦東部古國,位於加利利海東北部,北部是黑山,是迦南北界。《新約》時代,巴珊是羅馬帝國最大的糧倉之一。7世紀以後,巴珊日趨衰弱。

傅蘭雅(1839年～1928年)出生於英格蘭海德鎮。近代在中國辦報的英國傳教士、學者,中文報紙《上海新報》主編。聖公會教徒。1861年到香港,就任聖保國書院院長。是在華外國人中翻譯西方書籍最多的一人。

巫師巴蘭的驢子

基督教認為人活在世間，面臨著私慾、魔鬼等各種引誘，稱之為「試探」，試探是基督教教義用語，提醒人們時刻警惕、克制私慾，抵制魔鬼的試探。

摩押國王看到和自己比鄰的兩個國家——亞摩利國和巴珊國，相繼被以色列人毀滅，心裡十分恐懼，他憂心如焚，害怕同樣的災難會降臨到自己身上。

摩押國國力空虛，無法和以色列人抗衡。為求自保，摩押國王想到了一個獨特方法：請巫師為自己祈福，詛咒以色列人，讓他們不戰自退。

在幼發拉底河的毗奪城，有一位遠近聞名的巫師巴蘭，具有很高的法力。

巴蘭的驢子

摩押國王巴勒派人去請巴蘭，希望透過巴蘭的魔力，能幫助摩押國度過難關。

國王巴勒挑選了一個能言善道的使者，帶著豐厚的禮物來見巴蘭：「有很多以色列人從埃及來到我國，不肯退去，威脅很大，我們國力薄弱無法對付他們。國王陛下懇請您到鄙國，施展魔法，讓那些以色列人退兵。」

面對使者的遊說，巴蘭不敢輕易應許。他讓使者暫且住下，晚間要請示上帝。第二天一早，巴蘭對使者

說：「我昨晚請示上帝了，很抱歉，上帝不允許我跟您同去。」

使臣回去覆命，國王巴勒不甘心，第二次派出一個級別更高、口才更好的使者前往遊說：「假如您和我走一趟，施用魔法詛咒以色列人，我們會給您最高的榮譽，金銀財寶任您挑選。」

「即便給我全城的金銀，我也不能違背上帝的意思。」巴蘭讓使臣先住下，晚間請示上帝。上帝對巴蘭說：「既然他們誠心請你，那你就去吧！不過到了摩押國，一言一行都得聽從我的命令。」

得到了上帝的許可，巴蘭一大早就騎著他那頭忠心的驢子，和使臣啟程出發了。

行進到半路，巴蘭的驢子突然躊躇不肯向前，任由巴蘭怎麼驅使，總是在原地打轉。最後驢子掉轉方向，往田間走去。無論巴蘭怎麼抽打，驢子硬是不肯回大道上去。原來，上帝看透了巴蘭的居心，派遣天使手持利劍，站在半路上攔截巴蘭的去路。

驢子在田間四處亂走，最後走到一個葡萄園內，進入一條兩邊有牆的狹窄通道。天使緊跟著又飛到驢子的前面，驢子見到天使手持寶劍擋住去路，也不管小巷有多窄，硬是撅著屁股，調頭回跑。巴蘭的腿被驢子在牆上擦傷了。巴蘭怒不可遏，跳下驢背，掄起棍子就猛打驢子，打得驢子直直叫。

上帝讓驢子開口質問巴蘭：「我做錯什麼了，你這樣狠心打我？」

因為氣急敗壞，巴蘭沒有注意到驢子開口說話這個異常現象，他對驢子說：「你這樣戲弄我，不往正路上走。我非但打你，恨不得殺了你！」

「我跟從你這麼多年，什麼時候違背過你的意願呢？」驢子說道。

這時，巴蘭抬頭看見半空中天使光亮的身影，連忙匍匐在地。天使說：

「我三番兩次阻攔你，是因為你走的路不對。如果不是驢子從我面前偏過去，我早就把你殺了！」

巴蘭聽了嚇出一身冷汗：「如果祢不喜歡我去，那我就回家好了。」

天使說：「你可以去，但是要聽從我的意思。」

巴勒用最高的禮儀迎接了巴蘭這個貴客。可是，巴蘭的魔力，能將以色列人驅逐出境嗎？

第二天，按照巴蘭的吩咐，在高山上築起了七個壇子，然後預備了七隻公羊和七隻公牛，獻在每一個壇上。

然後，巴蘭當著眾大臣的面唸起咒語。奇怪的是，巴蘭唸出來的，不是對以色列人的詛咒，而是祝福。國王巴勒十分生氣：「我請你來是詛咒仇敵的，你卻給他們祝福！」

巴蘭聲稱修建祭壇的地方不靈，無法施咒。於是另外挑選了地方建立祭壇，巴蘭的咒語，還是變成了祝福。就這樣，巴勒為巴蘭一共修建了三處共二十一個祭壇，獻上了二十一隻公羊和二十一隻公牛，巴蘭唸了三次咒語，都變成了對以色列人的祝福。巴勒十分生氣，將巴蘭趕了出去。

天使在路上三次攔截巴蘭，和巴蘭三次將詛咒變成祝福，是相互印證的。這說明，即便是非上帝所統領國家的先知，也要遵照上帝的意願，祝福以色列人。

巴蘭要求巴勒先後三次建築祭壇，每次七座，每個祭壇獻祭七隻公羊和七隻公牛。對巴蘭而言，「七」這個數字是神聖的，具有神秘力量。在《聖經》中「七」代表完全。

巴蘭兩次詢問上帝是否可去摩押國。第一次上帝已經明確不讓巴蘭去了，

但是，由於貪戀錢財，面對使臣的第二次造訪，巴蘭還是心存僥倖，徵求上帝的意見。顯然，巴蘭面對金錢的誘惑，信心始終在搖動。

第一次上帝不允許巴蘭去，第二次上帝允許巴蘭去，這並不矛盾。上帝應許巴蘭去，是要祝福以色列人，破壞巴勒的計畫；而巴蘭心裡面早已有盤算，就是不管怎樣，要得到巴勒國王賞賜的金銀。

然而到了路上，巴蘭遇到了天使的阻攔，好多人會認為上帝反覆無常。這是因為上帝看透了巴蘭貪財的內心。我們都知道，驢子是很倔強的。但是面對天使的阻撓，驢子都知道改變方向，救了巴蘭的性命。驢子真的能救命嗎？這是天使在警告巴蘭，及早懸崖勒馬。倔強的驢子都有了感應，而且開口說話，點化巴蘭。但巴蘭依然執迷不悟，比驢子還固執、強硬。雖然從表面上看，巴蘭對上帝百分之百的順從，但是內心卻一直在動搖。

巴蘭的驢子有更廣泛的意義。驢子因為拯救巴蘭，將巴蘭的腳擦傷，而巴蘭卻責怪毆打驢子，事情發生的順逆，可以決定一個人的福禍。當你在人生道路上遇見苦難的時候，你是責怪「驢子」呢？還是反省、檢討自己呢？

桑得（1843年～1920年），英國《聖經》學家，生於諾丁漢郡，1869年受聖公會牧師職，1895年起任基督學院神學兼教會法教授。

以色列人的最大敵人

地獄是基督教教義用語，有兩層意思。第一層意思指的是陰間，人死後靈魂安息之所；第二層意思是地下，但是沒有賞罰的意思。後來演變為犯罪者死後靈魂遭受處罰的地方。

巫師巴蘭出主意，讓摩押女子和以色列人行淫，瓦解他們的戰鬥力；讓他們信奉摩押國的神——巴力，改變以色列人的信仰。這裡的行淫，具有情慾性和亂拜異教神的雙重意思。

非哈尼殺死行淫的男女，是明智的行為，具有殺雞儆猴的作用。瘟疫因此停止，這也說明祭司之職有保持會眾聖潔，具有代贖的作用。

「巴力」是繁殖之神，被迦南居民普遍信仰。崇拜「巴力」的信徒認為，巴力是豐饒之神，掌管著閃電、打雷和下雨，雷、電、雨給農民帶來豐饒。巴力有一個妾叫亞舍拉。當豐收季節結束後，巴力會回到地底下一個可怕和黑暗的地方。這時地上開始失去豐饒的物產。等到春天來臨，巴力會再次活過來。如果巴力與他的妾亞舍拉性交，就會給農民帶來豐饒。

迦南人相信獻血可以促使巴力活過來，尤其是獻上活人為祭。他們還相信男女性交可以誘使巴力和他的妾亞舍拉性交，這不但會帶來農作物、橄欖樹、葡萄園和羊群的盛產，甚至會使家中人丁興旺。在巴力崇拜儀式上，巴力祭司除了燒死被選為祭品的兒童外，還當著眾信徒的面與廟妓性交。接下來，所有參與巴力崇拜儀式的男信徒會到廟旁跟妓女性交。

在以色列人的歷史中，「巴力崇拜」具有很大的影響力。上帝命令以色列人將迦南人全部消滅，以消除巴力崇拜的影響，但是以色列人並沒有遵從上帝的意思，導致巴力崇拜日漸滲入，釀成了惡果。

從這裡我們可以看出，以色列人面對的最大敵人不是虛弱的摩押國，不是法力高強的巫師巴蘭，也不是具有誘惑力的摩押女人，更不是異教神巴力，而是他們自己。人生最大的敵人就是自己，可以做為這個故事的最好註解。

摩押女子

甘為霖（1841年～1921年），英國長老會傳教士、牧師，1871年來華在臺灣府臺南傳教，日臺時代，甘為霖說服總督官辦盲校，即今臺南啟聰學校前身。著有《臺灣佈教之成功》、《臺南教士會議事錄》等書。

摩西之死

天堂是基督教教義用語，既指可以看得見的天空，也指不可見的、上帝在天上的居所。上帝的寶座周圍有眾天使侍立，基督坐在上帝的右邊。

摩西帶領以色列人，攻城掠地，到達約旦河西岸。他知道自己註定無法進入迦南之地，而自己的生命，也快走到盡頭了。他利用最後一年的時間，對身後事做了安排。

摩西進行了第二次人口統計，以色列成年男丁一共有601730人。

他將已經全部佔領了的約旦河以東的土地，分派給流便、迦得兩個支派和拿瑪迦半個支派。摩西指定了對上帝最為忠心、品德最好、最驍勇善戰的約書亞為自己的接班人。

根據四十年來的經驗和變故，摩西對現行法典進行了修訂和補充，增加了很多新內容。

一、摩西將六個城市命名為「逃城」，顧名思義就是逃亡者的城市。如果有人無意將人誤殺，可以來到逃城避難，避免遭受報復。凡進入逃城接受庇護的，要經過長老的認定。一旦認為是故意殺人，將要被驅逐出逃城，接受懲罰。

二、警惕異端邪教。

三、嚴厲處罰假先知。這些假先知鼓吹崇拜假神，致使百姓的宗教信仰誤入歧途，所以必須處死。

四、刑罰要公開、公正。

《摩西像》。米開朗基羅創作於西元1513－1516年，現位於羅馬梵蒂岡聖彼得大教堂。

五、制訂豁免年。每七年為豁免年（安息年），所有欠下債務者都可以得到豁免。這是一種救濟窮人的慷慨律法。同時提醒選民，要不遺餘力的幫助兄弟；對奴僕也要豁免，到了豁免年奴僕可以自由離開。

六、必須遵守的三個節日。逾越節與除酵節：逾越節紀念上帝帶他們走出埃及；除酵節提醒選民要遠離罪惡，過聖潔的生活。

七七節：收割節，後來成為五旬節。以色列人在這個節日，要慶祝農作物的收成，將出產的東西敬獻給上帝。

住棚節：表示一年農事結束，百姓要在樹枝搭成的帳棚內住七日，是紀念他們在曠野流浪住帳篷的日子，同時對神賜下的豐收獻上感恩。

七、冊立君王。摩西預知，以色列人進入迦南之後，會仿效其他國家冊立君王。摩西指出了君王應有的品格：必須虔誠信仰上帝，是上帝的選民；不貪戀財物，不積蓄金銀；不會帶人民重返埃及；尊重律法，敬畏上帝。

八、勿取母鳥。一則顯示慈悲之心，二則顯示不可滅絕上帝賜予的動物，有鮮明的環保色彩。

為了防止內訌，他事先將迦南之地的土地分配給了十二個支派。利未人和祭司階層的人，沒有單獨的領地，因為他們要在整個迦南擔任神職。但是，摩西將四十個城市分派給他們使用，保障他們過著衣食無憂的體面生活。

　　他編制了一首頌揚上帝的歌，讓以色列人世代傳唱。無論盛世還是亂世，這首歌都能給他們帶來福祉和鼓舞。

　　摩西反覆告誡以色列人，一定要遵守法律，把上帝的啟示傳給子孫後代。

　　隨後，摩西登臨尼波山，他目光茫然，神情肅穆，望著迦南——上帝應許之地，默默致意。

　　摩西，以色列人的偉大領袖，在他120歲的時候與世長辭。臨終前他口齒清晰，思維敏捷，耳不聾、眼不花，無疾而終。誰也不知道他是如何死去的，葬在哪裡。

　　這則故事出自《舊約·申命記》。《申命記》的作者摩西，他以先知的身分向百姓陳述律法及和約的關係，使以色列人在上帝所賜的地方虔誠度日，與崇拜偶像的異族區分開來，成為聖潔的選民。《申命記》是以色列人生活行為的權威、指引的根源、默想的中心，也是後代教育的支柱。

　　在《舊約》的記述中，摩西是行神跡最多的人。他無疾而終，功成身退，正是顯示了他的偉大。上帝親自為他主持葬禮，安排後事，足見他的榮耀。

夏鳴雷（1848年～1901年），清末來華天主教傳教士，1872年入耶穌會，1874年來華。他是有名的漢學家，寫過考證唐朝景教碑的論文，也參與過徐家匯藏書樓的管理。

密探和妓女

煉獄又稱滌罪所。基督教義認為，那些犯了罪卻又不必下地獄者，死後要暫時承受痛苦，煉淨罪惡，這樣的人需要進煉獄。所有的罪過煉淨之後，可以進入天堂。

摩西去世後，約書亞成了以色列人的第二任領袖。在短短幾個月內，他建立了一支四萬人的正規軍。他要求軍隊預備軍糧，並檢查馬車和軍械，督促練兵。對於已經分到土地的流便、迦得兩個支派和瑪拿西半個支派的首領，約書亞說道：「你們雖然分得了土地，但是也要和所有的以色列人團結在一起，不能有懈怠心理。只有將迦南全部佔領，你們才可以永享太平。你們之中的青壯年，都要參加攻打迦南的戰爭。」

約書亞勵精圖治，整飭軍務，為進軍迦南最重要的城市耶利哥，奠定了堅實基礎。一切就緒後，他派出了兩名精幹的密探，渡過約旦河，進入耶利哥城內，搜集情報。兩個密探在耶利哥城內整整偵察了一天，將耶利哥城內的防衛情況、駐兵情況都瞭解得一清二楚。眼看暮色降臨，他們急忙向城外撤離。他們剛走到城門口的時候，卻發現守城的士兵已經將厚重的城門關閉了。

兩個密探只好返回城內，尋了一家客棧住下，準備明早離開。

二人到客棧訂了房間，放下行李後，來到樓下，點了飯菜。年輕漂亮的女店主，對他們異常熱情，一邊幫他們斟茶倒水，一邊不經意地問：「兩位大哥，請問你們是從哪裡來的呀？」

兩名探子敷衍道：「我們從埃及來，到迦南做生意。」

女店主看了兩人一眼，狡黠一笑：「兩位恐怕不是從埃及來的吧！」

兩名探子心裡一震，警覺起來：「我們為什麼要騙妳呢？」

暮色降臨，店裡面昏暗下來，女店主點上燈，空曠的屋子裡，桌椅板凳在燈燭投射的陰影下顯得格外陰森，這令兩個探子更加感到不安。女店主走了過來，輕佻地用手攏了一下頭髮：「你們兩人是從河對岸來的吧！」

探子一聽，下意識地站起身來，伸手就要抽刀。女店主接著說：「你們不要驚慌，我也沒有惡意。我知道你們以色列人所向無敵，這座城市遲早要被你們攻佔。我只是想和你們做個朋友，日後也有一個照應。今晚你們就放心住下，所有費用就算在我頭上。只希望你們攻打耶利哥的時候，能保全我家人的性命！」

探子聽後，放寬心了。原來，這個店主是耶利哥城內的名妓，叫喇合。喇合冰雪聰明，見多識廣，一看兩個探子的裝束和神情，就猜得八九不離十，所以一步步試探。

耶利哥人知道以色列人要攻打他們的城市，進行了最為嚴密的防範。兩名探子的行蹤雖然隱秘，但還是被發覺了。耶利哥命令軍隊進行全城大搜捕，捉拿密探。巡邏隊來到了喇合家，喇合將兩名密探藏了起來，對前來搜捕的人說：「兩個時辰之前，有兩名神色慌張的男人來過我的小店。問他們從哪裡來，他們說是從埃及來，但我聽口音像是以色列人。他們吃過飯之後，我留他們過夜，他們說有要事，就離開了。」

機智的喇合，騙過了巡邏隊。巡邏隊在喇合家草草搜查了一遍，就匆匆出城，朝約旦河方向追去。

確信巡邏隊遠去了，喇合將兩名密探放了出來，說道：「剛才的情形你們也知道了，我為你們承擔了殺頭的風險。我只有一個請求，如果你們攻破了耶

利哥，請一定要保全我家人的性命，保全我們的財產。」

　　兩名密探說道：「我們對上帝發誓，一定要報答妳的救命之恩。」

　　冷靜的喇合擔心巡邏隊會捲土重來。她拿出一根紅繩子，叮囑密探趁著夜色趕緊逃出去：「我家的後窗就挨著城牆，你們把繩子繫在窗櫺上，順著繩子爬出城外。然後走小路，在山上躲藏三天。搜捕令過去之後，你們才可以回去。」

　　密探感激萬分：「我們下去之後，妳將這個紅繩子綁在臨街的窗戶上。我們攻城的時候，讓妳的家人不要走出房屋半步，你們全家的性命必定得到保全！」

　　看著探子離去，喇合立刻將紅繩子綁在窗戶上。

　　妓女的義舉得到了回報，密探回去將妓女的幫助告訴了約書亞，約書亞下令要保全喇合全家性命和財產。以色列人攻破耶利哥的時候，遵照約書亞的命令，沒有侵犯喇合家裡的一草一木，喇合全家的性命也得以保全。

　　喇合是一個有勇氣的女人，也是一個充滿智慧的女人。在歷史風雲際會之際，她能做出明智的選擇，因此劫後餘生，保全了家人。這既源於她的個人遠見，也源於她對上帝的信心。身為一個妓女，喇合生活在社會的最底層，受盡了壞人的欺凌、侮辱和歧視。可是她對上帝依舊抱有信心，儘管冒著殺頭的危險，依然要救助兩名密探。世人看到的是妓女喇合道德頹廢的一面，而上帝看到的卻是她的信心。喇合身為耶利哥人，但是對以色列人並沒有偏見，而且深信以色列人必定能佔領耶利哥。這就顯示她對上帝的信心，自然而然地存在於心中了。

　　密探讓喇合將紅繩子綁在窗戶上，就像濺在門框上的羔羊血一樣。上帝見

此，一定能保障她全家的安全。同時，她的善行也得到了上帝的讚許。後來，她嫁給了迦勒的堂兄撒門，生下了波阿斯，成了主基督的祖先。

這個故事還有一個警世的意義：種善因得善果，幫助別人就是幫助自己。小小善舉，決定人生的大轉折。

孫樂文（1850年2月～1911年）出生於美國喬治亞州夏山鎮的一個商人家庭，1882年，孫樂文被美國監理會派往中國傳教，並成為東吳大學首任校長（1901年～1911年）。

110

約旦河上的奇蹟

魔鬼是基督教教義用語之一。魔鬼原本是上帝締造的天使，因為想和上帝比較高下而墮落，變成了魔鬼。他具有超人本領，專門和上帝作對，誘惑人犯罪。在世界末日，將被上帝投入火湖，遭受永刑。

密探回到了以色列軍營，將探到的機密報告給約書亞。約書亞認為進攻耶利哥的時機已經成熟，於是下令三軍，三天後發動攻擊。

第二天，約書亞來到約旦河旁，此時正是初春時節，高山上冰雪初融，約旦河水上漲，豐盈浩盪溢滿河床。面對寬廣湍流的約旦河，約書亞為大軍如何渡河感到發愁。這時候上帝顯現，祂告訴約書亞不要著急，到時候自有妙法。

三天過去了，大軍開始啟程。約書亞按照上帝的旨意，讓利未人高抬約櫃和祭司走在大軍前面，軍隊緊跟其後，和約櫃相隔2000肘。

利未人和祭司走到約旦河旁邊，面對冰冷的湍流，毫不遲疑抬腳進入。令人驚訝的奇蹟發生了，落腳之地河水霎時變乾，上游的水，在很遠的地方停住了，越堆越高，形成了一個壁壘；約旦河河床出現了一條旱道。從約櫃站立的地方一直到死海，約旦河河床旱地達數英里長。抬約櫃的人在約旦河乾地上站定，看著以色列大軍渡過約旦河。

約書亞按照上帝的吩咐，從十二支派中挑選出十二個人來到約旦河中，在利未人和祭司腳站定的地方，取了十二塊石頭扛在肩上，帶到當晚的宿營地。約櫃上岸之後，上游堆積的河水傾瀉下來，約旦河又恢復了往日的情形。

以色列人渡過約旦河後，在耶利哥城東部的吉甲安營，這天正是猶太曆正月初十。宿營地的十二塊石頭，是以色列人渡過約旦河的紀念。約書亞在宿營地對以色列人說：「你們後代問起這些石頭是什麼意思，你們要告訴他們，因

約櫃

為上帝的法力，約旦河河水變乾，使以色列人不費吹灰之力橫渡約旦河。你們要讓後人都知道上帝具有無窮的能力，要永遠順從祂、敬畏祂！」

約書亞立石為記後，下令所有以色列男子舉行割禮。出埃及後，以色列人居無定所，割禮制度沒有堅持下來。在曠野出生的以色列人，都沒有進行過割禮。

上帝教導約書亞製造火石刀的方法，約書亞手持火石刀，第二次給全體以色列人集體割禮（第一次全體割禮是亞伯拉罕時期）。割禮後的以色列男子在軍營靜養。四天後，正是猶太曆正月十四，是第四十個逾越節，也是以色列人在迦南地區過的第一個逾越節。他們用迦南生產的糧食做成了無酵餅和各種豐

盛食物。從此，他們再也不用吃單調乏味的嗎哪了。這也激勵了以色列人攻打耶利哥的決心。

約櫃是基督教的中心，象徵著上帝和教眾同在。約櫃原來一直安置在營地中，這次首次引路，並且發揮了神力。

大軍和約櫃相距2000肘。2000肘，相當於0.8公里。大軍和約櫃的間隔，能使人更加清晰地看到約旦河水從兩邊分開，具有很好的視覺效果和震撼力。同時，大軍和約櫃相隔，也顯示了對約櫃和法律的尊重。如果以色列人沒有對上帝的信心，沒有對法律的尊重，不能確實地遵守十誡，也就無法進入迦南。

上帝讓約書亞立石為記，是提醒以色列人要將這件大事記在心裡，不要忘記上帝對他們的偉大拯救。

上帝教導約書亞製作火石刀的方法，做為割禮的工具。有專家認為，行割禮是不可以用金屬刀具的。據稱，今天在世界有些地方依然用石刀施行割禮。在這裡，割禮是有隱喻的，象徵著曾經埋怨、心懷仇恨、不信任的以色列人和上帝重新立約。這個外在的形式，象徵著他們從此真心順服上帝的指使，重新開始了信心和順服的生活。

以色列人渡過約旦河之後在吉甲安營，吉甲在《聖經》歷史上具有重要地位。吉甲是以色列進入應許之地的第一個安營地點、是進入應許之地第一次行割禮的地點、在這裡結束了吃嗎哪的歷史、在迦南第一次過逾越節。吉甲也是以色列人征服迦南過程中最重要的後方基地。關於吉甲的具體地理位置，目前尚未確定。

梅子明（1851年～1909年），美國基督教新教公理會傳教士，1977年受牧師職，當年來華在保定傳教。曾任八國聯軍的翻譯和嚮導。

不攻自毀的耶利哥城牆

基督教認為，有朝一日現在的世界將終結，所有世人必將受到上帝的審判。得到救贖的升入天堂享永福；得不到救贖的將下地獄受永刑，魔鬼也將被投入火湖。基督教義稱之為世界末日，或者是最後審判、末日審判、大審判和公審判。

耶利哥人害怕以色列人的神勇，這次約旦河斷流，傳到他們耳中，更令他們膽寒。因此，在以色列人割禮養傷期間，他們也不敢派兵出擊。

以色列男子割禮傷口癒合後，約書亞下達了攻城的命令。儘管耶利哥人不敢主動出擊，但是耶利哥城牆雄偉高大，異常堅固。當時沒有雲梯，以色列人無法攀援。約書亞和其他將領多次合謀，決定智取。

在約書亞的指揮下，以色列軍隊在耶利哥人弓箭射程之外，手拿武器走在前面；後面是七個祭司，每個祭司手拿一隻羊號角，一邊走一邊吹；最後是上帝的約櫃。這支隊伍每天繞城一周，連續繞城六天。

耶利哥古城遺址

114

耶利哥人不知道以色列人到底想怎麼樣，更加害怕。他們紛紛走上城牆，觀看以色列人繞城，忐忑不安議論道：「他們這是做什麼呢？」

「他們為什麼不攻城？難道在施什麼法術嗎？」

「真會有大難降臨到我們頭上嗎？」

到了第七天，一大早，以色列軍隊戰旗飄揚，軍容整齊，儀表威嚴走出營地，來到耶利哥城下。約書亞吩咐士兵們說：「你們連續繞城六圈，不可呼喊，不可出聲。等你們聽見號角，才可一起吶喊。」

耶利哥的守城人員見狀，做好了反擊準備。可是，他們意料之中的事情並沒有發生，以色列人沒有動刀動槍，他們像往常一樣，開始繞城。一圈又一圈，軍馬靜默，一言不發。到了第七圈，一聲巨大號角聲驟然響起，以色列人齊聲吶喊，喊聲如驚濤拍岸，傳向耶利哥城內，耶利哥堅固雄偉的城牆轟然倒塌。以色列人沒費一兵一卒，沒動一刀一槍，衝入了耶利哥城，他們見人就殺，見財物就搶，一時間，耶利哥城內血雨腥風。

兩名密探進城後，首先找到妓女喇合的家，將他們的家人、財物護送到城外，在以色列人大營旁邊暫且安頓。

以色列人屠城之後，在約書亞的命令下放起大火。大火連續燒了幾天幾夜，繁榮興盛的耶利哥變成了一片廢墟。

看著耶利哥的廢墟，約書亞發誓說道：「要保留耶利哥的這片廢墟，任何人不得重新修建。如果有人重新修建此城，必將受到上帝的詛咒。挖地基的人要死掉長子，修城門的人要死掉幼子。」

以色列人繞城的戰術，具有心理威懾的作用。這種奇特的、莊嚴沉默的行軍，給耶利哥人造成了極大的心理恐懼。

　　除此之外，上帝藉繞城培養以色列人的信心。繞城行軍中莊嚴肅穆，給圍城者提供了很好的靜思機會，在靜思中培養對上帝的信心。軍隊服從約書亞的命令，連續繞城六天，在第七天又安靜地繞城六圈，直到接到命令，才一起吶喊。以色列人對約書亞的無條件服從，正顯示了他們無條件對上帝的順從。在這重要的時刻，以色列人信心百倍、萬眾一心，兵不血刃摧毀了城池堅固的耶利哥城。

　　有人認為以色列人血洗耶利哥城，手段殘忍野蠻。但是從《聖經》教義而言，以色列人完全執行了上帝的旨意。上帝曾經給了迦南人多次悔改的機會，但迦南人置若罔聞。迦南人惡貫滿盈，寬容他們的時代已經過去了。上帝毀滅他們，是對他們的愛和救贖，避免他們的惡繼續加深，或者傷害到別人。

哈那克（1851年～1930年），德國新教神學家、教會史家。生於愛沙尼亞道派特一個德國移民家庭。先後任教於萊比錫、吉森、馬堡和柏林大學。又任柏林科學院院士，柏林皇家圖書館主任。注重從歷史角度去研究基督教教義的形成和沿革，強調基督信仰的倫理方面，被視為自由派新教的典型代表。

引蛇出洞佔領艾城

千禧年，是基督教教義用語，指的是在世界末日來臨之前，上帝治理世界一千年。在這段期間，信仰基督的聖徒復活，和基督一同為王；魔鬼暫時被捆綁，福音順利傳遍全世界。

攻佔耶利哥後，以色列人稍事休整，即刻向下一個目標——艾城進發。

艾城是一個小城，人口少，駐兵更少。約書亞派出三千精兵，意圖一舉拿下艾城。沒想到艾城守兵驍勇善戰，以色列人不敵，倉皇逃跑。艾城守軍一路追擊，以色列人一直逃到示巴琳。清點人數，陣亡了三十六人。

心存必勝信念的以色列人聽聞慘敗的消息，高漲的士氣一下子跌落下來。約書亞接到狼狽逃回的攻城指揮的報告，悲憤不已，他撕裂了衣服，祖露出上身，把灰撒在在場的以色列長老和自己頭上，並且帶領眾人匍匐在約櫃前面向上帝祈禱，從清晨一直到晚上。

這次失敗的原因有兩個：

第一，以色列人不費吹灰之力渡過了約旦河，拿下了耶利哥，滋生了輕敵驕傲的心理。

第二，上帝曉諭約書亞，以色列人違背了上帝的旨意，在攻打耶利哥的時候，私藏戰利品。按照十誡中上帝和以色列人的約定，那些偷來的東西（包括搶掠的）要奉獻給上帝、歸入府庫，不允許有人私藏。

約書亞聽了上帝的曉諭，按照抽籤的方法，從以色列人中，找出了私藏戰利品的亞幹。由於亞幹一家人都參與私藏戰利品的罪行，所以亞幹全家被以色列人用亂石砸死，屍體也被焚燒。

戰鬥中的約書亞

　　約書亞重整軍威，第二次對艾城發動了進攻。約書亞將三萬精兵埋伏在城外，自己帶著五千人前去叫陣。艾城守軍見對手人數不多，開門迎戰，約書亞領兵佯敗，艾城人趁勝追擊。約書亞的佯敗之兵，一直將艾城人引到離城很遠的地方。

　　艾城外的以色列伏兵趁虛而入，放火燒城。追趕約書亞的艾城人，看到艾城濃煙滾滾，心知不妙，轉身返回，被以色列人裡應外合，全部殲滅。他們生擒了艾城王，將他掛在樹上絞死，然後將屍體放在城門口，以色列人往屍體上拋擲亂石，形成了一個亂石堆。

　　以色列人衝進艾城，搶掠財物，屠殺艾城人。一共一萬兩千名艾城人，死在以色列人的屠刀之下。

　　暮色籠罩之下的艾城，映現著熊熊烈焰，街道上到處是鮮血和死屍。被大火燒毀的宮殿房屋，不停地坍塌下來。曾經是迦南重鎮的艾城，成了一片廢墟。

　　攻佔艾城後，以色列人在巴路山上築起了一座祭壇，祭壇用從未動過的鐵器和石塊築成。約書亞帶領全體以色列人來到祭壇前，給上帝獻上了平安祭和燔祭。約書亞命人將摩西制訂的法律刻在石頭上，然後約書亞親自將這些法律宣讀給以色列人聽。他要求所有的以色列人，無論高低貴賤，都要無條件遵從這些法律。

　　亞幹是「麻煩」或「製造麻煩者」的意思。亞幹私藏戰利品犯了罪，於是上帝視所有以色列民族都有罪，將福氣收回，導致了第一次出兵遭遇慘敗。

　　約書亞撕裂衣服，後來成為猶太人表達悲痛的一種習俗，一般只撕開外衣胸前部分，不超過一掌寬。頭上撒灰，則表示更大的悲痛和不幸。

　　約書亞用沒有動過的石頭建造祭壇，主要擔心一動斧鑿，以色列人不由自主地雕刻圖像，進而受到崇拜偶像的誘惑。

哥爾（1853年～1932年），美國聖公會牛津主教，《聖經》注疏家，1898年開始擔任宮廷牧師，著有《重建信仰》、《聖經》注疏》等。

基遍人的機巧

忍耐順從說是基督教教義之一。基督教號召人們做到忍耐、順從、聽話，不反抗。《新約》‧馬太福音》說：「要愛你們的仇敵，不要與惡人作對，有人打你的右臉，連左臉也轉過來由他打。有人拿你的內衣，連外衣也由他拿去。」

一天中午，約書亞在帳篷中休息，下屬來報：「有遠方來的使者求見。」

「從哪裡來的使者，他們是做什麼的？」約書亞問。

「他們自稱是基遍人，遠道跋涉而來。說是仰望您的神威，前來立約。」

約書亞和眾長老升帳，傳令使者覲見。使者神情謙卑，小心翼翼地從手持刀劍的儀仗隊前面穿過，走進帳篷。約書亞見來人衣著破舊，滿是補丁，風塵僕僕，一副長途跋涉的樣子。他們肩上的口袋也十分破舊，縫了又縫。裝酒的袋子，乾燥裂開。

約書亞問：「你們是什麼人，從哪裡來的？」

來人對約書亞說道：「我們是你們的僕人，從極遠的地方來的。我們聽到了你們的威名，並且也知道了上帝在埃及所行的神跡。我們的長老和我們的居民指派我們，帶著餅子和酒，來求你們立約。」

其中一個長老懷疑道：「你們的國家恐怕離這裡不遠，就在迦南吧！上帝應許我們征服迦南之地，我們怎麼能和你們立約呢？」

基遍人聽了長老的話，說道：「我是你們的僕人，的確是來自極遠的地方。我們走出家門的時候，餅子還是熱的，現在乾燥裂開，黴變長毛了；這皮酒袋，出門的時候還是新的，經過了一路風吹日曬，都已經裂開了；我們出門的時候，衣服都是新的，經過了長途跋涉，都已經破舊不堪。請您看在我們誠

心的份上，和我們立約吧！」

約書亞被他們的誠意感動了，和眾長老商議之後，領受了他們的食物。約書亞等人認為，和一個地處偏遠、仰慕自己和上帝的國家友好結交，有益無害。在沒有徵求上帝意見的情況下，和他們簽訂和約：既然都是仰慕上帝的子民，以色列人發誓不進攻基遍人，不掠奪他們的財物，不傷害他們的性命。以色列會眾首領們紛紛表示，永遠不傷害侵犯基遍人。

簽訂完和約後，約書亞帶領以色列長老和基遍人使者來到會幕，向上帝發誓，永不反悔。

當天夜裡，以色列人盛情款待了基遍人。第二天一早，基遍人告辭離去。第三天，以色列大軍繼續前行，發現基遍人竟然離他們的大營吉甲很近，就是迦南人！

原來，以色列人攻城掠地，讓居住在迦南的所有部族感到恐懼。他們有的商議聯合抵抗，有的部族則想和以色列人求和。基遍人不善征戰，但非常聰明，擅長外交。他們知道，如果和以色列人抗衡，只有死路一條。如果和以色列人談判，強大的以色列人，怎麼能和名不見經傳的基遍人談判呢？於是，他們打扮成遠道而來的使者，用機巧騙取了以色列人的信任，簽訂了和約。

得知這個消息後，以色列人十分憤怒，有些人上書約書亞，執意要將那些基遍人趕盡殺絕。這讓約書亞十分為難，因為他無法撕毀自己親手訂立的和約。思前想後，約書亞對全體以色列人發布命令：「我們既然已經對上帝起誓，不傷害他們的性命，所以我們絕對不能違背我們的誓言，惹上帝發怒。但是，我們仍要懲罰他們，讓他們世代給我們以色列人為奴，給我們劈柴燒水，聽從我們的役使。」

約書亞帶兵到基遍人城下問罪，基遍國王帶人出來迎接。約書亞質問道：「你的使臣為什麼要欺騙我們呢？你們犯了欺騙上帝的大罪，必定要受到懲罰！」

基遍國王誠惶誠恐地說道：「我們的使臣不是說了嗎，我們是你們的僕人。上帝將迦南寶地應許給你們，要您滅絕這裡的一切居民。我們只求保全性命，寧願世代做你們的僕人！」

最終，約書亞放過了基遍人，應允他們做了以色列人的僕人，世代遭受驅使。

以色列人的外交政策中，允許和遠方的、順服的國家訂立和約。機智的、精於外交的基遍人正是掌握了這一點，保全了全民性命。以色列人後來知道和約是在欺騙的基礎上訂立的，但是依然覺得有義務遵守諾言。所以，基督教認為，承諾一旦做出，只要不強迫人去做壞事，就應該視為神聖。

《聖經》研究學者認為，基遍人的政體帶有自由民主的色彩，正因為如此才保全了基遍人的性命。基遍人在求見約書亞的時候說過「我們的長老和我們的居民指派我們，帶著餅子和酒，來求你們立約」。如果他們有國王統治的話，基遍人一定不肯隨意向以色列人乞求和約，他們一定會驕傲自大，心存僥倖和其他迦南部族聯盟。

上帝要求以色列人殺滅迦南人，一方面是因為迦南人惡貫滿盈，上帝要對他們實施救贖；另一方面是要鏟除迦南本土宗教的遺毒，避免影響以色列人。以色列人保留了基遍人的性命，給日後埋下了禍殃。後來，基遍各城聯合起來，控制了迦南由南到北的主要幹線，致使以色列成了南北兩國的分裂局面。

李佳白（1857年～1927年），近代美國在華傳教士。尚賢堂及其報刊創辦人。1882年畢業於紐約協和神學院，後來中國傳教，先後在山東和上海活動。1917年因干涉中國內政被中國政府驅逐出境。

李佳白與家人合影

閃電戰術：兩天之內掃平五國

耶路撒冷，可以解釋為「和平」、「繼承」或者「遺產」的意思。耶路撒冷是宗教勝地，是猶太教、基督教和伊斯蘭教的發源地。《舊約》時代的耶路撒冷，和現在的耶路撒冷，無論從地理位置，還是宗教概念上都是一致的。

耶路撒冷國王見基遍人順服了以色列人，於是聯合希伯倫王、耶末王、拉吉王和伊磯倫王，一起興兵攻打基遍城，以此對抗以色列人。

眼看五王大軍壓境，基遍人一邊堅強抵抗，一邊遣人向以色列人求救。基遍使者突破封鎖線，來到約書亞面前：「現在五王的軍隊即將攻破我們的城池！基遍人是您的僕人，您可不能坐視不管，請求您發兵拯救我們！」

約書亞即刻派遣精兵，救助基遍人。他們星夜緊急行軍，以迅雷不及掩耳之勢，衝進五王大軍。五國聯軍，本身戰鬥力不強，而且沒有一個權威將帥統領，比較鬆散。加上深夜，他們萬萬沒想到神兵天降。面對突擊，他們從睡夢中驚醒，倉皇出逃。一時間五國聯軍丟盔棄甲，倉皇而逃。

基遍人見狀，從城中殺出。五國聯軍腹背受敵，驚慌失措。他們一路逃到亞西加和瑪基大，來到一個陡坡面前。這時候天色大亮，他們急忙跑到坡頂。

正當五國聯軍從坡上飛奔而逃之際，天色驟變，烏雲壓頂，狂風四起。隨著一聲霹靂，斗大的冰雹從天而降，砸在五國聯軍的逃兵身上。這時候以色列追兵衝了過來，冰雹就像長著眼睛一樣，以色列人所經之處，冰雹即刻停止；五國逃兵所經之處，冰雹紛紛落下，任由他們怎麼躲藏，都無法躲避雹災。一大半逃兵都喪身於冰雹之下。

以色列人追趕逃兵，從半夜到清早，從清早到黃昏。眼看著日暮降臨，約

書亞擔心逃兵在夜色掩護下逃走，於是乞求上帝：「全能的主呀，請止住太陽落下、月亮上升的腳步吧！」於是月亮和太陽都靜止了，白晝持續，夜間延後，持續了一天時間，以色列人將五國逃兵消滅得一乾二淨。

五國國王在精兵掩護下逃到山中，躲藏在瑪基大洞裡面。有密探將五王行

聖城耶路撒冷

蹤報告了約書亞，約書亞派人將五王擒獲。約書亞召集眾軍長，說道：「你們每個人將腳踩在這些國王的脖子上。面對這些身分高貴的一國之君，你們不要懼怕，也不要驚慌，要有剛強無畏的信心。上帝要求你們這樣對待你們攻打的一切仇敵。」

隨後，約書亞將五王斬殺，將他們的屍體掛在五棵樹上。黃昏時分，才將屍體放下來，放置到他們藏身的洞穴，用石頭將洞口封死。

短短兩天內，約書亞將五國城池摧毀，人口殺盡，掠得財物不計其數，然後凱旋而歸，回到吉甲休整。

基督教義認為，求助是一種信心。基遍人在危難之際能向約書亞求助，顯示了對上帝的信心。而身為一般信徒，在遭遇困難或者仇敵逼迫的時候，也要有信心、有勇氣向上帝求助。

在這個故事中，上帝用冰雹幫助了以色列人。在此之前的《出埃及記》中，上帝同樣給頑固的埃及法老降下雹災。《聖經》研究學者認為，上帝備有「雹倉」，要在緊要關頭使用。

約書亞讓人將五王的屍體掛在樹上，是為了表示懲戒。至於踐踏五王的脖子，則是東方的一種習俗，代表完全勝利，同時也能培養將士的信心和膽魄。

盧瓦齊（1857年～1940年），法國《聖經》學者、語言學家、宗教哲學家，一般認為是現代派神學的創始人。曾在巴黎公教大學受教育。1879年立為司鐸，留校任東方語言講師。主張較為靈活地解釋《聖經》以發展教義，是法國天主教反正統派的《聖經》學家。

以色列人佔領迦南

天主教是基督教的主要派別之一。天主教亦稱「公教」，公教一詞源於希臘文Catholic，意思是「普世的」、「大公的」，所以被稱為公教；因為它以羅馬為中心，所以又稱「羅馬公教」。

約書亞掃平五王後，尚存的迦南各部族感到憂心忡忡。

迦南部族中有夏瑣王國。夏瑣城城牆堅固，佔地八十公頃，人口四萬，是迦南重鎮。夏瑣國王有勇有謀，雄才大略，他不甘心自己的領土被以色列人侵佔，決定拼死一搏。他聯合了迦南各個國家，要和以色列人決一死戰。

多個國家組成的人馬兵車不計其數，他們旌旗招展，浩浩盪盪，以氣吞萬里的氣勢，鋪天蓋地地向以色列人的駐地挺進。在米倫水邊安營紮寨，和以色列大軍隔河對峙。

面對如此強敵，約書亞有點擔心。上帝曉諭約書亞道：「你們不要懼怕。只要奮勇征戰，就能將他們消滅。明天這個時候，我將這些敵人全部交給你們，你們可以砍斷戰馬的蹄筋，焚燒他們的戰車。」上帝的曉諭，給了約書亞必勝的信心。他和眾長老商議了一番，制訂了詳細的作戰計畫：明天一早，趁聯軍腳跟沒有站穩，迅速出擊；採用火攻，焚燒他們的戰車；用長柄刀槍攻擊戰馬的蹄子，使之喪失戰鬥力。

第二天一早，天色微亮，以色列人的營中號角齊鳴，殺聲振天，軍隊衝過米倫河，直搗敵營。聯軍的騎兵剛剛上馬，陣形還沒有擺好，以色列人就已經衝到了眼前。手持長刀的以色列步兵排在陣前作先鋒，這些步兵在身後弓箭手的掩護下，一手持盾牌，一手持長刀，衝過來用刀砍聯軍的馬蹄。片刻之間，

聯軍陣前就倒下了一大片前蹄受傷的戰馬。聯軍陣腳大亂，以色列的弓箭手趕緊上前幾步，向戰馬後面的戰車發射帶火把的箭。頓時，聯軍的陣地中火光一片，軍士大亂，驚呼四起，一個個丟盔棄甲，只顧逃命。

夏瑣遺址

以色列人一路追趕，殺入城中，不分男女老幼都趕盡殺絕，不留任何一個有氣息的活物。血戰中夏瑣王英勇戰鬥，直到力氣用盡，被以色列人亂刀砍死。約書亞聽到城中已經沒有喊殺聲了，於是鳴金收兵，然後令人放火焚燒了夏瑣城，這樣才能使以色列人消除心頭的仇恨。

接下來幾個月裡，以色列人四面出擊，奪下了北方山地和高原的全部城市，他們把見到的每一個土著居民都趕盡殺絕。但是除了夏瑣城以外，以色列人再也沒有焚燒一座城市。他們把這些城市裡的房屋、牲畜和財產都留下來，據為己有。從此以後，以色列大軍基本控制了迦南地區，迦南再也不會出現有組織的抵抗了。約書亞將土地分派給以色列的各個支派。以色列大軍佔領迦南以來，除了基遍和希未兩個部落，低頭臣服躲過了以色列人的剿殺之外，所有部族都被以色列人武力消滅。以色列人先後滅掉了迦南三十一個國家。至此，以色列人全部佔領了迦南。艱難困苦的迦南之路，以一種勝利的、輝煌的色彩閉幕。

約書亞在110歲的時候去世，以色列人將他安葬在法蓮山上的亭拿希烈。

在行進迦南途中，每次遇到大的險阻，上帝總會施以高超的法術，幫助以色列人度過難關。這次約書亞面對強大的聯軍時，上帝即時出現，給了約書亞必勝的信心。上帝這樣幫助以色列人，並不是代替他們包攬一切，而是增加他

們的信心，激勵他們自己積極去行動。

上帝消滅迦南人，是有雙重性的。第一，對那些死不悔改的迦南人，堅決消滅，因為已經給了他們足夠悔過的機會。消滅他們，是救贖，是愛；第二，在以色列進軍迦南過程中也有特例，就是基遍人和希未人，因為順服躲過了殺戮。這充分說明，只要迦南人願意講和，宣佈放棄他們的偶像，真誠順服上帝，就不會給以色列人構成威脅。那麼，剿殺這些順服的人，也就失去了正當性。從妓女喇合、基遍人和希未人的結果看來，這種可能性還是很明顯的。

懷海德（1861年2月15日～1947年12月30日），英國數學家、宗教哲學家。他出生於英國的肯特郡，在美國麻薩諸塞州劍橋逝世。著有《歷程與實在》，因書中為有神論辯護而著名。

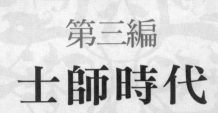

第三編

士師時代

以笏：士師時代的偉大刺客

天主教會有一套嚴格的教階體制，主要反映在神品方面。天主教的神品分為七品：司門員（一品）、誦經員（二品）、驅魔員（三品）、襄禮員（四品）、副助祭（五品）、助祭（六品）、司祭（七品）。前四品為低級神品（亦稱小品），後三品為高級神品（亦稱大品）。隨著教會發展的需要，主教品位又分為主教、大主教、宗主教、樞機主教 （紅衣主教）。

約書亞死後，以色列各支派分封的領域內，依然殘存著零星的迦南人。這些殘留的迦南人，是上帝特意留存的，目的是要檢驗那些沒有經歷過迦南戰爭的以色列人。用這些迦南人來磨練他們的心智，試驗他們的信心。

約書亞去世後，以色列民族再也無法推選出一個強而有力的領袖來統領全族。於是，以色列各個支派各自為政。他們之間也越來越不團結了。長久飄盪在沙漠曠野中的以色列人，文明程度遠遠比不上富庶的迦南人。他們來到迦南定居後，向那些倖存的迦南人學會了耕種，由游牧民族逐漸向農耕民族過渡。對農作物的依賴，使他們逐漸忘記了上帝的叮囑，開始崇拜迦南居民所敬奉的農業保護神——巴力。除此之外，他們還對亞斯他錄頂禮膜拜。因為他們認為，巴力和亞斯他錄能使風調雨順、農作物豐收，還有消除災難的法力。以色列人還和迦南人通婚。上帝見到這種情況，決定懲罰以色列人。

隨著以色列人的懈怠，殘存的迦南人逐漸發達、強大起來。時隔不久，以色列人紛紛淪落在迦南人的統治之下，飽受迦南人的奴役。遭受苦難的以色列人悔恨異常，他們哀求上帝，拯救他們於水火之中。上帝讓士師在以色列人中產生，將受苦受難的以色列人拯救出苦海。

當時摩押王伊幾倫，聯合亞捫人和亞瑪力人，搶奪了以色列人的大片土

地，殘酷奴役、壓榨以色列人，強迫他們繳納很重的稅賦，以色列人苦不堪言，怨聲載道。

夏日的一天，摩押城內的鐵匠鋪，酷熱異常。生意冷清的打鐵人，正要熄滅爐火休息，從門外來了一個身材魁梧的人。他左手拿著一根精鋼鐵柱，說道：「給我打造一把一肘長的利劍，三天後來取。」說完將一把銀錢放在打鐵人的破桌子上。

看到這麼好的一個生意，打鐵人興奮不已。他使出最好的本領，將那個左撇子帶來的精鋼不停鍛造。三天後，一把削鐵如泥的短劍打造而成。前來取劍的左撇子十分滿意，再次打賞，持劍而去。

左撇子將利劍藏在褲管裡，攜帶名貴供品去見伊幾倫王。守衛對左撇子進行了搜身，唯獨沒有搜腿部。因為那時候，刺客和劍客從來沒有在腿部帶刀劍的習慣。

身材肥胖的伊幾倫坐在高臺上，兩邊侍從給他打著薄扇，他神態慵懶，表情愜意。看完左撇子奉獻的禮物之後，剛要賞賜，左撇子說道：「尊貴的陛下，我還有十分機密的事情向您稟報，請您摒退左右。」

國王讓左右退下，左撇子近前，突然拔出寶劍，伊幾倫還沒明白怎麼回事，利劍已經割斷了他的頸脈。伊幾倫來不及叫一聲，就倒在地上死去了。鮮血汩汩流出，染紅了地面。

左撇子將國王刺殺之後，把前門從裡面封死，從後窗跳了出去，悄無聲息地轉到前門。被摒退的手下見左撇子出來，問道：「國王允許我們進去了嗎？」

左撇子回答：「國王陛下正在大便，請你們稍等。」說完，神情自若地走了出去。

良久，下屬們不見國王召喚，走到宮門前查看究竟，卻發現大門緊閉，敲門，裡面悄無聲息。他們不敢莽撞，耐心等待。最後還是起了疑心，將門撞開，裡面的景象讓他們大吃一驚：平日作威作福的國王早已死去多時了！

這時候，左撇子已經回到以色列人那裡去了。他就是以色列人著名的士師以笏。在他的帶領下，以色列人擊敗了摩押人，獲得了自由和解放。以笏擔任士師八十年，國泰民安。

這個故事出自《舊約·士師記》。約書亞去世後，以色列人進入士師時代。士師，是「法官」、「審判者」的意思。士師由上帝選派而來、具有特殊能力的人，來擔當以色列人的領袖。他最重要的任務，不是審理案件，而是拯救以色列人脫離外邦統治者之手。故事中的以笏，是士師時代的第二位士師。

在《約書亞記》中，以色列人節節勝利，揚眉吐氣；在《士師記》中，以色列人飽受壓迫。他們之所以失敗，是因為失去了對上帝的信心，崇拜偶像，行不良之事。但是，上帝又不忍心看著他們受苦，所以派遣士師拯救他們，反映了上帝公正、仁慈的性情。

《士師記》中的故事警示基督教聖徒：一個人的安全和興旺，有賴於他們對上帝的信心和順服。

李克勉主教（1958年8月23日~），羅馬天主教主教。輔仁大學哲學系、愛爾蘭梅努斯大學神學院畢業，1990年5月27日晉鐸，2003年獲菲律賓馬尼拉聖多瑪斯大學教會法學博士學位，同一年任天主教台灣總修院院長，2006年4月6日獲教宗本篤十六世任命為台灣新竹教區主教。2006年6月24日晉牧暨就職。

女中豪傑底波拉和雅億

天主教領導中心設在梵蒂岡，首腦是教皇，實行集權制，教皇掌管除中國以外的世界各地的傳教事業，有權任命各地的主教，是大部分天主教徒的精神領袖。

在秀麗的法蓮山上，有一位年輕美麗的女詩人叫底波拉。她經常在法蓮山大道的棕樹下，朗誦詩歌，舉辦聚會，給過往客人預卜未來。不久，她的名聲四處傳播。人們尊敬她、信任她，將自己的煩惱說給她聽，她幫人排憂解難；人與人之間發生了爭執與衝突，找她調解；家族和宗族之間出現爭端，也請她去處理。漸漸地，她在以色列人中樹立起了很高的威信。人們把底波拉當作先知，認為上帝在藉她的口說話。

自從以笏死後，以色列人又做了上帝憎惡的事情。上帝為了懲罰他們，把他們置於夏瑣王的鐵蹄之下。夏瑣國力強盛，兵強馬壯，有戰車900輛。統帥西西拉驍勇善戰，胸懷韜略。以色列人飽受夏瑣王的殘酷欺壓，怨聲載道。

有一天，底波拉對以色列人的族長說：「現在到了起兵反抗夏瑣王的時候了。在基底斯有一個人叫巴拉，他智勇雙全，可以做我們的統帥。」

族長聽後，即刻派人請來巴拉。底波拉對巴拉說：「你肩負著解放以色列人的使命，必將成為以色列民族的大英雄。你率領一萬兵馬，聚集在他泊山，我們一定會讓西西拉全軍覆沒。」

巴拉沒有經驗，有些沒自信，他說：「我有什麼資格擔當如此重任呢？妳若和我同去，我就去；妳若不和我去，我也不去！」在當時的情況下，只有女先知底波拉出面，才有可能號召廣大的群眾，使這場戰爭成為一場聖戰。考慮到這個因素，底波拉同意了巴拉的要求。她鼓勵巴拉：「你放心吧！上帝會與

我們同在的！」於是，巴拉從西布倫和拿弗他利人中，精挑細選了一萬名強壯男子，組成了起義軍，聚集在他泊山，伺機行動。

夏瑣王聽到了這個消息，命令西西拉傾全國之兵，前去鎮壓。西西拉的900輛戰車和大批人馬趕到基順河谷，突然雷電交加，暴雨傾盆，基順河谷變成了沼澤地，西西拉的戰車陷在泥漿中動彈不得，馬匹也在泥漿中躊躇不前。底波拉見狀，一聲號令，以色列人如猛虎下山般衝進了夏瑣軍中，展開了一場激烈的廝殺。頃刻間，西西拉軍隊死的死，逃的逃，全軍覆沒。

西西拉見大勢已去，跳下戰車，倉皇而向雅億家帳篷跑去。雅億夫家希百，和夏瑣王家族是世交，也是西西拉的好友。西西拉認為，希百家是最好的避難之地。他來到雅億家裡，正趕上希百外出，雅億將西西拉藏在簾子後面，

女先知

用毛氈掩蓋起來。西西拉叮囑雅億：「請妳站在帳篷門前，幫我把風。」

雅億說：「你放心吧！我會認真守護你的」。

聽了雅億的話，西西拉放心了，在疲倦中不知不覺沉睡了過去。

西西拉萬萬沒有想到，他認為這個最安全的避難之地，卻是最凶險的喪身之地。雅億用手推推西西拉，見西西拉毫無知覺，睡得很熟。就找來錘子和一根尖銳木棍，將木棍從西西拉的太陽穴釘了進去，西西拉一命嗚呼。

　　原來，雅億是摩西內弟何巴的後代，和以色列人是近親。有了這種血緣關係，使得雅億潛意識裡心向以色列人，而且對於異族的統治心懷怨恨。

　　西西拉死後不久，追兵就趕到了，雅億將西西拉的屍體交了出來。

　　就這樣，雅億殺帥的事跡，很快在以色列人中傳頌開來，被以色列人稱為女中豪傑。而另一個更偉大的女中豪傑底波拉，趁勝追擊，消滅了夏瑣國，將遭受奴役的以色列人徹底從異族統治中解救了出來。

　　底波拉在位四十年，以色列人享受了四十年的和平時光。

　　西西拉統領的戰車，是當時的戰爭利器，威力強大。但是在泥濘的沼澤地卻寸步難行。這顯示，無論多麼先進厲害的武器，都無法抵擋上帝的意志。

　　底波拉號稱「以色列之母」，是士師時代唯一的一個女士師。在亂世之中，一個女子能擔當解放以色列人的重任，除了她本身具有的才能之外，還有對上帝的無限信服。同樣，雅億也是一個柔弱的女子，但是她勇敢而富有智慧。她機智地將逃亡的西西拉穩住，然後將驍勇的敵帥殺死。對上帝的信任，使雅億明辨是非，選擇了正確的行為，為以色列人的解放做出了重要貢獻。

施韋澤（1875年～1965年），德國哲學家、神學家、人道主義者。著有《耶穌生平研究史》、《基督教與世界宗教》等。

基甸摧毀巴力祭壇

天主教認為，人的物質生命是暫時的，而靈魂可以得到永恆的生命。凡信耶穌者，聖靈進入內心，獲得拯救，死後靈魂可升入天堂，得到永生。

在俄弗拉，有一個貧窮的農戶之家，父親叫約阿施。他有一個二十多歲的兒子基甸，基甸從小聰慧神勇，心懷大志。

當時，米甸人殘酷奴役著以色列人，長達七年之久。每到收穫季節，米甸人糾集亞瑪力人和其他游牧部落，像蝗蟲一樣蜂擁而至，他們在以色列人的田地裡放牧，駱駝、馬匹、牛羊無情地踐踏田裡的小麥、蔬菜和葡萄。這些來自沙漠的強盜見什麼搶什麼，不管是糧食還是牲畜。軟弱無助的以色列農夫只好逃到山上去，躲進洞裡。

這年秋天，基甸和父親正忙著收割麥子，儲備好糧食後，到山上躲藏米甸人的騷擾。中午時分，基甸在橡樹下休息，天使來到基甸身邊：「你是天生的勇士，上帝和你同在。」

「上帝和我們同在？果真如此，我們為何淪落到吃糠嚥菜、受人欺凌的地步呢？」基甸說。

天使說道：「我受上帝指使，前來委你重任，去解放以色列人。」

「我怎麼有能力擔當這個重任呢？」面對天使的話，基甸很沒自信。

天使說道：「相信上帝和你同在，就能輕易戰勝米甸人。」

「我憑什麼相信祢是上帝的使者呢？」

天使讓基甸預備一隻山羊和一伊法細麵無酵餅，說道：「我會向你證明，我是上帝的使者，有能力使你蒙恩。」

燔祭

基甸按照天使的吩咐，找來山羔羊，做好無酵餅，用筐子裝著羊肉和餅，提著一壺湯，來到一個磐石面前。基甸將肉和無酵餅放在磐石上，將湯淋在上面。天使用手杖指點磐石，磐石噴發出一股烈焰，瞬間將餅和羊肉燒毀得一乾二淨。親眼見證了天使的法力，基甸對自己有了信心。

那時候，以色列人再次忘掉了耶和華的恩德，崇奉起迦南人的神來。他們對巴力的崇拜，達到了狂熱的程度。上帝吩咐基甸：「你要建立自己的威信。今晚你要將供奉巴力的祭壇拆毀，把木頭雕刻的巴力像劈裂，並用一隻牛做為燔祭。」

當晚，基甸背著父親，從家裡牽出那頭年滿七歲的牛，拿著斧頭，砍碎了巴力神像，拆除了巴力神壇。

第二天清早，人們發現巴力神壇不見了，又驚恐又憤怒。當得知是基甸所為後，憤怒的俄弗拉人來到基甸家裡，要將基甸處死。基甸父親約阿施見多識廣，十分明智。面對憤怒的人群，他冷靜應對：「如果巴力是真神，我兒子的行為必定會遭受巴力的懲罰。何必勞駕你們動手，背負殺人之責呢？你們不妨將他交給巴力吧！」

來人覺得有理，紛紛散去。數天過去了，基甸安然無恙，人們認定巴力是欺騙他們的假神。基甸拆除神壇的行為，被人們所讚許。人們敬仰他，認為他有勇氣，敢作敢當，能成大事。以色列人將獲得解放的願望寄託在基甸身上。

　　基甸中午在橡樹下休息。在《聖經》中，橡樹往往和神諭有關。他牽了一頭七歲的牛做燔祭，正顯示以色列人遭受米甸人壓迫，也是七年。燔祭結束，他們遭受壓迫的日子也就要結束了。

　　上帝降大任給基甸是有策略的。摧毀巴力神壇，是對基甸信心的試探，也是為了培養基甸在以色列人心中的威望，為以後統領以色列人進行抵抗運動打下基礎。

林語堂（1895年～1976年）出生在基督教家庭，父親是傳教士，母親是基督徒。父親對西學的瞭解促成了林語堂進入上海聖約翰大學就讀，也是在這裡他掌握了自己所鍾愛的英文，深入瞭解了另外一種文化和思維方式。之後他到清華大學任教，在這裡才深刻接觸和體會中國的傳統文化。從此開始了自己信仰的反思，踏上尋找信仰之旅，最終皈依基督。

三百人破十三萬人：
基甸領導下的戰爭奇蹟

教士，指的是在基督教會中任職、負責教務的神職人員。

基甸破除巴力神壇之後，在以色列人中威望大增。但是他仍舊沒有信心，於是對上帝說道：「全能的上帝，祢要我肩負重任，就請祢顯現靈驗，來增加我們的信心。我現在就將一團羊毛放在地上，如果第二天一早羊毛被露水打濕，而羊毛周圍的土地都是乾燥的，我相信所有的以色列人都會看到上帝的力量。」

第二天一早，基甸看到羊毛周邊的土地十分乾燥，在清晨的微風中飛颺著細碎的塵土；而羊毛被露水打濕，用力一擰，整整擰出來一盆水。基甸說道：「我要再試驗一次，請全能的上帝不要發怒。我將毛線放在地上，毛線是乾的，其他地方是濕的。這樣，大家就知道上帝和我們同在了。」

第二天，奇蹟再次發生了，基甸和以色列人對上帝深信不疑。於是，基甸開始招募人馬，伺機起義。很快，他招募到了一支三萬兩千人的隊伍，在哈律泉邊安下營寨。上帝對基甸說道：「這支隊伍人數太多了，我不能將米甸人交給你們，免得以色列人妄自尊大，認為是自己戰勝了米甸人。」基甸也認為，這樣的戰役，沒有一支精銳部隊，是很難取勝的。基甸召集隊伍發表申明：「我們面對的，是擁有數倍於我們的強敵，誰都有流血死亡的危險。現在請大家想清楚，如果害怕死亡，現在就可以退出。」在他的勸說下，那些意志不堅定的人都回去了，只留下了一萬精兵。

上帝認為人數還是過多，他曉諭基甸：「你把他們帶到河邊，我會幫你挑出最精銳的士兵。」傍晚時分，基甸帶領戰士們到河邊飲水。他看見有的士兵

放下武器，趴在河邊一陣狂飲，有的士兵手握刀劍，提高警覺地東張西望，然後迅速低頭喝幾口，再起身張望。基甸讓那些放下武器喝水的士兵們在大營待命，帶著剩下的三百名士兵，組成了一支突擊隊。

米甸人聽聞基甸招募人馬，就聯合馬利亞人、東方人，組成了一支十三萬人的隊伍，發誓要掃平基甸的起義軍。他們在耶路斯列平原安下大營。夜幕四垂，基甸帶著僕人普拉下到平原敵人的營地裡去探聽虛實。淡淡月光下，他們看見米甸人的營房，黑壓壓一片漫無邊際，營房外的駱駝車馬不計其數。基甸躲在敵人的草料堆後面，聽見兩個米甸人在談話。一個人說：「昨天晚上我做了個奇怪的夢，夢見一個大麥餅滾入米甸營中，一直滾到帳幕那裡，將帳幕都撞塌了。」另一個米甸人說：「這是以色列人基甸的刀，神已經將我們的性命交在他的手中了。」

基甸聽後，大受鼓舞。他立即回到以色列營中對勇士們說：「起來吧！耶和華已將米甸的軍隊交在你們手中了。」基甸將三百名突擊隊員分成三組，每組一百人，每人手拿一個號角和一個空罐子，罐子內藏好火把，他吩咐道：「你們聽我命令行事。我所在的這一組吹響號角的時候，你們開始行動，吹響號角，高聲呼喊：『上帝和基甸的刀！』」

三更時分，米甸大營一片沉寂，人馬都進入了夢鄉，巡邏的士兵也懈怠了，站在那裡直打瞌睡。突然，米甸大營四周號角聲驟然響起，三百勇士點亮火把，高聲呼喊：「上帝和基甸的刀！」

米甸人在睡夢中驚醒，他們聽見四周全是吶喊聲和號角聲，火把在遠處的夜空若隱若現，不知道到底來了多少以色列人，以為陷入了以色列大軍的包圍之中。他們倉皇逃跑，基甸帶領的軍馬在後面趁勝追擊，一路上米甸人死傷無數，有四個首領被斬殺。

以色列人對上帝感恩

　　首戰大捷後，基甸帶領以色列人從米甸人枷鎖下掙脫出來。基甸在位四十年之久，期間以色列人安居樂業。

　　上帝削減基甸的人馬，一方面是為了讓以色列人知道：他們的勝利，全部依賴全能的上帝；另一方面，也讓強大的米甸大軍放鬆了警覺。米甸人統治以色列人七年，認為以色列人已經十分衰弱；加上基甸招募的起義軍，總數才一萬人。所以，米甸大軍的傲慢、輕敵心理，是可以想像的。還是應了那句話：「人最大的敵人就是自己。」這句話送給米甸大軍同樣適用。米甸人不是被基甸打敗的，而是敗於自身。

剛恆毅（1876年～1958年），字高偉，義大利人。中國天主教歷史上著名的人物，第一任羅馬天主教宗座駐華代表。是教廷首任駐華代表、中國教會之密友、主徒會創辦人，後升任傳信部次長。主徒會為了紀念他，在臺北創辦了恆毅中學及恆毅月刊。

耶弗他和他的女兒

神職人員：天主教和東正教領受過神品、擔任過教會職務者的統稱。包括主教、神父和修士。

在約旦河附近的荒漠中，縱橫馳騁著一群綠林豪傑，他們打家劫舍，搶掠財物。首領名叫耶弗他，出生在基列的一個牧羊人家庭。基列位於亞嫩河與雅博河之間，是一個以色列人聚集的地方，主要從事畜牧業。耶弗他父親去世後，兄弟之間開始爭奪遺產。因為耶弗他是父親和一個妓女所生，所以受到了家庭和當地長老的排擠，無奈之下逃到荒漠之中，當了土匪。

當時的以色列人，處在亞捫人的統治之下，遭受奴役，過著暗無天日的生活。他們一心想發動起義，推翻亞捫人的統治，但是沒有一個合適的首領。基列人想到了驍勇善戰的耶弗他，認為他是最合適的人選。於是，基列長老攜帶重禮，求見耶弗他，請他出面，推翻亞捫人的統治。

面對長老們的請求，耶弗他心裡十分矛盾。一方面身為以色列人，他對亞捫人的統治早就不滿；另一方面，舊日的怨恨困擾著他。他說：「當初你們是怎麼待我的，干涉我的家事，處事不公，聯合我的兄弟，將我趕出家門。」

聽了耶弗他的質問，長老們面有愧色，對耶弗他曉以大義：「過去的事情，全是我們的錯，暫且不要提它了。現在，請以部族大義為重，帶領我們趕走亞捫人。難道你要眼睜睜看著你的同胞，日復一日遭受異族的欺凌嗎？」

耶弗他心懷顧慮：「我有什麼資格和威望來領導以色列人起義呢？」

長老們見耶弗他口風鬆動，大喜過望：「這個請您放心。我們對著上帝發誓，一定遵從您的指揮！」

對上帝燔祭

就這樣，耶弗他帶領全部屬下，來到了基列，他一邊招募人馬，一邊試圖和亞捫人談判，以求和平解決。但是，實力強大的亞捫人，非但不肯和以色列人和談，反而派出大量軍馬，要剿滅耶弗他的起義軍。

面對洶湧而來的亞捫大軍，耶弗他對著上帝發誓道：「我全能的主啊，請祢和我們同行，將亞捫人交到我們手中，讓我們大勝而歸！只要我們能打退亞捫人平安歸來，我就將第一個從我家門出來迎接的人，做為燔祭奉獻給祢。」

於是，得到上帝相助的耶弗他，將來犯的亞捫大軍殺得片甲不留，他們攻下了亞捫人二十多個城池，徹底推翻了亞捫人的統治，將遭受奴役的以色列人解救了出來。

凱旋而歸的耶弗他來到了自己的家鄉。家鄉人們載歌載舞，熱情迎接他這個大英雄。耶弗他穿過夾道歡迎的鄉親，來到了自己家門前。這時候家門打開，自己的獨生女兒身穿盛裝，歡歌舞蹈地出門迎接父親。耶弗他看到女兒，大驚失色，他撕裂衣服，悲痛萬分：「我曾經發誓，要將第一個迎接我的人燔祭給上帝，沒想到竟然是我的獨生女兒！上帝呀，祢教我如何是好呢？」

深明大義的女兒知道父親對上帝的誓言無法收回。她對父親說道：「父親，既然您對上帝已經許願，就要堅守諾言，因為上帝將亞捫人交付給您，讓您大勝而歸。」

女兒越是如此，耶弗他心裡越是難受，他慈愛地抱著女兒，痛不欲生。女

耶弗他和他的女兒

兒說道：「父親您不要悲傷，我有一個請求請您恩准：我要和我最好的朋友到山上去，兩個月之後會下山。在這兩個月中，我會為自己的命運哀悼。」

兩個月後，女兒從山上下來。耶弗他含著淚水，將自己的女兒給上帝做了燔祭。從此以後，以色列人中多了一條規矩：以色列人女子每年都要身著喪服，為耶弗他的女兒哀悼四天。

耶弗他後來擔任了六年以色列人的士師。耶弗他去世後，被葬在基列的一座城中。

耶弗他是妓女的私生子，出身卑賤，卻做了以色列人的士師。這顯示了基督教「人人平等」的價值取向。

耶弗他儘管身為草莽豪傑，但是他心智精細。為避免戰火延綿，首先想到和亞捫人和談。和平的方法無效之後，才動用武力。他深明大義，不計前嫌，拋開了個人恩怨。為了贏得以色列人的自由，他不惜發下重誓，用自己的家人做為燔祭。這充分顯示了耶弗他在民族存亡之際的高風亮節。這種品格，對現代人，都有警世的借鏡意義。

耶弗他的女兒在燔祭之前是一個處女。以色列人認為，女人一生不出嫁、不生育是最大的恥辱。所以，耶弗他的女兒認為自己燔祭後能終身不嫁，專心侍奉上帝，是最光榮的事情。

英國詩人拜倫，也曾寫過一首名為〈耶弗他之女〉的詩歌，深情歌頌耶弗他女兒的事跡。

鮑潤生（1878年～1936年），天主教聖言會來華傳教士，德國人。著有《孔子及其崇拜》、《孔子》、《屈原的<遠遊>》等。

力士參孫徒手撕獅

平信徒：基督教無神職的一般教徒。

夜幕降臨，熱鬧的瑣拉城沉寂下來。勞累了一天的瑪挪亞和妻子躺在床上十分憂愁：「我們年事已高，膝下無兒無女，這可怎麼辦呢？」兩人感嘆著、憂鬱著，不知不覺進入了夢鄉。

第二天一大早，瑪挪亞被妻子搖醒。妻子滿面紅光說道：「昨天我夢見上帝的使者了。祂告訴我將會生下一個孩子，叮囑我不要飲酒，遠離一切不潔之物。天使說，孩子生下來就歸上帝做拿細耳人，不要給他剃頭。他將來要領導以色列人擺脫非利士人的欺壓！」

老瑪挪亞聽了，驚喜萬分。時隔不久，孩子降生了，取名參孫。參孫出世前，以色列人被非利士人所奴役、統治。

隨著一天天長大，參孫表現出了超乎尋常的稟賦。他聰明機智，力大無窮。有一天他和父母途經野外的葡萄園，突然間從葡萄園中竄出一頭雄獅，咆哮著向他們撲來。參孫迎了上去，將獅子打倒在地，一下子將牠撕成了兩半。圍觀的人見狀，一個個目瞪口呆，他們驚恐地跪地禱告：「天神降臨了呀！」

時隔數日，參孫經過空手撕獅的地方，看到死獅子的嘴巴四周停留著很多蜜蜂。參孫走近一看，原來在獅子嘴裡有一大塊蜂蜜。參孫趕走蜜蜂，掰開獅子嘴巴，取出蜂蜜，回家孝敬父母。

從此，大力士參孫的盛名傳遍了整個瑣拉城。

一天，參孫在附近的亭拿城看見一個美貌女子，這名女子是非利士人。參孫不顧家人反對，託人向女子求婚，並且經常往亭拿跑，和女子幽會。家人沒

參孫的婚宴

有辦法，只好應允參孫娶了那位女子。

兩人挑選良辰吉日舉行了婚禮，按照非利士人的風俗習慣，新娘家要擺上酒席，連續慶祝七天。參孫岳父很有錢，酒宴十分豐盛，而且還請了三十個親朋好友過來陪酒。

席間，參孫忽然想起獅子口中的蜂蜜，說道：「我現在給你們出一個謎語，七天之內，你們要是猜對了，我就給你們三十件外衣和三十件襯衫；要是猜不出來，你們就給我三十件襯衫和三十件外衣。」

非利士人覺得自己人多勢眾，說道：「什麼謎語能難倒我們這麼多人？」

參孫說道：「吃的從吃者出來，甜的從強者出來。」

非利士人被這個古怪的謎語難倒了，一連三日苦思冥想，猜不出是什麼東西。第六天晚上，眼看著期限快到了，非利士人威脅參孫妻子說：「妳忘記我們是同族人嗎？妳丈夫用這樣的謎語刁難我們，這不是誠心勒索我們的財物嗎？妳不替我們感到難堪嗎？妳快點哄妳丈夫將謎底說出來，否則我們燒了妳家的房子！」面對威脅，參孫的妻子很害怕。晚上，新娘子在被窩裡哭哭啼啼地對參孫說：「你不信任我，更不愛我。你出的謎語，為什麼連謎底也不告訴我。」參孫只是支支吾吾搪塞地說：「連我父母都不知道，怎麼能告訴妳呢？」但是他的妻子就是不依，又是撒嬌，又是哭鬧，軟硬兼施，逼得參孫沒有辦法，只好把謎底說了出來。妻子從參孫口中得知了謎底，第二天一早告訴了非利士人。在酒宴上，非利士人對參孫說道：「有什麼比蜂蜜更甜，有什麼

比獅子更強大呢？」參孫的謎底正是一頭獅子嘴裡有蜜，當他得知妻子騙了他，十分生氣。但是一時間，從哪裡弄那麼多衣服呢？對參孫這樣的小戶人家而言，三十件襯衫和三十件外衣，是一筆不菲的花銷。思前想後，參孫夜間來到了亞實基倫，殺了三十個非利士人，搶走了他們的衣服，做為賭資交給了陪酒的非利士人。

　　所謂拿細耳人，就是潔身歸主的人。他們通常不剃髮、不飲酒。最初的拿細耳人具有特殊超凡能力，比如參孫。孩子出生後要成為拿細耳人，懷胎的母親也要遵循拿細耳人的條例。所以天使曉諭參孫母親，不要飲酒，遠離不潔之物；直到後來，將那些甘心發願在一定期間內離俗承擔任務者，稱之為拿細耳人。早期的拿細耳人身上有「主的靈」，易於衝動，有內心靈性喜樂，熱情而精力充沛。參孫是「小太陽」或「像太陽者」的意思，他就是這種性格的人。

馬利丹（1882年～1973年），法國天主教神學家、唯心主義哲學家，自幼受基督教教育，1906年改信天主教。是新托馬斯主義的主要代表。

大力士隻身夜毀城門

神父：也稱為神甫，天主教、東正教的一般神職人員，協助主教管理教務，通常是一個教堂的負責人。

由於妻子向非利士人私自洩露了謎底，婚宴結束後，參孫一怒之下將妻子一人留下，自己離開了岳父家。

幾個月過去，轉眼秋天來了。怒火漸消的參孫去亭拿岳父家接妻子，卻發現岳父已經自作主張，將女兒改嫁了。參孫將一股怒氣全部發在非利士人身上。他從野外捉了三百隻狐狸，將牠們的尾巴成對綁在一起，用火點著。受驚的狐狸跑進非利士人的農地，大片的麥田、葡萄園和橄欖園被火點燃。非利士人一年的辛勞化為灰燼。

憤怒的非利士人遷怒於參孫的岳父，放火燒了他家。參孫知道此事後說道：「你們既然這麼蠻橫不講理，我就會給你們更大的報復。」於是，參孫躲在亭拿的交通要道，只要見到非利士人，就衝上去將他們殺害。亭拿人嚇得躲在城裡不敢出來。很快，亭拿城內糧食被吃光了，全城人面臨著大飢荒。

非利士國王聽聞此事，派兵捉拿參孫。參孫一個人活動自由，非利士大軍找不到他，以血洗瑣拉城威脅，逼迫猶太人交出參孫。膽小的猶太人按照非利士人的命令，帶著三千人來到參孫藏身之地。參孫是一個講義氣的人，害怕猶太人受連累，於是順從地讓猶太人用繩索捆綁，來到非利士人面前。

看著勁敵毫不費力地落入了自己手中，非利士人得意洋洋，他們將參孫團團圍住，又是唾罵，又是嘲笑，有幾個膽大的人，還對著參孫拳打腳踢。參孫大怒，用力將繩索掙斷，撿起身邊的一根驢腮骨，一頓亂打，一千名非利士人被參孫打死，剩下的倉皇逃走。

三千猶太人捉拿參孫

　　望著遠去的逃兵，看了看地上成堆的死屍，參孫覺得心中十分暢快。他高聲叫道：「我用驢腮骨殺人成堆，用驢腮骨殺了一千人。」話音未落，伸手將驢腮骨扔了出去，那個地方後來被人稱為拉末利希。

　　從此以後，參孫的勇猛在以色列人中家喻戶曉。人們尊重他、敬畏他，認為他是上帝派來拯救以色列人的大英雄。於是紛紛推舉他為以色列人的士師。參孫當了二十年士師，在此期間，由於忌憚參孫的勇猛，非利士人一直不敢輕舉妄動。

也因為如此，參孫自恃勇猛，經常單獨出沒於非利士人聚集的城鎮。一天晚上，參孫在商業重鎮迦薩，夜宿於一個妓院，迦薩王得知參孫夜宿的消息，派重兵埋伏在城門，意欲將其擒獲。參孫在妓院高樓上，看見了迦薩的部隊向城門集結，感覺到有危險。半夜，參孫悄悄離開了妓院，走到城門前。守城的士兵沒想到他這麼早離開，此時正在呼呼大睡。參孫打死了守門軍兵，卻找不到城門鑰匙，情急之下將城門拆毀，扛著千鈞重的門框、門板出了城，一直來到希伯倫前面的山頂上。

有專家認為，以色列地區的狐狸很少見，而且狐狸不是群居動物，參孫一下子捕捉三百隻狐狸，是不可能的。他們據此推測，參孫所捕捉的，可能是繁殖較多的豺。

迦薩是非利士最南端的城市，是商業重鎮，距離希伯倫山頂大約61公里之遙。當時的城門，門扇上有鐵板，鑲有銅釘裝飾，說其千鈞之重，毫不為過。參孫赤手空拳拆毀城門，而且還扛了那麼遠，可見其神力無比，世所罕見。

馬丁‧路德‧金（1929年～1968年），美國基督教新教南浸禮會黑人牧師，著名的美國黑人民權運動領袖，1964年諾貝爾和平獎得主，有「金牧師」之稱。

從英雄到囚徒：
沉溺妓女釀下的惡果

主教，意為「監督者」，《新約》《聖經》指對一定區域教會進行監督的管理人員。主教是施行主教制的教會中職等最高的神職人員，相傳為使徒的繼承人。

力士參孫在去世前，瘋狂愛上了非利士妓女大利拉，經常夜宿大利拉家，整夜縱情。

非利士人認為這是除掉參孫的大好機會，用重金賄賂大利拉：「參孫是我們非利士人共同的仇敵，我們要同仇敵愾，一起對付他。我們唯一忌憚的，是參孫的神力。妳如果能從他口中得知他為什麼會有這麼大力量，用什麼方法可以將他制伏，我們就賞給妳一百舍客勒銀子。」

面對重金的誘惑，大利拉答應了非利士人的請求。當天夜裡，大利拉使出渾身解數和參孫調情。在參孫漸入佳境、神魂顛倒之際，大利拉問道：「我崇拜的人呀，你威武蓋世，非凡的神力是從哪裡來的？」

「上帝給的。」參孫隨口一說。

大利拉見參孫對自己的問話毫不防備，接著問道：「你是天下第一，除了上帝，就沒有制伏你的方法了嗎？」

聰明機智的參孫，知道大利拉在套他的秘密，哄騙她說：「用七根未乾的青繩子捆綁，就能將我制伏。」

大利拉信以為真，趁參孫熟睡的時候用七根青繩子將參孫捆綁住，然後大叫：「非利士人來捉拿你了。」參孫被驚醒，從床上一躍而起，稍微用力，繩

子斷成了數節，埋伏在窗外的非利士人倉皇逃走。看著驚訝的大利拉，參孫哈哈大笑。大利拉說道：「好險。我剛才聽見窗外有聲響，要不是我即時叫醒你，你恐怕早就喪命了。」參孫明明知道是大利拉在搗鬼，裝作信以為真的樣子，對大利拉連聲致謝。

參孫與大利拉

第二天夜裡，參孫要求和大利拉尋歡，大利拉佯裝推辭：「你對我不真心，欺騙我。你如果真的喜歡我，就將你身上的秘密告訴我。否則你永遠也別碰我。」

慾火焚燒的參孫，為了滿足慾望，再次哄騙大利拉：「用沒有使用過的新繩子捆綁，能消除我身上的力氣。」大利拉聽了暗自歡喜，然後和參孫縱情玩樂。等參孫入睡後，大利拉讓埋伏在窗外的非利士人用新繩子將參孫捆綁，故技重施高聲呼喊，參孫醒來，又將繩索掙斷了。

第三天晚上，面對參孫同寢的要求，大利拉表情冷漠，要求他說出身上的秘密。參孫再次哄騙道：「將我的頭髮梳成七綹，互相編織，我身上的力氣就會消除，變成一個普通人。」夜間，大利拉趁著參孫熟睡，將他的頭髮編織起來。參孫從夢中醒來，依然力大無窮，非利士人拿他沒有辦法。

一連三次受騙的大利拉惱羞成怒，質問參孫：「你反覆說過你愛我，可是為什麼接二連三的欺騙我呢？」於是做出要離開參孫的樣子，逼迫參孫就範。參孫沉溺於妓女大利拉的柔情，終於說出了自己的秘密：「剃掉我的頭髮，我的力氣就消除了。因為我從落地開始，就是拿細耳人了，剃刀從來沒有碰過我

的頭皮。」

大利拉擔心再一次受騙：「我怎麼能相信你呢？」

「我對上帝發誓。」參孫說。

大利拉欣喜若狂，將秘密告訴了非利士人。在參孫熟睡的時候，大利拉剃掉了參孫的頭髮，參孫變得軟弱無比，被非利士人擒獲。非利士人將他帶回迦薩，用刀剜去他的雙眼，給他帶上手銬腳鐐，鞭打他、摧殘他，讓他日日夜夜在監牢裡面推磨。非利士人抓住了以色列人的士師，準備等到給他們的大神大袞獻祭之日，召集所有的首領處死參孫。

幾個月過去了，參孫頭上長出了一層細碎的毛髮。

大祭的日子到來了。非利士人在大袞神廟設下祭壇，召來各路頭領舉行盛大歡宴。參孫給帶了上來，非利士人肆意侮辱，讓他彈琴取樂，讓他在地上學狗爬，有人將酒淋在他的頭上。參孫對牽著他的僕人說：「讓我摸一摸大廳的柱子吧！我好歇口氣。」眾人應許了參孫的請求。瞎眼的參孫，摸索到柱子前面，抱著巨大的石柱祈禱：「全能的主呀，給我力量，讓我一雪恥辱吧！」

參孫推倒廟柱

從英雄到囚徒：沉溺妓女釀下的惡果

霎時間神武之力再次降臨到參孫身上。他一聲怒吼，掙斷了手銬腳鐐。在場的人被嚇壞了，不知所措。參孫抱住石柱，全身用力，柱子折斷，隨後，他又折斷了廟中另一根主要石柱。神廟瞬間坍塌，裡面的三千多人全被砸死。

參孫死後，被安葬在父親的墳墓裡。一代力士，結束了他傳奇的一生。

參孫機智勇敢，力大無比，卻容易情緒化，為所欲為，貪戀女色。他一生做了很多「出格」的事，這些事情別說更高一級的拿細耳人，就連一般的以色列人都不敢做。最後，上帝正是利用了參孫的優點，讓他去拯救以色列人，最後用他的弱點將他毀滅。

參孫在獄中悔過，長出了頭髮；在大衰廟中祈求，上帝給了他力量。由此可見，無論多麼神勇的人，如果缺乏對上帝的信心，同樣也會變得軟弱不堪。

綜觀這個天生神力的士師，因個性頑強、迷戀上別有用心的人而失敗，他悔改的過程和結局令人感慨。這個故事所帶給我們的啟示是：一個人要善於審時度勢，聽得進旁人建議，不可過於執拗；同時，喜好要有限度，如果無原則沉溺某人或某事，就會不能自拔，最終毀了自己。

瑟勒（1929年生），德國新教女神學家，革命神學的宣導者。主要著作有《無神論般的信仰上帝》、《基督教與馬克思主義》、《革命的寬容》等。

仁慈麥穗上的愛情之果

長老是基督新教某些宗派中教徒領袖的職稱。《舊約》《聖經》指的是猶太人的民間長老；《新約》《聖經》則指一般教徒中有威望、受尊重的領袖。

有一年，迦南遭遇了大災荒。居住在伯利恆的猶太人拿俄米和丈夫、兩個兒子，一起逃荒到了摩押地。在摩押地，兩個孩子成婚。十年後，拿俄米的丈夫和兩個兒子相繼去世。

這時候，迦南年景好轉，拿俄米準備重返故鄉，對兩個兒媳說：「摩押地是妳們的家鄉，妳們都還年輕，在這裡找戶人家改嫁吧！別跟著我這個老婆子顛沛流離了。」

大兒媳婦哭泣著，和婆婆依依作別，留在了摩押地；二兒媳婦路得，不忍心丟下年邁的婆婆，執意和婆婆一同回到伯利恆。

路得

路得和婆婆返回舊時家園。這裡長久無人居住，房屋破敗，家具都沒了。路得和婆婆收拾一番，勉強過了一夜。第二天一早，就要謀劃午餐的著落。此時正是秋收時節，路得到田間拾麥穗，中午回來，和婆婆做了一頓麥子粥。就這樣，路得每天到麥地拾麥穗，維持家用。她早出晚歸，勤儉持家，漸漸積攢了一點餘糧。年邁的拿俄米對著鄰里，四處宣揚路得的賢慧。

一天，路得到財主波阿斯的麥田裡面拾麥穗，恰巧被來巡查的波阿斯看見了。

波阿斯問僕人：「那個女人是誰？」

僕人說：「她是拿俄米婆婆的兒媳婦路得，家裡沒有男丁，只有她們婆媳相依為命。她靠拾麥穗養活全家，很不容易。所以，我們沒有徵得老爺的同意，就讓她來田裡拾麥穗了，請老爺寬恕。」

波阿斯聽了僕人的話，十分讚許：「你做的很對。路得的賢慧，我早聽說過了。你們多撒些麥穗讓她拾。」說完，他走到路得面前：「好孩子，從今天開始，妳就在我的麥田裡拾麥穗吧！渴了，那邊有水罐。」

路得十分感激，向波阿斯跪拜。

波阿斯說道：「妳的賢慧，在以色列人中已經傳開了，我十分敬佩。」正好到了午飯時間，波阿斯邀請路得和他的僕人一起吃飯，還給了路得兩張大餅，讓她帶回去給婆婆吃。

傍晚時分回到家裡，路得將今天的事情和婆婆說了。婆婆說：「波阿斯是妳公公本族人，是至近的親屬。他為人善良仁慈，樂善好施。妳今後就去他麥田拾麥穗吧！不要去別人田裡了。」

這樣，一連數天，路得都到波阿斯的麥田裡面拾麥穗，一直到麥子收割完畢。這天晚上，婆婆對路得說：「孩子呀，妳也該為妳的後半生著想了。趁年輕找一個人嫁了，也算有一個安身之處。波阿斯的妻子去世好幾年了，他人不錯，又是我們的至親。我感覺得到，他對妳有好感。今天晚上，他要夜宿打麥場。妳現在沐浴更衣，到他睡覺的地方和他睡在一起。照我說的話去做吧！」

也許是上帝的指引，也許是內心的萌動，路得按照婆婆的話，洗澡、更

衣、塗抹香粉。半夜時分，她來到波阿斯的打麥場上，找到他睡覺的地方，掀開被子和他並排躺在一起。波阿斯一覺醒來，發現身邊有一個陌生人，藉著月光一看，發現是路得。路得身上的體香，讓波阿斯神魂顛倒。路得婆婆的感覺沒錯，波阿斯欽佩路得的善良賢慧，深深愛上了她。但是自己年齡比路得大很多，所以一直不敢提親。今晚路得這麼主動，讓波阿斯歡喜萬分。

路得在麥田的賢慧行為感動了波阿斯；波阿斯仁慈的麥穗擄獲了路得的芳心。兩人從此結為夫妻，使拿俄米得以終老，並生下了兒子俄備得。俄備得的孫子就是以色列民族最偉大的人物之一——大衛王。

民女路得以她的賢慧美德受到以色列人世代敬仰。

這是一個充滿愛的故事，故事中的人物彼此恩待。身為柔弱女子，路得憑藉人性的善良、品格的堅韌，找到了自己安樂的歸宿。這個故事給了我們一個啟示：一個人只要有信心，對愛的信心，對生活的信心，就能戰勝困難，迎來福樂。

斯托特（1921年生），英國新神教家，英國新福音派神學代表人物之一，曾創立萬靈國際團契、當代基督教倫敦協會等，著有《基本基督教》、《均衡的基督教》等著作。

撒母耳：
以色列人的末代士師

教父、教母：基督教新入教者接受洗禮時的監護人，通常請教內虔誠而有名望的人擔任。教父、教母有責任監督並且保護受洗人的宗教信仰和行為，就像父母和兒女之間的關係一樣。

示羅的耶和華大殿門前，坐著一個面容愁苦的女人，對上帝訴說著自己的心事：「全能的主呀，請祢賜給我一個兒子吧！我必定讓他終身信服祢，侍奉祢。」

以色列的士師兼祭司以利，見這個婦女嘴唇翕動，卻發不出聲音，以為她喝醉了。於是走過去厲聲訓斥道：「進神殿不能飲酒，這個規矩妳不知道嗎？」

婦女好像受到了驚嚇：「我滴酒未沾，在向上帝訴說我的苦楚。」

婦女叫哈拿，來自法蓮山地的拉瑪瑣非小鎮。哈拿嫁給一個法蓮人做妾，因其一直沒有生育，飽受元配的欺辱，希望能生一個兒子。聽了哈拿的訴說，以利安慰道：「放心回去吧！上帝會賜福給妳的。」

哈拿聽了祭司的話，心滿意足地回去了。當晚和丈夫同房，不久懷孕，十個月後生下了一個兒子，取名撒母耳。撒母耳斷奶後，母親帶著他來到祭司以利面前還願，要撒母耳在以利身邊，給上帝當差。

從此以後，以利成了撒母耳的導師兼養父。撒母耳受到以利的教誨，一天天長大，他虔誠信仰上帝，品格優秀，心地善良。以利有兩個兒子，性格暴躁，品德惡劣。他們仗著父親的權勢胡作非為。他們將正在煮著的、用來獻祭

的肉，用叉子叉上來，拿去和浪蕩公子們大吃大喝。更為囂張的是，他們公然和浪蕩婦女在大殿鬼混。儘管以利苦口婆心規勸，甚至打罵，都無濟於事。

當時世風日下，道德敗壞，撒母耳的身邊雖然有以利的兩個浪蕩子弟，但他潔身自愛，虔誠信奉上帝，年紀輕輕就擔任了祭司。

一天夜裡，撒母耳像往常一樣，守護神殿到很晚，疲倦地睡著了，忽然聽見有人喊他的名字：「撒母耳！撒母耳！」從睡夢中驚醒的撒母耳以為是以利在喊他，走過去詢問。還沒有入睡的以利說道：「我沒有喊你，睡吧！孩子。」

就這樣一連三次，閱歷豐富的以利明白，這是上帝在召喚。他對撒母耳說：「如果你再聽到有人喊你，你就應聲說：『全能的主，僕人恭候祢的神諭。』」

撒母耳睡著不久，又聽見有人呼喊他的名字。他說道：「全能的上帝，僕人恭候祢的賜教。」上帝對撒母耳說：「你即將代替以利，擔任以色列人的士師和大祭司。以利的孩子作孽，而以利卻心懷放縱之情，不忍心割愛，必將受到懲罰。我要降罪給他全家，無論怎樣都無法贖罪。」

第二天，以利一再詢問昨晚上帝曉諭的內容，撒母耳瞞不過，和盤托出。以利聽聞，十分害怕。但是，身為大祭司的他還是畢恭畢敬地說：「我願和我全家接受全能上帝的懲罰。」

撒母耳：以色列人的末代士師

時隔不久，以色列人和非利士人開戰，以利的兩個兒子戰死，約櫃被奪取。時年98歲高齡的以利聽聞噩耗，一頭從椅子上栽下，腦袋撞在門框上，脖子折斷當場死亡；以利的兒媳臨盆待產，聽聞惡訊，氣急身亡。

以利死後，撒母耳成了以色列人的士師，也是士師時代的最後一名士師。

撒母耳是以色列人的末代士師，他集先知、祭司和士師於一身，品行端正，嚴格按照上帝的意願辦事，是歷代士師中的典範。做為士師時代向君王時代的過渡人物，撒母耳帶領以色列人，脫離了士師時代的絕望，是帶領以色列人進入君主政體、步入平安興盛的英雄。他確立了掃羅和大衛兩個國王，在以色列歷史中佔有重要地位。

故事中，以利的兒子從鍋裡面叉用作祭祀的肉，是很嚴重的一種褻瀆行為，直接挑戰上帝的權威；而且和婦人在神殿裡面鬼混，更令上帝不能容忍。所以上帝要降災禍給以利全家。這個故事給我們的啟示是，身為父母，一定要肩負起教育子女的責任，千萬不能放任、溺愛。

羅賓遜（1919年～1983年），英國新教神學家，聖公會主教，曾任劍橋大學克萊爾學院院長，主張上帝和世界密切相關，來代替傳統有神論。

全民皆痔：約櫃降下的災難

修女：天主教和東正教離家進入修會的女教徒，有時也指進入隱修院的隱修女。修女堅持三絕大願：絕色（不嫁）、絕財（不置私產）和絕意（不堅持私下意見，唯修會之命是從）。修女從事祈禱和傳教工作，在中國也被稱為姆姆。

約櫃是上帝神秘力量的象徵

全民皆痔：約櫃降下的災難

非利士人大敗以色列人後，搶走了約櫃，將以色列人的重鎮（相當於現在的首都）示羅夷為廢墟。撒母耳儘管足智多謀，但是大局已定，他回天無力。只好帶人撤退，保存實力。

非利士人將搶來的約櫃放置在亞實突城裡面的大袞神廟。亞實突人第二天一早發現，大袞神像臉部朝下，倒在約櫃旁邊。他們將神像扶正，並沒有多想。第二天一早，相同的事情再次發生，亞實突人有些害怕了。第三天一早，亞實突人發現大袞神像臉部朝下栽倒在地，雙手和頭部在門檻上折斷了。亞實突人看到大袞神像殘缺的肢體，驚恐萬分，他們匍匐在地，驚慌失措。

與此同時，亞實突人無論男女老少，都長了痔瘡，鼠疫也開始在城內流行。亞實突人這才明白，是上帝降罪給他們，於是找來非利士的頭領，懇請他們將約櫃轉移到別處。

非利士人將約櫃抬到了迦特城。時隔不久，迦特城內的男女老少，人人長了痔瘡，鼠疫在迦特城內開始流行。在迦特人的強烈要求下，約櫃被抬往以革倫城。早已風聞約櫃神跡的以革倫人，堅決反對約櫃入城：「你們將這害人的東西抬走吧！不要跨入我們城內半步。約櫃是以色列人的，還是歸還給他們吧！」

非利士人召集眾長老，商議如何處置約櫃。這時候，痔瘡和鼠疫已經造成大量非利士人死亡。非利士人懼怕約櫃的神力，決定將其送還給以色列人。

於是，非利士人招來能工巧匠，打造了一輛新牛車。他們恭恭敬敬將約櫃抬到車上，套上兩頭剛剛下過牛犢的母牛。為了表示賠罪和誠意，車上裝滿了非利士五個城市送來的禮品。其中的一個箱子裡面，裝著用黃金打造的五隻金老鼠、五個金痔瘡像。

可是，由誰充當使者，前往以色列人那裡送約櫃呢？這讓長老們大傷腦

筋，因為他們知道，地位低下的人，無法擔當如此重任；地位高的人，又害怕過去送死。經過幾番斟酌商議，想出了一個妙法。

第二天一大早，非利士人將兩頭母牛餵飽喝足，牽到野外，一直到達非利士人和以色列人的邊境。然後猛擊一鞭，兩頭母牛沿著以色列和非利士交界地大道，朝著以色列的領土奔去。這個無人駕馭的牛車，穿過兩地交界的伯示麥小鎮，在農田勞作的伯示麥人見狀紛紛歡呼。他們讓牛停住，從車上抬下約櫃，放到一個巨大的磐石上。他們將兩頭母牛宰殺，將車子劈開，做為燔祭獻給了上帝。

人們將約櫃運送到基列耶琳，放在亞比拿達家中，一直放了好多年。

大袞是非利士人最為崇拜的神，非利士人相信，大袞能使風調雨順，給他們帶來豐收。有人提出疑問：「為什麼非利士人崇拜約櫃（也就證明他們崇拜上帝），非但沒有帶來福祉，反而招致禍殃呢？」這是因為他們崇拜以大袞為首的多神，不願將上帝視為唯一的神來崇拜，不符合「十誡」中的規定。

以色列人之所以將約櫃存放在亞比拿達家中，而不放在示羅的會幕中（示羅儘管被摧毀，但是會幕等重要聖物還是能保全的），是因為祭司以利行惡，上帝對會幕產生了不信任。

畢塞爾（1918年生），德國天主教思想家、宗教哲學家。主要著作有《上帝死了》、《上帝問題的艱難之路》等。

第四編

君王統治

掃羅：以色列人的第一個國王

受膏是用香油抹在受膏者的頭上，使他接受某個職位的意思。在《舊約》裡的君王、祭司及先知，都是用橄欖油來抹在他們的頭上，使他們受膏接受神所給他們的職分。掃羅是《舊約》裡面第一個受膏者。

撒母耳用了二十年的時間，經過了艱苦戰爭，趕走了非利士人，收復了大量國土，帶領以色列人民走向了光復和振興的道路。

許多年過去了，年邁體衰的撒母耳開始考慮他的接班人選。他一度想讓他的兩個兒子接替他的士師職位，但是他的兩個兒子生性貪婪、道德敗壞，導致以色列人對撒母耳家族的信心大失。人民希望有一個賢明有道的國王，領導他們繼續為自由而戰。在人民的要求和上帝的曉諭下，撒母耳決定為以色列人物色一個國王。

在基比亞，有一個便雅憫人名叫掃羅。掃羅健美強壯，武藝超群。他身材高大，比一般人要高出一個頭，很有威懾力。

一天，他的父親遺失了幾隻驢子，讓他和僕人一起去尋找。一連幾天，掃羅和僕人都在外面尋訪，他怕父親擔心，打算回去。僕人說：「離這裡不遠的蘇弗，有一位先知，他的話都能應驗。我們既然出來了，為什麼不去請教他呢？」

掃羅一聽有理，和僕人趕往蘇弗城，在城外遇見一位打水的姑娘，掃羅問道：「聽說城裡面有一位先知，妳知道他住在什麼地方嗎？」

姑娘說道：「你們一直往前走，就會看見一個祭壇。正巧今天百姓們要獻祭，獻祭完畢後，第一個吃祭物的人，就是你們要找的先知。」

掃羅謝過姑娘，穿過城門向祭壇走去。一個老人迎面走來，來到掃羅面

前。這個老人就是撒母耳，他依照上帝的神諭，到蘇弗來物色以色列國王。撒母耳遠遠看見了掃羅，上帝對他說：「你看，前面的那個人，能治理我的人民。」

掃羅看到老人，恭敬地問道：「請問老人家，這個城裡住著一位先知，您知道他的住處嗎？」

撒母耳說：「我就是先知。今天是獻祭的日子，你在我前面，我們一起走向祭壇。你必將成為以色列人所仰慕的偉人。」

撒母耳在掃羅面前顯靈

掃羅聽了大吃一驚：「我只是一個很普通的便雅憫人，出身平凡，沒有地位，何德何能會被同胞們敬仰呢？」

撒母耳沒有過多解釋，他帶領掃羅一同走進客堂，將他請到貴賓席的首席，對廚子說：「之前我交給你一塊祭肉，讓你妥善放好。現在拿出來吧！」廚子拿出祭肉，請掃羅進食。

獻祭完畢後，撒母耳邀請掃羅一同走向屋頂，撒母耳傳授上帝的旨意，他們整整談了一晚。次日清早，掃羅啟程回家，撒母耳將掃羅送出城門，讓僕人走遠，將膏油塗在掃羅頭上，謂之受膏。撒母耳對掃羅私語道：「我給你預言幾件事，打消你的疑慮，增強你的信心。在你回家的路上，途經泄撒的一個墳墓邊，你將遇見兩個人，他們會告訴你遺失的驢子已經找到了，父親很擔心你，盼你早日回去；在他泊的橡樹林裡面，你會遇見三個人，分別帶著三隻羔羊、三個餅和一袋子酒，前往波利特去拜神。他們會向你請安，分兩個餅給你，你要接受；再往前走是神的山，你會遇見一幫先知，你和他們一同說唱跳舞，上帝會給你靈感。」

撒母耳的預言都靈驗了。掃羅在神的山上和先知們一起說唱的時候，鄉親們驚訝地說：「掃羅也在先知中嗎？」後來，這句話成了一句俗語，意思是幾天不見，某人突然發生了很大的變化，類似中國人的「士別三日當刮目相看。」

隨後，掃羅按照撒母耳的安排，在吉甲獻上了燔祭和平安祭。

掃羅被確立為國王的事情，只有少數人知道，接下來就要進行公告。撒母耳將百姓召集到米斯巴，說到：「你們希望有一個國王做領袖，上帝也應許了。現在我們選第一任國王。」各支派選出了代表，依次抽籤。按照抽籤結果，掃羅成為以色列人民的領袖。因此，以色列歷史上第一位國王誕生了。

掃羅是以色列歷史上第一位君王，他在位四十年，為人殘暴、生性多疑、政績平平。由於多次觸犯摩西法律，最終被上帝拋棄。《聖經》研究學者認為，上帝給以色列人設置這樣一個君王，目的是為了讓人們更加順服後來的大衛王。

撒母耳讓掃羅居於貴賓首席，請他吃存留的羊腿，是為了表示對掃羅的尊重。古人認為，前腿是最重要的祭祀品，要獻給最尊貴的賓客。

雖然上帝和撒母耳已經確定了國王人選，但還是召集人們來到米斯巴，舉行抽籤儀式。以公開的方式讓人們親眼目睹，國王選定是上帝的意旨。

君主政權弊端很多。面對人們要求設立國王的請求，撒母耳說：「君主政權可能引發下列惡果：苛捐雜稅、服苦徭役、強徵入伍、財產充公及剝奪自由。」但卻沒有引起以色列的重視。這些惡果在不久的所羅門統治時期就開始出現了。

艾貝林（1912年生），德國新教神學家，曾擔任馬丁路德著作出版委員會委員。是當代新解釋學神學的代表人物之一。著有《基督教信仰的本質》等。

撒母耳「彈劾」 國王掃羅

修士，和修女一樣，除了性別不同外，修女不嫁，而修士不娶，修士同樣堅持三絕大願；修道士，是離開父母、家庭到深山曠野隱遁修練的基督徒，遵從三絕大願。

掃羅即位後，帶領以色列人打了幾個大勝仗，在以色列人中樹立起了權威。但是，他屢次拂逆上帝的旨意，貪財專斷，惹惱了大祭司撒母耳。撒母耳起了「彈劾」國王掃羅的念頭。

當時，盤踞在西奈山和迦南地區的亞瑪力人，是以色列人的最大威脅。如果追溯到最遠時期，亞瑪力人和以色列人擁有同一個祖先，是雅各哥哥以掃的後代。但是，亞瑪力人全然不念這些情分，反而大肆對以色列人燒殺搶掠，無惡不作。

撒母耳對掃羅說道：「上帝曾經曉諭過我們：亞瑪力人怎樣對待我們，我們都沒有忘記。現在你要出兵打擊亞瑪力人，將他們的人口、牲畜全部殺滅，不能有絲毫憐惜之心。」

掃羅遵照撒母耳的旨意，帶領二十多萬大軍討伐亞瑪力人，大獲全勝。他們將亞瑪力人全部殺死。掃羅欽佩亞瑪力王亞甲的堅強不屈，生了惻隱之心，保全了他的性命；掃羅貪戀亞瑪力人的牛羊，所以違背了撒母耳「消滅全部牲畜」的命令，將肥壯的牛羊歸為己有。

上帝對掃羅的做法十分不滿，當夜對撒母耳說道：「我後悔立掃羅為王了，因為他不肯遵從我的命令。」撒母耳聽了也很生氣。一大清早起身來到掃羅大軍的駐紮地，掃羅出營地迎接，畢恭畢敬地向撒母耳彙報：「我按照上帝的命令行事了，願上帝賜福給您。」

掃羅是以色列歷史上第一位君王

「是嗎?」撒母耳反問了一聲,銳利的目光盯著掃羅的眼睛。掃羅感到自己的心被這個年邁卻十分睿智的老人看透了,忍不住打了一個冷顫。這時候撒母耳問:「我好像聽到了牛羊的叫聲。大軍之中,怎麼會有牲畜呢?」

掃羅見事情敗露,急忙辯解:「這些肥壯的牛羊殺了可惜,我帶牠們回來,原本是要獻給上帝和您的。」

撒母耳說道:「昨晚上帝已經曉諭我了,祂後悔立你為王,因為你不遵從祂的命令。」

掃羅貪戀國王之位,對上帝的曉諭誠惶誠恐。他趕緊承認自己的罪過:「我知道我犯下了罪過,請您和上帝饒恕我。現在請您進入大營,一同敬拜全能的上帝。」

撒母耳意欲拂袖而去,大祭司路過大營而不進去,掃羅必將在人民心中失

去神聖的光環。所以，掃羅拉住撒母耳的衣襟，苦苦哀求他到大營中去，把衣服都扯壞了：「我有罪，請您看在上帝的面子上，到大營中走一趟，在會眾面前抬舉我。」

撒母耳沒有辦法，只好和掃羅進入大營，敬拜上帝。然後吩咐士兵，將亞瑪力王亞甲帶了上來。撒母耳歷數亞瑪力人的暴行後，命人在上帝的神壇面前將其處死。

撒母耳離開大營之後不久，回到了拉瑪瑣非，秘密物色下一位國王的人選，到死也沒有和掃羅再見一面。

在上帝眼裡，亞瑪力人是罪惡的，需要全部滅絕。上帝不願意祂的子民擁有任何和亞瑪力人有關的東西。上帝這種做法，是為了體現自己的權威，讓所有人看到，凡是輕蔑上帝的人，下場是多麼悲慘。但是，貪婪的掃羅違背了上帝的曉諭，將亞甲和牛羊帶了回來，這怎能不讓上帝震怒呢？

讓掃羅王位不保的，不是上帝，也不是撒母耳，而是他自己。他原本貪婪亞瑪力人肥壯的牛羊，卻聲稱是拿來獻給上帝的。面對自己的錯誤，他還一度辯解，頑固不化，失去了最後一絲改過的機會。用假公義的外衣遮掩野心的行為必將會暴露的。

費正清（1907年～1991年），哈佛大學終身教授，研究中國基督教歷史的專家，著名歷史學家，美國最負盛名的中國問題觀察家，美國中國近代史研究領域的泰斗，「頭號中國通」，哈佛東亞研究中心創始人。主編過《基督教在中國》、《在華傳教事業與美國》等。

猛虎在畔：掃羅身邊的小琴師

修道院，是天主教培訓神父的學院，分為預科班、小修院和大修院。小修院三年制，大修院六年制。

撒母耳要彈劾以色列的首位國王掃羅，他四處散佈上帝的曉諭，為選立新國王製造輿論。但是撒母耳忌憚掃羅軍權在握，不敢公開行事。

一天夜裡，上帝對撒母耳說道：「我在伯利恆的耶西那裡，給你預定了一個新國王。明天你提著膏油去吧！」

撒母耳說出了自己的顧慮：「要是被掃羅知道了，掃羅會不會殺死我呢？」上帝說道：「你帶著一隻犢，說是給我獻祭的，掃羅就不會疑心了。」

第二天，撒母耳來到伯利恆，見到了那裡的長老。長老們風聞撒母耳正在物色新國王人選，他們忌憚掃羅，又不敢得罪大祭司，左右為難。撒母耳看穿了他們的心思，說道：「我是來給上帝獻祭的，請你們沐浴更衣來吃祭肉。」

耶西全家也來吃祭肉，他一共八個兒子。撒母耳第一眼看中了耶西的大兒子以利押，暗自思忖：「這個英俊瀟灑的小伙子，一定是上帝的受膏者。」他剛要起身和以利押打招呼，上帝對他說道：「看一個人，要注重內心，不能只看外表。」

撒母耳知道上帝中意的人不是以利押，於是讓耶西的兒子都來到他面前一一看過。這時候，耶西最小的兒子放羊回來，遠遠走來。他雙目清秀，長相俊美，神采飛揚。上帝見了，對撒母耳說道：「我中意的受膏者來了，就是他。」

撒母耳不敢聲張，宴席結束後，眾人都離開了，只留下耶西和他最小的兒

彈琴的大衛

子。撒母耳將上帝的旨意告訴了他們父子，耶西和兒子誠惶誠恐，跪拜感激全能的上帝。撒母耳將膏油取出來，塗抹在孩子頭上。繼承王位的儀式就這樣簡單而又隱秘地完成了。這個孩子就是以色列人的第二任國王——大衛。

身在軍營中的掃羅，得知撒母耳四處物色新國王人選。這個話題也被軍營的士兵議論紛紛。掃羅的權威受到了質疑。他苦悶異常，寢食難安。掃羅心腹見狀說道：「一定是惡魔依附在你身上做惡。優美的音樂可以驅逐惡魔，我聽說伯利恆有個牧羊少年，善於彈琴，是否把他請來呢？」

　　得到掃羅的應允後，使者攜帶一隻羔羊和一袋美酒前往伯利恆，請來了小琴師。每當掃羅心情煩躁的時候，小琴師彈上一首曲子，掃羅即刻心清氣爽，忘記了煩惱。

　　這個小琴師就是被秘密受膏的大衛。掃羅萬萬沒有想到，在他身旁的，竟然是一隻窺探他王位的猛虎。

　　大衛，是「蒙愛者」的意思。他是以色列的第二任國王，也是以色列統一後的第一任國王。大衛在位四十年，立耶路撒冷為首都，南征北戰，東討西伐，建立起了一個強大的帝國。大衛不僅是一名出色的領袖，也是一位優秀的音樂家，《聖經》紀錄了他的好多詩篇。

　　上帝安排大衛到掃羅身邊是有目的的。第一，是為了讓他學習鍛鍊；第二，是讓大衛的品格影響掃羅身邊的人，為日後公開立王打下基礎。

　　在故事中，上帝警告撒母耳「不要以貌取人」，具有警示意義：有些人的外表儘管毫不出眾，但很可能具有雄才大略。以貌取人，極可能埋沒真正有潛質的人才。

達尼羅（1905年～1974年）法國天主教神學家，早年加入耶穌會，在第二次梵蒂岡公會議期間成為著名的公會議神學家。

卵石擊猛士：小牧童首戰告捷

禮拜是基督新教的主要宗教活動，主要包括祈禱、讀經、唱詩和講道等內容。禮拜日的由來是信徒認為基督是星期天復活的，所以以將星期天稱為「主的日子」，並在該日舉行禮拜。有時候也在其他日子舉行。

非利士人屢遭以色列人重創，意圖東山再起。他們糾集大軍，在弗大憫安營紮寨，和以色列大軍對壘。

非利士人這次請了一個巨人幫他們助陣。這名巨人是迦特人，名叫哥利亞。他身高三公尺多，身披鐵甲，頭戴銅盔，身上的胄甲重達五十多公斤。他腿上有銅護膝，兩個肩上插著投擲用的戟，戟桿粗大，就像織布機的機軸。他手持一支大鐵槍，槍頭重達八公斤。

哥利亞天天在陣前叫罵，以色列人見這個巨人比他們身材最高、最魁梧的國王掃羅還要高出很多，心裡害怕，不敢迎戰。哥利亞連續罵陣四十天，以色列人躲在營中，忍氣吞聲。雙方軍隊呈現對峙狀態。掃羅王許下重賞：誰能屠殺哥利亞，除了重賞金銀外，還將女兒嫁他為妻，免去他父親全家的稅賦。

大衛在掃羅身邊侍奉，因為掃羅出征，他被掃羅暫時遣回幫父親放羊。大衛三個哥哥在掃羅軍中服役，耶西惦念陣前的孩子，囑咐大衛去看望哥哥，讓他們給家裡寫封信報個平安。

大衛動身前往軍營，正巧看見哥利亞在陣前叫罵。他找到哥哥，向他們請安，轉達了父親的擔憂。然後問旁邊的士兵：「這個人是誰呢？怎麼敢向上帝的軍隊叫罵呢？」一個以色列士兵對大衛說：「看見了嗎？那個罵陣的人就是非利士人的一張王牌。他這樣天天出來罵陣已經有四十天了。國王有令，誰能殺了他，就賞給誰大筆財富，把自己的女兒嫁給他，還要免除他父家的三年賦

稅和差役。」

　　大衛看著哥利亞張狂的樣子，自告奮勇要去屠殺哥利亞。掃羅王聽了，召見大衛說道：「你怎麼是他的對手呢？你還是個孩子，而他是一個訓練有素的猛士。」

　　大衛說：「前幾年，我幫父親放羊的時候，來了一隻獅子，銜走了一隻羔羊。我追上去，將獅子打死，救出了羔羊；羊群中還來過一隻黑熊，要吃掉我，我赤手空拳打死了黑熊。這個非利士人向上帝的軍隊叫罵，和獅子、黑熊無異，請允許我前去將他屠殺。」

　　掃羅見大衛如此神勇，祝福道：「你去吧！願上帝和你同在！」他命令軍兵取出最好的盔甲，讓大衛穿上。大衛覺得這樣的穿戴行動不自由，脫了盔甲，穿上牧羊衣，腰挎牧羊用的彈弓，從路邊挑選了幾顆光滑的鵝卵石，走到哥利亞面前。哥利亞看著面前這個衣衫不整、身材弱小的挑戰者，認為是以色列人故意蔑視和侮辱他：「不知死活的以色列人，看我將你撕

大衛戰勝哥利亞

碎，讓空中的飛鳥、地上的走獸吃你的肉！」

大衛說：「今天我不用刀槍殺死你，還要砍下你的頭。」

怒火中燒的哥利亞，抬腿挺槍向大衛衝來，大衛掏出鵝卵石，拉開彈弓，鵝卵石呼嘯著飛了出去，啪的一聲巨響，打在哥利亞的前額，石頭卡在腦部，這個巨人撲地而死。大衛從以色列士兵身上抽出一把鋼刀，將哥利亞腦袋砍下。非利士人見狀，四下逃竄。

大衛首戰告捷，從一個不為人知的琴師牧童，一夜之間成了萬人傳頌的大英雄。

《聖經》研究專家認為，兩軍之所以對壘四十天，誰也不主動出擊，是因為兩軍軍營都在山頂上，中間是大峽谷。無論哪一方衝下山去，再攀援峭壁攻擊對方的軍營，都會損兵折將，變成更大的劣勢。所以雙方按兵不動，等待對方出擊。

大衛的勝利源於上帝的幫助，大敗猛士哥利亞，使大衛盛名遠播，為他今後公開即位奠定了堅實基礎。

何進善（1817年～1871年），字福堂，中國基督教第二位牧師，廣東省南海人。小時候就跟隨父親在麻六甲居住，後來到英國倫敦會創立的學校就讀，並加入基督教。1843年他來到香港從事傳教工作。1846年何進善被立為牧師，成為梁發之後獲得這一資格的第二位中國人。

「掃羅也在先知中嗎？」

祈禱也稱為禱告，是宗教儀式之一，基督徒向上帝和耶穌基督的呼求、感謝和讚美等等。其他教派的祈禱是教徒以讚美、感激、稟告、懇求等方式，向他們所信仰的神、天、地等進行禱告，祈福免災。

大衛屠殺猛士哥利亞的事跡被以色列人廣為傳頌，大衛也因此受到了掃羅的重用，被任命為戰士長。掃羅的長子約拿單敬仰大衛的才幹，和大衛結為至交，愛大衛勝過自己的生命。

之後的一段日子，大衛隨從掃羅在前線追殺非利士人。當大衛跟隨掃羅凱旋歸來時，以色列各城的婦女們身穿盛裝，敲鑼打鼓，載歌載舞迎接掃羅王。她們唱著自編的歌謠：

掃羅殺敵千千

大衛殺敵萬萬

掃羅聽了很不高興，認為大衛的盛名蓋過了自己。從此以後，掃羅對大衛日益疏遠，開始仇視大衛。他認為大衛一定和撒母耳暗中勾結，想伺機奪取他的王位。為此，他變得狐疑、暴怒，認為他身邊的人、所有以色列人都心向大衛。有一天，掃羅又變得神經異常，自言自語。大衛像往常一樣，給掃羅彈琴解憂，沒想到掃羅拿起身邊的一支長槍，狠狠向大衛投擲過去。大衛躲過，長槍刺在牆壁上。

大衛凱旋

掃羅見刀槍殺不了大衛，就設下一個

借刀殺人的陰謀。大衛殺掉猛士哥利亞後，掃羅應允將大女兒嫁給大衛。確定好婚禮日期後，掃羅卻將大女兒嫁給了何拉人亞得為妻，意圖讓大衛和亞得爭鬥，自己坐收漁利。沒想到大衛說道：「我出身於卑微的家庭，哪裡有資格做國王的女婿呢？」

掃羅一計不成又生一計，他得知二女兒米甲和大衛互相愛慕，心想：「我將二女兒嫁給大衛，伺機殺死他。」於是，掃羅派人給大衛提親，大衛害怕其中有詐，婉言推辭道：「我沒有財產，根本配不上公主，請大王收回成命！」掃羅表示，他不會收取大衛任何聘禮，只要一百個非利士人的面皮，以此羞辱、報復非利士人。

大衛知道，掃羅是想借非利士人的手殺死他。可是讓掃羅萬萬沒有想到的是，第二天天還沒黑，大衛就獻上了一百個非利士人的面皮。

在那之後，掃羅多次密謀殺害大衛。約拿單都冒著被父親重罰的風險，給大衛報信，大衛躲過了一次次劫難。

當大衛和米甲成親後，兩個人相親相愛，但掃羅對大衛的嫉恨卻日益增加。一天，大衛給掃羅彈琴解憂，掃羅突然拿起身邊長槍，向大衛猛刺。這下大衛徹底明白，掃羅是鐵了心要將自己置於死地了。他逃出王宮回到家裡，對妻子說：「我們快逃吧！妳父親鐵了心要殺死我！」

米甲深明大義：「你一個人趕快逃走吧！我們全家出逃，行動不便，容易被發現。我畢竟是他的親生女兒，留在這裡不會有危險。」大衛覺得妻子言之有理，在妻子的掩護下，從掃羅安排的密探監視中逃了出去。當天夜裡，掃羅派人來抓大衛，米甲向父親哭訴：「他威脅要殺死我，所以我將他放走了。」掃羅心知肚明，卻又不好和女兒動手。

大衛一路逃到拉瑪，見到了撒母耳，撒母耳為了安全起見，將大衛帶到拿

約，但還是走漏了風聲，被掃羅知道了。掃羅親自帶人捉拿大衛，撒母耳為了掩護大衛，帶領一幫先知，在掃羅面前唸唸有詞，手舞足蹈。先知們的靈語讓掃羅忘了自我，不由自主也開始手舞足蹈，越來越瘋狂。他脫掉衣服，在地上裸身躺臥了一天一夜。人們見到這個情形，又想起之前說的那句話：「掃羅也在先知中嗎？」

「掃羅也在先知中嗎？」代表了掃羅身為一個國王的沉浮。掃羅被撒母耳最初受膏，在神的山上和先知們一起說唱；幾十年過去了，相同的一幕又發生了。可是相同的情形卻是不一樣的境遇：掃羅的王位已經岌岌可危了。

大衛和約拿單的友誼是《聖經》故事中最為動人的一例。約拿單的品格，在和大衛的友誼中鮮明體現了出來。第一，他不懼風險，為了保全大衛向他透露父王欲殺害他的機密；第二，按照慣例，長子應該繼承王位。但是約拿單明明知道大衛是新國王的人選，依然拋卻個人恩怨，維護和大衛的友誼。這樣的友誼是建立在對上帝信心的基礎上的。

此時的大衛處在人生上升的階段，建功立業，盛名遠播，受到所有以色列人的讚美。但是他謙虛、忍讓、不驕不躁，並沒有覺得自己很了不起。這給我們的啟示是：當你是一個普通人的時候，可能比較謙虛低調，一旦在某個領域做出了成績、出了名，面對別人的讚美，你應當怎樣對待呢？

余日章（1882年～1936年），湖北人。1908年在美國獲得碩士學位，1913年擔任中國基督教青年會全國組合演講部主任。1917年擔任「中華續行委辦會」副會長。1918年～1930年擔任中華基督教青年會全國協會總幹事，是20世紀前期中國基督教界有影響力的人物。

射向磐石的利箭

阿門是真誠的意思，基督教儀式中常用的結束語，表示希望所有一切祈禱，唯願如此，得到滿足。

大衛出逃之後，還對掃羅抱有幻想，希望有一天能得到他的諒解，回到他身邊。

約拿單安慰大衛

這一天，他逃亡到了最好朋友約拿單的駐防地，滿懷疑慮地詢問約拿單：「知父莫如其子，你知道你父親為什麼三番兩次要置我於死地嗎？我究竟做錯了什麼，犯了什麼不可饒恕的罪呢？」

約拿單安慰大衛：「事已至此，也就不要多想了。我有什麼可以幫助你的嗎？」

大衛言道：「我不甘心這樣逃亡，還希望回到國王身邊侍奉他。你幫我探探國王的口風吧！我想瞭解他的真正意圖。明天是初一，所有大臣都要參加國王的宴會，但我是無法出席了。國王要是問到我，你就替我回答，說我回伯利恆老家獻年祭了。如果他聽了心平氣和，顯示我還有可能回到他身邊；如果他發怒，就是下決心要趕盡殺絕了。你一定要幫我，將你父親的態度告訴我。」

約拿單對著大衛發誓：「我一定會將我父親的意思探明，即時告知你。請你也發誓，假如你登上王位，要厚待我；我死後，也要恩惠我的後代。」

大衛應許了約拿單的請求，和他訂立了和約。兩人約定了告之的地點和方式：初三晚上，大衛在約拿單花園的靶場附近藏身。靶場有一塊磐石，約拿單要箭射磐石。如果他吩咐童子「箭在後面，你撿回來」，表示掃羅原諒了大衛，大衛可以返回宮內了；如果他吩咐童子「箭在前面」，表示掃羅鐵了心要殺大衛。

在第二天的宴會上，掃羅看著大衛的位置空著，果然問起了侍立在身邊的約拿單：「大衛因何缺席了呢？」

約拿單回稟父王：「大衛回老家伯利恆了。」掃羅果然勃然大怒。約拿單心裡明白，父親和大衛之間，是沒有和解的可能了。於是，他按照預定的方式告之了大衛。大衛這次徹底死心，他顛沛流離，一直逃到耶路撒冷西南二十五公里之外的亞杜蘭洞，將全家老小接了過來。

在逃亡過程中，大衛得到了祭司亞希米勒的幫助。亞希米勒是當時著名的祭司，也是撒母耳前任士師的長孫。掃羅得知此事，更加確信祭司階層和大衛結黨，要顛覆他的王位。他宣亞希米勒全家進宮，沒有給他們申辯的機會，下令侍衛將這些人全部處死。侍衛對祭司身懷敬畏，害怕沾染祭司鮮血，集體抗拒掃羅的命令。掃羅只好指派猛將多益殺了亞希米勒全家，又將祭司城的人全部殺死，只有亞希米勒的兒子亞比亞他逃了出來，做了大衛的忠實助手。

大衛在亞杜蘭洞避難的消息很快傳開了，那些窘迫的、欠債的、心裡苦惱的人前來投奔他。一時間，大衛手下聚集了四百多人，開始了佔山為王的草寇生涯。

射在磐石上的利箭表示大衛永遠也不可能得到掃羅的原諒。從另一種意義上說，掃羅也斷絕了自己的後路，因為他越是逼迫大衛，自己的王位越是動搖。

掃羅命令多益屠殺祭司城內的人民，表示他無論從精神上，還是從行動上，徹底和祭司階層分裂了。他背叛上帝的道路也越走越遠。

大衛佔山為王是很好的一種歷練。那些前來投奔的人，比如欠債的、內心苦惱的、窘迫的等等，都是很難馴服的無業流民。沒有很好的謀略和領導才能，是很難將這些人統領在一起形成隊伍的。大衛統領這些人，鍛鍊了他的駕御能力、領導能力。磨難和經歷就是財富，這一真理在大衛身上得到了驗證。

吳耀祖（1893年～1979年），中國基督教青年會主要領導人和中國基督教三自愛國運動領袖之一。出生於廣東省的一個基督教家庭，1917年一次偶然的機會使他接觸到《聖經》，開始信仰基督教，1918年受洗入教。他著述豐富，主要包括《社會福音》、《黑暗與光明》、《科學的宗教觀》等。

尖刀下的衣襟：
大衛的寬容之心

讚美詩，基督教舉行崇拜儀式時所唱的讚美上帝的詩歌。歌詞內容主要
是對上帝的稱頌、感謝、祈求。現在多數讚美詩都有可供四部合唱的高
音、中音、次中音、低音曲調，但早期的讚美詩無和聲、無伴奏。

大衛帶領的人馬日漸壯大，由最初的四百人發展到了六百人。他們搶奪非
利士人的財物為生，從來不騷擾以色列人。

掃羅聽聞大衛組建了自己的部隊，更是惶恐惱怒，多次派出大軍剿滅，但
總找不到大衛的藏身之處。有一次，掃羅得到確切消息，大衛的人馬就駐紮在
隱基底的曠野中。掃羅大喜，興兵隱基底。富有戰鬥經驗的大衛，採取了靈活
的游擊戰。他讓部隊化整為零，和官軍周旋。官軍看得見大衛軍隊的影子，聽
得見他們的聲音，卻總是抓不住他們，一連幾天，疲憊不堪。

一天，掃羅行軍途中突然內急，到路邊的一個山洞大便。山洞漆黑，正巧
大衛帶人在山洞躲藏。掃羅蹲下身，寬大的袍子垂在大衛身邊的地上。大衛小
心翼翼拔出利刃，割下了掃羅袍子一角，掃羅對此一無所知。

看著掃羅大便完畢走出山洞，大衛的手下埋怨大衛：「上帝將你的仇敵交
給你了，你怎麼將他放走了呢？」

大衛說道：「掃羅王是上帝的受膏者，我怎敢傷害他的性命呢？」

大衛一行走出山洞，揚著手中的衣襟，對著前面不遠的掃羅大聲喊道：
「你聽信了誰的讒言，非要置我於死地呢？今天上帝親手將你交給我了，我割
下了你的衣襟，卻沒有傷害你。你現在應該明白，我是絕對沒有背叛之意了。
上帝作證，你我之間必定有一個是非曲直，為我洗清冤屈。」

掃羅此刻被大衛的寬容和磊落打動了。他羞愧萬分地老淚縱橫：「我兒大衛，是你的聲音嗎？你比我磊落多了，你善待我，而我卻一而再、再而三地欲置你於死地。上帝將我交付給你，你卻沒有殺我。一個人如果遇見他的仇敵，怎麼可能輕易放他平安回去呢？只有你，寬容、磊落、公義的大衛！我知道你必定會成為以色列人的國王，以色列國家也必定在你的手中強大。我只有一個請求，請你保全我的後裔，不要消滅他們！」

大衛對上帝發誓，絕對不會滅絕掃羅的後裔。然後掃羅苦苦邀請大衛和他一起回宮，大衛為了免於背負「一國二主」的猜疑，婉拒了掃羅的邀請。就這樣，兩人之間的仇恨冰消瓦解，掃羅的大軍班師回朝，大衛的人馬依然駐紮在山寨。

時隔不久，撒母耳病逝。以色列人舉國哀悼，將他安葬在拉瑪。

大衛之所以不殺掃羅，一方面是自己的寬容品格，更重要的對上帝的敬仰和信心。他相信全能的上帝必定能在他和掃羅之間，有一個公正的審判。

大衛的隨從勸大衛殺死掃羅，盡早登基為王。但是大衛不肯使用這種手段，並非因為他膽怯，反而顯示了他的勇敢和自信。他有信心去面對在世的掃羅，一步一步走向自己王位的寶座。

這個故事帶給我們的啟示是：在實現目標的過程中，手段同樣重要，要符合道德法律規範，不要放棄了應有的道德標準。

吳雷川（1870年～1944年），本名吳震春，中國近代著名的教育家和中國基督教激進思想家，中國本色神學的開拓者之一。他是清朝末年著名的文人，曾經獲得科舉考試的最高功名。

女巫的預言

唱詩班專指基督教在教堂內舉行崇拜儀式時唱聖歌的合唱隊。唱詩班合唱的時候，通常站（或坐）在規定的位置上，身穿規定的禮服，分為男女高低音四部曲。唱詩班大多由教會熱心的信眾組成，主要是負責教會禮拜日的崇拜唱詩及帶領敬拜。唱詩班可以說在教會有舉足輕重的地位，往往是教會直接領導的一個義工團體。

撒母耳去世不久，非利士人大舉進犯以色列人。此時此刻，文沒有撒母耳出謀劃策，武沒有大衛衝鋒陷陣，面對大兵壓境，掃羅手忙腳亂。

他帶領大軍來到前線，和非利士人對峙。一大早，掃羅走出大帳，遠望非利士大營，只見營房一個連著一個，鋪天蓋地，旌旗林立，迎風招展。掃羅越看心裡越是煩亂，轉身回到大營，祈求上帝助他一臂之力，上帝對他置之不理。想預測戰局，軍中沒有祭司和先知，他命令下屬去尋找一位巫師。

下屬尋訪到軍營附近的隱多珥住著一位女巫，掃羅改了裝束穿上便衣，帶著隨從去見女巫，說道：「我希望和死去的祭司撒母耳對話，請妳把他召上來。」

女巫知道掃羅為人殘暴，痛恨祭司、先知和巫師這類人，對他的請求誠惶誠恐：「尊敬的陛下，我的法術不會招致您的不滿吧！」

掃羅發誓說：「我對全能的上帝發誓，絕對不懲罰妳。」

女巫開始做法，突然間神情大變。掃羅急忙問道：「妳看見撒母耳了嗎？」

女巫說道：「我看見他從地下走上來了，他身穿長衣，身材枯瘦，長著很

長的白鬍鬚。他威風凜凜，氣概不凡。」

掃羅說道：「沒錯，就是他。」這時候女巫的音調突然變成了撒母耳的音調：「你生前嫉恨我，死後還打擾我。你召我上來有什麼事呢？」掃羅王趕緊跪在女巫面前：「非利士兵臨城下，我十分著急。上帝不理我了，請老先知給我指示，我該怎麼辦呢？」

依附在女巫身上的撒母耳說道：「上帝離開了你，是因為你罪惡太多，必將受到懲罰。在明天的交戰中，上帝會將你和以色列人交給非利士人，你的孩子們也將戰死沙場！」

掃羅聽聞此言，驚懼地跌倒在地。這時候撒母耳從女巫身上離開了，女巫勸慰驚恐的掃羅王說：「婢女聽從了您的命令，沒想到是這樣一個預言。請陛下賞臉，吃點東西，好有力氣趕路。」

掃羅王毫無食慾，在隨從和女巫的一再勸說下，勉強吃了點無酵餅和牛肉，當夜返回營中。

掃羅找到女巫

整整一夜，掃羅思前想後，悔恨萬分。第二天開戰，掃羅的三個兒子果然全部戰死了。掃羅身中數箭，從馬上跌落下來，請求隨從殺死他，免受非利士人的凌辱。隨從不敢下手，掃羅無奈之下，拔劍自刎。隨從見狀，也紛紛自刎而死。

非利士人將掃羅父子軍裝剝淨，頭顱砍下，帶著頭顱到各個城鎮遊街示眾。掃羅的屍體被非利士人釘在伯珊的城牆上，後來被以色列人偷走安葬。

掃羅王一死，平原上所有的以色列人都棄城而逃。非利士人不費吹灰之力佔領了以色列全境。

掃羅原本嚴屬禁止以色列人和巫師、法師結交。但是在危難之際，他還是向巫師求助。這說明在他心中，始終存在交鬼（求問死人）的罪。

這給我們的啟示是：外表和行為雖然合法了，但內心也要做到真正的清淨、自然。如果內心充滿罪惡，很容易將自己的行為引向歧途。

馬相伯（1840年～1939年），中國教育家、愛國人士，祖籍江蘇丹陽，1840年4月17日生於丹徒（今鎮江），襁褓中即受天主教洗禮，洗名若瑟，亦作若石。1870年獲神學博士銜，加入耶穌會，授司鐸神職。

以色列人的南北戰爭

告解，天主教、東正教的一種宗教儀式，信徒在神職人員面前懺悔自己的罪過，以求得上帝寬恕，並得到神職人員的信仰輔導。中國天主教俗稱辦神工。

掃羅死後，以色列人群龍無首。在上帝的曉諭下，大衛在猶太人的商業繁華之地希伯倫做了國王。而掃羅元帥尼珥的兒子押尼珥，則在瑪哈念擁立掃羅的兒子伊施波設為王，佔據了猶太領地之外大部分地區。伊施波設能力平庸，性格懦弱，大權被元帥押尼珥獨攬，成了傀儡國王。這樣，以色列就形成了南北分立的局面。

押尼珥對猶太領地虎視眈眈，企圖將其吞滅；而大衛王更是雄才大略，以統一以色列民族，建立一個統一、強大的帝國為己任。在互不妥協的情況下，以色列人的南北戰爭是不可避免的。

終於，水池邊的爭執吵鬧，成了戰爭的導火線。那天，猶太元帥約押和押尼珥在基遍的一個水池旁相遇。雙方開始挑釁，誰也不服氣。雙方商定，各自挑出十二名勇士對決，一決勝負。約押挑選的十二名勇士和押尼珥挑選的十二名勇士展開了一場生死搏鬥。他們一對一糾纏在一起，各自撕扯住對方的頭髮，騰出手拔出腰刀，朝著對方的肋骨捅去。就這樣，二十四名勇士血流滿地，同歸於盡。

大規模的戰鬥就這樣拉開了序幕。雙方各自派人求援，援兵紛紛趕到，經過激烈奮戰，押尼珥漸漸不支，落了下風，帶領軍隊且戰且退。約押的弟弟亞撒黑是一員猛將，他身強力壯，快步如飛，能徒步追趕野鹿。看到押尼珥意欲逃跑，亞撒黑飛身追了上去，要生擒押尼珥。押尼珥見狀，說道：「你要是為了戰功，左轉或者右轉，隨便擒拿我的一個士兵，剝去他的衣服就行了。你如

此逼我是何苦呢？」亞撒黑以為押尼珥心虛討饒，更是不肯放過。押尼珥又說道：「你還是別追我了，難道非得逼我殺你嗎？如果殺了你，我有何顏面見你哥哥呢？」亞撒黑不聽勸告繼續追趕，押尼珥回身一槍，將亞撒黑肚子穿透，

以色列地區風光

亞撒黑當場死亡。

約押見弟弟被殺，和另一個弟弟亞比篩奮力追趕押尼珥，意圖報仇雪恨。他們將押尼珥一直追趕到基遍的曠野，天色暗了下來，不敢再追，只好帶著弟弟亞撒黑的屍體回到希伯倫，安葬在父親的墳墓裡。

這一仗打下來，雙方清點人數，押尼珥損傷了三百六十人，約押死傷了二十人。

就這樣，以色列的南北戰爭一直持續了數年。直到北以色列發生內亂，大衛才藉機將以色列南北統一。

上帝曉諭大衛到希伯倫稱王，是有目的的。第一，希伯倫是猶太境內最為繁盛的城鎮，規模最大，防禦最為堅固，容易抵擋仇敵的進攻；第二，位於猶太境內中央位置，交通便利，一旦發生戰爭，可以保障物資的供應。

故事中，押尼珥勸告亞撒黑不要追趕他，但亞撒黑堅持不放棄。他的固執，不僅喪失了生命，也使雙方仇恨加深。這給我們的啟示是：我們做任何事情，都要權衡利弊。如果是有價值的事情，始終堅持是值得提倡的；如果單單為了個人榮辱和利益，過於堅持就是固執，要懂得放棄，捨得放棄。

李問漁（1840年～1911年），清末天主教學者，1862年進入耶穌會，同治11年升任神父，曾任震旦學院院長、南洋公學教師。譯著有《福音書》、《新經譯文》、《宗徒大事錄》和《理窟》等。

伊施波設王朝的宮廷內亂

按照教會慣例，婚配是東正教、天主教的聖事之一。參加婚配的雙方應信仰天主教，在教堂內由神父主禮，神父詢問男女雙方是否願意結為夫妻，得到肯定回答後，主禮人宣佈經文。婚配聖事後的男女結婚後，終身不能離婚。

由於伊施波設國王懦弱無能，實權在握的押尼珥根本不把他放在心上。他獨斷專權，飛揚跋扈。掃羅在世的時候，有一個妃子利斯巴，美貌無比，押尼珥一直垂涎於利斯巴的美色。掃羅去世不久，押尼珥公然將利斯巴據為己有。

押尼珥的行為，對伊施波設來說無異是最大的侮辱。因為按照以色列法律，只有王位繼承人才有資格和先王的妃子同床。伊施波設質問押尼珥道：「你怎麼可以和我父親的嬪妃同房呢？」看到平時小心翼翼的伊施波設竟然用這樣的口氣和自己說話，押尼珥勃然大怒：「我和父親輔佐你們君王兩代人，盡心盡力，立下赫赫戰功。你非但不獎賞我們，反倒為了一個嬪妃這樣質問我。願上帝懲罰我吧！因為我沒有按照祢的旨意，擁護大衛稱王！」

伊施波設聽出了押尼珥的言外之意，嚇得渾身哆嗦，不敢再多說一句話。押尼珥在得意之際，覺得像這樣一個懦弱無能的國王，怎麼能統治好一個國家呢？遲早會被大衛所滅。押尼珥派人和大衛暗中私通：「只要你保全我全家族的性命和財產，和我立約，我必定幫你兵不血刃統一以色列，讓以色列人都拜你為王。」

大衛自從逃避掃羅追殺起，一直沒見過愛妻米甲一面。這幾年來，大衛對米甲時時思念。見押尼珥願意歸順於他，對押尼珥說道：「我同意和你立約。但是你必須幫我找到我的妻子米甲。」

大衛雕像

　　大衛出逃後，米甲的父親掃羅將米甲改嫁。押尼珥派人找到米甲下落，重金贖回。以色列長老看到大衛賢明正直，而自己的國王伊施波設昏聵無能，早有歸屬之意。於是，押尼珥毫不費力，輕易與眾長老達成共識。押尼珥挑選良辰吉日，帶著米甲和二十名長老，商議和談事宜。大衛見到自己的愛妻，十分歡喜。他設宴款待眾位客人，商議了王位交接的具體細節。隨後，押尼珥動身返回。

　　押尼珥剛剛離開希伯倫，約押就從前線回來了。聽聞押尼珥帶使者前來求

和立約，約押對大衛進諫：「押尼珥和談是虛，探訪我們的情報是實，您怎麼能輕易放他走呢？」

大衛沒有做聲。約押從王宮出來後，自作主張派人追趕押尼珥，將他帶了回來。約押裝作親密的樣子，帶著押尼珥走到城門洞，突然拔刀將其殺死。大衛聽聞此訊，十分惱怒，也十分悲痛，守在押尼珥的靈柩前痛哭不已。他禁食一日，命約押全家身穿喪服，為押尼珥送葬。

押尼珥死亡的消息傳入了以色列，人心大為恐慌。在伊施波設宮內，有兩個軍長，意圖殺死伊施波設來取悅大衛。這一天中午，天氣炎熱，伊施波設在王宮午睡，宮門打開，無人看守，兩名軍長謊稱有事稟報，騙過宮外守衛進入宮內，環顧無人，手起刀落將國王殺死，砍下了頭顱，用布包著帶出王宮。

兩人拿著國王的首級，不敢停留，星夜趕路來到希伯倫，敬獻給了大衛，說道：「我們忠心順服偉大的大衛王，將仇敵的頭顱獻上。他的父親掃羅，曾經無端加害過您，我們算是給您報仇雪恨了。」

大衛看著伊施波設血肉模糊的腦袋，對著兩個軍長高聲痛罵：「像你們這樣殘忍的奴才，竟然親手殺害自己的國王，實在罪大惡極！」大衛下令將兩人處死；隨後將伊施波設的首級安葬。

押尼珥的求和，以及軍長的宮廷叛亂，加速了北以色列的瓦解。在伊施波設死後四年零六個月，以色列各個支派的長老一致推舉大衛為王。在大衛三十多歲的時候，正式成為以色列國王。他在位33年，將非利士人徹底征服，建立了強大的以色列王國。

約押自作主張殺死前來和談的押尼珥，身犯重罪，一向秉公大義的大衛，為什麼沒處罰約押呢？對於這個問題，《聖經》研究學者認為：

第一，約押忠心耿耿，他對大衛十分重要，別人無法替代。所以，大衛為

了好好利用約押，寧願對這件事情做彈性處理。

第二，約押在軍內威望很高，處罰約押，有可能導致軍心不穩。約押具有很高的軍事才能，而大衛正是用人之際，不忍心失掉這個人才。

第三，約押是大衛的親外甥，大衛擔心處罰約押會引發家族動亂。

第四，約押出身於猶太支派，處罰約押有可能引發猶太人的不滿，導致眾叛親離。

大衛讓押尼珥全家身穿喪服給押尼珥送葬，一方面是懲戒約押，另一方面是公告民眾：押尼珥是約押殺死的，不是出自國王的命令。

大衛尋訪米甲，一方面出於夫妻感情，另一方面是讓人知道，前任國王女婿的身分更有資格做以色列人的國王。

照片中間者為席勝魔牧師

席勝魔（1835年～1896年），原名子直，山西省臨汾人。中國19世紀著名的基督教牧師之一。他出生於一個富有的家庭，因為吸食鴉片上癮陷入貧窮和疾病。後來他戒除了鴉片，受洗入教。席勝魔身為一位傳統的中國士紳而接受基督教，成為山西省基督教乃至中華內地會19世紀歷史上重大的事件之一。

聖城崛起：大衛定都耶路撒冷

朝聖是天主教徒朝拜聖地的宗教活動。天主教有許多關於聖地的傳說，如耶穌誕生、受難及復活之地伯利恆與耶路撒冷，使徒保羅和彼得殉難之地羅馬，及各地的聖徒墓地紀念地等。天主教徒認為可透過朝聖祈福、贖罪。

大衛眾望所歸，成了以色列人的國王。大衛原來居住的希伯倫，因為遠在南方，不適合再做以色列人的首都。在各個支派的商定下，他們將目光落在了耶路撒冷。

耶路撒冷位於北以色列中央地帶，三面環山，又有錫安山為屏障（錫安是耶路撒冷七塊高地之一），易守難攻，從來就沒有人攻克過。居住在耶路撒冷的耶布斯人，聽說大衛要攻打耶路撒冷做為首都，誇下海口：「耶路撒冷固若金湯，就是一幫瞎子、瘸子防守，大衛也打不進來。」這話傳到了大衛耳中，大衛說道：「我一定會打下耶路撒冷，把那裡的瞎子、瘸子全部趕出去！」

大衛帶兵來到耶路撒冷城下，一連幾日艱苦攻城，除了死傷大批人馬外，沒有一點進展，這讓大衛苦惱萬分。他派出密探，四處勘察耶路撒冷的地形，終於發現錫安山的一側有一眼泉水流出。順著泉水，有一條人工修建的密道，直通城內。這條密道十分隱秘，自恃天險的耶布斯人，忽略了這條密道。當天夜裡，大衛一面聚集兵力從正面攻擊，轉移耶布斯人的注意力，一面派出精兵，沿著密道攀援到耶路撒冷城內，將守城的軍兵斬殺，打開城門，城外的大軍一擁而入，耶路撒冷一夜之間易幟。

大衛在錫安建造王城，堅固雄偉的城牆，一直延伸到米羅。

在耶路撒冷臨近的推羅，生長著大量的香柏木。香柏木珍稀名貴，生長期

大衛城

特別長，木質堅硬，是建築良材。它色澤鮮麗、木紋清晰，充滿藝術氣息。推羅王仰慕大衛的威名，和以色列建立了邦交，將大量香柏木運往錫安，做為修建王宮的木料。一時間，成千上萬的木匠、石匠、役夫，會聚到錫安。數年後，一座富麗堂皇的城堡宮殿建成了，是為大衛城。大衛在城裡面納妃娶妾，生兒育女，盡情享受。

與此同時，大衛勵精圖治，徹底打敗了非利士人，並遠征摩押人。他們將摩押俘虜聚集在曠野，用繩子逐個測量，超過一定高度的全部殺死，留下未成年的，世代為奴。以色列帝國日益強盛，成了迦南地區的霸主。

大衛還把耶路撒冷修建成以色列的宗教中心。他在軍隊中挑選了3萬人，率領大軍前往巴拉猶太，想運回上帝的約櫃。他們把約櫃從亞比拿達的家裡抬出來，放在新車上，亞比拿達的兩個兒子烏撒和亞希約負責趕這輛新車。亞希約走在新車的前面，為約櫃開路。大衛和以色列長老，跟在約櫃後面載歌載舞。到了拿艮禾場，牛車陷入坑裡，約櫃失重倒了下來，烏撒眼明手快，伸手將其扶住，雖然保住了約櫃，但是手觸約櫃卻犯了瀆神的大罪。儘管出於好意冒犯了神靈，但耶和華依然沒有寬恕他，把烏撒當場屠殺在約櫃面前。

大衛見了這一切，大驚失色，立即下令停止前進，把約櫃放在迦特人俄別

以東家中保存。3個月以後，大衛才決定把約櫃運回京城。抬約櫃的人剛從俄別以東家走出6步，穿著白色細麻布以弗得的大衛就獻牛和肥羊為祭。大衛走在最前面，帶領人們一路歡歌狂舞，登上了大衛城。

從此之後，耶路撒冷盛名遠播，成了以色列的宗教中心，也成了以色列人萬人敬仰和嚮往的聖城。

錫安山位於巴勒斯坦的耶路撒冷，被猶太民族視為故鄉，也用來代指以色列和古代迦南地區，在以色列國歌《希望Hatikavah》中就有「眺望東方的眼睛，注視著錫安山崗」、「做一個自由的民族，屹立在錫安山和耶路撒冷之上」的話。

掃羅在位的時候，並不看重約櫃，所以任由約櫃放在亞比拿達家。大衛和掃羅恰恰相反，大衛城剛剛建成，就將約櫃迎回，而且很快地，耶路撒冷也成了宗教中心，成了以色列人心目中的聖地。

大衛在少年時期就被膏立為以色列的國王，一直到了三十多歲，才真正成為以色列全民之王。這就像孟子所說的，「天將降大任於斯人也，必先苦其心志，勞其筋骨，餓其體膚」。在這個過程中，體現對上帝的信心。所以，一個人要成就大業，就要有忍耐之心，經得起磨練。

王元深（1817年～1914年），中國基督教信義宗最早的傳道人。1847年受洗，成為傳教組織「福漢會」的成員。隨後到廣東傳教，主要是透過行醫傳播傳教。受王元深影響，他的幾個兒子也都是基督教傳播者。

大衛冷落糟糠妻

大齋也稱禁食，在受難節和聖誕節前一天，一天只吃一頓飽飯，其餘只吃半飽或者更少。天主教和東正教對大齋節的要求十分嚴格，而新教則沒有守齋的具體規定。

這一天，大衛城內鼓樂喧天，街道兩邊站滿了興高采烈、衣著整潔的以色列人。他們在迎接約櫃入城。

約櫃進入大衛城門，在城門迎接的樂師們，手裡拿著松木製作的琴瑟鑼鼓，一起奏樂。大衛和眾長老跟隨在約櫃後面，一同進城。滿心歡喜的大衛，忍不住隨著旁邊的人手舞足蹈。大衛妻子米甲在臨街窗口，看見大衛在人群中歡呼雀躍，認為有失大體，對大衛產生了蔑視之意。

大衛安置好約櫃後，獻了燔祭和平安祭，回到王宮。米甲出來迎接，說道：「身為一國之王，今天您在百姓和臣子面前手舞足蹈，好大的榮耀呀！」

大衛聽出了米甲話中的意思，十分不快：「我原本不是一個高貴的人。上帝選中我做以色列的國王，廢除了妳父親的王位，我必須在上帝面前跳舞致謝。或許這樣，那些百姓和臣子們會更加尊重我呢！」

從此，大衛開始冷落米甲。米甲到死都沒有生兒育女。

大衛城修建完畢後，大衛要為上帝修建大殿。先知拿單勇於直言，他看到為了修建大衛城，連年大興土木，勞民傷財，於是規勸大衛：「上帝教導我們，要愛惜自己的子民，就像愛護自己的眼睛一樣。修建大殿，勢必騷擾人民，使他們不得安寧。上帝自從出埃及以來，從來就沒有住過殿宇，而是在會幕中行走。您剛剛修建完大衛城，應該讓人民休養生息。修建大殿，又何必著急呢？」

大衛採納了拿單的規勸，為上帝修建神殿暫且擱置了。

研究者認為，米甲輕視大衛，源於對上帝的不虔誠。她覺得身為一國之君的大衛如此忘情地敬拜上帝，有失尊嚴。這源於父親掃羅的潛移默化，掃羅對上帝是不虔誠的，這種態度不自覺地延續到米甲的性格中。

也有研究者認為，米甲改嫁後，和夫君關係很好，可是大衛利用權勢，又將她要了回來，她痛恨大衛，於是流露出了輕視之意。米甲終身不育，或許是大衛的疏遠，或許是上帝的懲罰。

這個故事給我們的啟示是：如果不抑制憎恨等不良情緒，就會破壞人際關係。調整情緒，能避免人與人之間的公開對抗。

俞國楨，字宗周，浙江寧波人。早年就讀於杭州育英義塾（之江大學前身），信仰基督教。畢業後，任吳興新市長老會傳道及牧師。清光緒二十年（1894年），在上海被聘為虹口長老會堂牧師。

大衛奪人妻：
聖城裡面的情殺案

小齋節，是在規定的時間內減少進食，目的是為了「節制己身」。天主教和正教規定每週五不許吃肉，新教則沒有具體規定。

大衛見以色列日益強大，漸生享樂之心。

一天傍晚，他在宮殿的高臺上散步，遠遠看見對面窗前端坐著一位美貌的婦人。婦人剛剛出浴，新換衣衫的馨香隨風飄來；濕潤的長髮還滴著水珠。婦人體態婀娜，讓大衛神魂顛倒。

大衛問身邊的隨從：「那個婦人是誰？」

隨從過去詢問，回來稟告大衛：「她叫拔士巴，是將軍烏利亞的妻子。」

當時，烏利亞正在前線跟隨約押打仗，大衛差人把拔士巴接進宮裡，與自己成就了雲雨之事。第二天一早，派人將拔士巴悄悄送出了宮門。時隔不久，拔士巴託人給大衛帶信，說自己懷孕了。

拔士巴貪戀大衛的權勢，一心想名正言順地成為大衛的嬪妃。大衛也不滿足這種偷偷摸摸的私會，想長期將拔士巴佔為己有。於是，大衛起了殺死拔士巴丈夫烏利亞的念頭。

以色列雖然日益強大起來，但是周邊還有很多零星的仇敵伺機騷亂。大衛和拔

沐浴的拔士巴

士巴私通時，約押正巧帶著烏利亞在前線打仗。大衛給心腹約押寫了一封密信，信中說道：「你指派烏利亞到最凶險的地方，遇見敵兵的時候命他前衝，你們後退，一直讓他戰死。」

約押領命，帶著烏利亞等人攻打拉巴城。拉巴城上強敵防守，頑強對抗。約押命烏利亞帶人攻城，嚴令一日之內將城拿下，否則軍法處置。烏利亞等人衝到城下，被亂箭射死。

約押派人將烏利亞戰死的消息告知了大衛。大衛對來人說道：「請你告訴元帥約押，戰爭有死有傷，不要因此過於悲傷。刀劍無眼，很多事情是難以避免的。盼你盡力攻城，早日凱旋。」隨後，大衛追封了烏利亞，並將其厚葬。

聽聞丈夫的死訊，拔士巴為丈夫守喪。守喪期限一過，就被大衛迎娶到了宮中，幾個月後生下了一個兒子。

上帝對大衛的行為十分不滿，祂差遣先知拿單去見大衛，給大衛講了一個故事：「一個城裡住著一個富人和一個窮人。窮人一無所有，只有一個女兒和一隻羔羊和他相依為命。他十分疼愛這隻羔羊，吃他所吃的，喝他所喝的；女兒靠著羔羊奶，一天天長大。有一天富人招待客人，捨不得殺自己的羊，卻強搶了窮人的羊殺了招待客人。」

大衛聽了這個故事，十分生氣：「這樣的富人就應該治罪，賠償窮人四隻羔羊。」

拿單對大衛說道：「你就是那個富人。上帝對我說：我膏大衛為以色列王，屢次救他脫離掃羅的毒手，賜給他戰功和財寶無數，他怎麼還不滿足呢？如果他不滿足，我可以加倍給他。可是，他為什麼要藐視我，做出傷天害理的壞事呢？他害死烏利亞，奪取了烏利亞的妻子，我必定叫他的家庭永不安寧，仇殺和刀劍伴隨著他全家。」

大衛聽了拿單的話，誠惶誠恐，拜服在地：「全能的上帝，我願意接受祢

的懲罰。」

拿單說道：「上帝暫不理會你，你的兒子必定死亡。」

時隔不久，拔士巴和大衛新生的兒子得了重病，大衛為兒子祈禱，悲痛地禁食。到了第七天，兒子死了。大衛知道這是上帝的懲罰，他沐浴更衣，到上帝帳幕敬拜。

儘管上帝降罪，讓大衛和拔士巴的新生兒子重病死去，但是大衛對拔士巴的熱情毫不減退，拔士巴成了大衛最為寵幸的妃子。幾年過去了，他們又生了一個兒子，這個兒子就是後來的以色列王所羅門。

大衛因淫慾殺人，不但英明掃地，而且埋下了家庭悲劇的導火線。他從一個英明的領袖墮落成一個陰險的小人，源於內心的罪惡。可見，貪念和淫慾是多麼可怕。

孩子的死，其實就是上帝對大衛的審判，因為愛子死亡對大衛而言，比自己死亡還要痛苦。上帝沒有懲罰大衛，是為了讓他治理以色列國家，維繫著全體以色列人的命運。

王韜（1828年～1897年），原名利賓，1862年改名韜，字紫詮，號仲韜，又號天南遯叟、蘅華館主等，江蘇吳縣人。 近代中國著名的文化人物，也是中國基督教徒中為數不多的傑出知識分子之一，21歲應英國傳教士麥都思之邀，到上海墨海書館任編輯，歷十三年。與艾約瑟合譯《格致新學提要》，與偉烈亞力等合譯《西國天學源流》及《華英通商事略》、《重學淺說》等著作。撰有《西學圖說》、《泰西著述考》等著作。

宮廷裡的穢亂醜聞

堅振是天主教和東正教的聖事之一。進行堅振禮時，總主教向全體領堅振者問話，並重發聖洗聖願後，主教在每位領堅振者面前個別一一覆手，祈求全能的天父，派遣祂的聖神，降臨到他們心中。接著，領受傅油禮時，由代父母陪同，把右手放在代子女肩上，主教以堅振油在領堅振者額上劃十字，藉此印記，領受天恩聖神。

大衛嬪妃成群，生下了許多兒子，他們相互之間勾心鬥角，爾虞我詐，免不了上演一齣齣男盜女娼的鬧劇。

大衛的兒子押沙龍有一個美貌的妹子，名叫他瑪。大衛的兒子暗嫩卻愛上了這個同父異母的妹妹，可是他瑪並不愛這個哥哥，為了保持處女的貞潔，有意迴避暗嫩。

暗嫩患了相思病，積鬱成疾。一連數天，他都茶飯不思，日漸消瘦。暗嫩的堂兄約拿達為人機靈狡猾，是個心術不正、專搞陰謀詭計的小人。一天傍晚，他陪暗嫩在王宮花園散步。這時候，王宮裡的美女他瑪從他們身邊擦身而過。暗嫩眼看著他瑪，久久回不過神來。約拿達會意一笑，問道：「看著你一天天消瘦，有什麼心事呢？」

暗嫩說道：「我愛上了他瑪，對她日思夜想，吃不好，睡不好，才成了今天這個樣子！」

約拿達給暗嫩出謀劃策道：「你躺在床上裝病，你父親大衛會來看你。到時候你對他說：讓他瑪來看我，我的病就好了。他瑪來看你，你不就有機會了嗎？」

暗嫩聽了大喜，即刻臥床裝病。大衛果然遣他瑪拿著食物來看暗嫩。看著

他瑪端來的食品，暗嫩毫無食慾。他喝退身邊僕從，一把抓住他瑪雙手：「我的好妹妹，妳可想死我了！快點和我同寢吧！」

暗嫩曾經對他瑪表白過，他瑪多次予以回絕。今天見到哥哥這樣的不倫要求，他瑪十分害怕：「哥哥，我們怎麼能做那種事呢？你要是玷污了我，你我必定身敗名裂。」

暗嫩慾火攻心，哪裡聽得進他瑪的規勸，不由分說將他瑪姦污了。隨後，暗嫩態度大變，臉色陰冷、語調嚴厲地驅趕他瑪。他瑪哀求道：「你不要趕我出去，否則我的罪孽比你的罪孽還要深重！」

暗嫩不理會他瑪的請求，叫來僕人將他瑪拉了出去，關上了房門。他瑪悲痛欲絕，撕扯著身上的彩衣，邊走邊哭。整個王宮的人都知道暗嫩強暴了胞妹。大衛對兒子的行為儘管憤怒，但是他溺愛暗嫩，這件事情也就不了了之了。

他瑪跑到哥哥押沙龍家，押沙龍面對妹妹受辱，竟然勸他瑪不要將這件事放在心上，他瑪更是心灰意冷。

押沙龍非但不仇視暗嫩，反倒和暗嫩的關係更加親密了一層。旁人見了，紛紛鄙視押沙龍，認為他懼怕權勢，是個懦弱的小人。殊不知，押沙龍心裡的怒火一天比一天熾熱，他接近暗嫩是要伺機殺他。

兩年過去了。這一天，正是以色列人盛大的節日——剪羊毛節。押沙龍邀請暗嫩到夏瑣做客，一起過節，暗嫩欣然應允。押沙龍在酒宴四周暗藏了幾名忠心的死士，對他們說道：「等王子暗嫩赴宴的時候，你們聽我號令，一起動手將暗嫩殺了。你們不要懼怕，所有的責任由我一人擔當。」

暗嫩在諸多王室成員的陪同下到了夏瑣，押沙龍設宴款待。酒酣耳熱之際，微笑有禮的押沙龍臉色驟變，噌的一聲站立起來，高聲呼喝：「把暗嫩殺

了！」埋伏的死士一擁而上，暗嫩頃刻之間被砍得支離破碎。陪同暗嫩來的客人驚慌失措，但是押沙龍並沒有為難他們，而是讓他們安全離開了。

押沙龍殺死暗嫩之後，躲避了三年，最終被大衛寬恕，回到耶路撒冷。

後來，押沙龍被大衛派遣到希伯倫，在希伯倫，押沙龍受到了以色列人的愛戴和崇敬，並且開始組建自己的軍隊。隨著羽翼逐漸豐滿，押沙龍覬覦國王寶座，起兵反叛，最後沒有成功，被大衛平定了。

摩西法律規定，以色列人同父異母者，嚴禁成婚。所以暗嫩要得到他瑪，只能透過不正當手段。暗嫩姦污了他瑪，卻又著急將他瑪趕出去。一方面體現了暗嫩的卑劣，另一方面趕走他瑪是為了讓人誤解是他瑪主動勾引暗嫩，因為無人為他瑪作證；大衛之所以縱容暗嫩這樣的不倫之罪，是因為他溺愛暗嫩，而且不願意家醜外揚。還有一層原因，他殺人丈夫奪人妻子，覺得自身不正，無法管教。

暗嫩死後，押沙龍成了王位的繼承人，他為什麼急著反叛呢？研究者認為，押沙龍對大衛失去了信任，他認為大衛不會將王位傳給他。

王沾輝（1843年～1902年），中國近代基督教新教牧師，1866年畢業於德國基督教信義宗禮賢會在廣東開辦的惠州坳村傳教學校，受職為該會傳教士。

斬殺仇敵：
所羅門登基的第一件事

畫十字，用來表示祝福、驅邪；或者祈求、讚美和感謝上帝，表示自己對信仰的忠貞不屈、克服誘惑和恐懼等。最初只在額頭上畫十字，後來擴大到身體其他部位。從左到右在額頭、心臟和雙肩部位畫十字，稱為大十字。

大衛垂暮之年，畏寒怕冷。在讒臣的建議下，四處搜羅美女，為其「暖被」。在這些美女當中，有一個叫亞比煞的童女，年輕貌美，備受大衛寵愛。但大衛年老體衰，一直沒有和亞比煞親近過。

此時，大衛的兩個兒子亞多尼雅和所羅門正在進行王位之爭。亞多尼雅垂涎亞比煞的美色，一心想取得王位，佔有亞比煞。沒想到大衛卻將王位傳給了所羅門，所羅門成了以色列人的第三代國王。

大衛臨終前，給所羅門傳下兩道密令：「我兒所羅門，請你聽好，有些事情你要立刻去辦。元帥約押居功自傲，勢力龐大，是威脅你王位的心腹大患。他獨斷獨行，我在位的時候，他都敢公然蔑視我的命令，勾結你王兄亞多尼雅，企圖逼宮奪權。我早有殺他之心，但是他戰功赫赫，我怕在百姓心裡落下不仁不義的名聲。這個人你留不得，必定要殺他。第二件事，你王兄押沙龍反叛的時候，我在逃跑途中，遭受過先知示每的侮辱。當時我曾發誓我絕不用刀殺他，現在你不必履行這個諾言了。」

大衛又叮囑所羅門遵守上帝的吩咐，謹守律例、法度、典章和誡命。隨後便與世長辭了，接著所羅門正式登基。

一天，亞多尼雅覲見太后拔士巴，請求拔士巴向所羅門求情，將亞比煞賜

所羅門與拔士巴

他為妻。拔士巴說道：「你先回去，我徵求一下國王的意見吧！」亞多尼雅知道所羅門對拔士巴十分尊重，她的話都會照辦，於是滿心歡喜回去等好消息。

第二天，拔士巴到大殿見到了所羅門，轉告了亞多尼雅的請求。所羅門聽後並沒有像往常一樣遵從母親的意思，反而問道：「亞多尼雅是我哥哥，您可以為他爭取亞比煞，怎麼不為他爭取王位呢？」

面對兒子的反問，拔士巴一時語塞。

所羅門接著說：「只有新任國王才有資格娶前任國王的嬪妃為妻。亞多尼雅和我爭奪王位也就算了。我剛剛新任國王，他竟然如此大膽前來求娶先王的嬪妃，簡直狂妄之極！我對著上帝發誓，必定要處死亞多尼雅。」

隨後，所羅門派比拿雅將亞多尼雅處死。約押見死黨被殺，心知不妙，趕緊跑到上帝的帳幕中，死死抓住祭壇的一角。所羅門差遣比拿雅去殺約押。基

督教規定，聖所裡面不許殺人。比拿雅見約押躲進聖所，不敢輕舉妄動，派人稟報所羅門。所羅門下令打破教規，處死約押。比拿雅殺死約押後，取代了他的元帥之位。

大衛生前叮囑所羅門，殺掉先知示每。所羅門知道先知是上帝的寵兒，所以違背了父親的遺囑，保全了示每的性命，對他說：「你就在耶路撒冷居住，有生之年不能離開半步。」

三年之後，示每的僕人出逃，示每騎驢走出耶路撒冷追趕。所羅門聽聞示每擅自出城的消息後，派人將他殺死了。

所羅門登基後，做的第一件事就是殲滅仇敵，這既鞏固了自己的王位，也完成了父親的遺願。

在當時判定一個國王是否繼續掌權，是要看他能否繼續和女子同床，也就是是否有性能力。大衛時年七十歲，已經沒有性能力了，所以亞比煞一直保持童女之身。大衛失去了性能力，也就引出了王位繼承的問題。亞比煞雖然是童女，但卻是大衛的正式妻子。亞多尼雅意圖得到亞比煞，其實暗藏了篡奪王位的野心，所以所羅門動了殺機。

所羅門是《聖經》時代最聰明、最尊貴的國王，他對母親的孝道是具有模範作用的，但是他拒絕了母親對亞多尼雅的請求，說明所羅門在公義和私情方面是很分明的。

誠靜怡（1881年～1939年），字敬一，滿族人。出生在北京，父親是一位倫敦會牧師，他從小就接受基督教教育。他是中國基督教著名的牧師和教會領袖。是中國和世界基督教現代史上有影響力的少數中國人之一。

所羅門智斷疑案

教皇亦稱「教宗」，譯自拉丁文papa，源於希臘文pappas，意指「爸爸」，最初本為古代天主教對其神職人員的一般尊稱，至今在東派教會中仍有以此稱神父者。西羅馬帝國滅亡後，羅馬主教成為西方教會中的最高首領，這一稱謂遂逐漸為羅馬主教所獨有，開始構成「教皇」之含意，和「教皇國」的世俗政權相對應。

所羅門登基後，和以色列最大的鄰國埃及法老的女兒結婚，這樣，以色列邊疆安定，鄰國和睦。為求風調雨順、百姓富足，所羅門動身前往基遍的祭壇，給上帝燔祭。

當時，以色列最大的祭壇設在基遍。因為沒有給上帝修建聖殿，所羅門按照大衛的律例，在祭壇燒香獻祭。所羅門為上帝獻上了一千隻牛做為燔祭，獻祭完畢後，所羅門在基遍過夜。當晚上帝顯身，他對所羅門說道：「你有什麼願望，我可以滿足你。」

所羅門說：「全能的上帝讓我蒙恩，做了以色列人的國王。但是我年幼無知，以色列人才濟濟，我憑什麼統領他們呢？我希望上帝賜給我智慧，讓我能分辨是非，認清忠奸，以便更好地治理國家。」

上帝聽了十分高興：「你不為自己求財求富，也不求自己健康長壽，一心為了治理國家，那我就賜給你無可比擬的智慧。同時，我還讓你富足、尊榮，你將成為以色列眾王中最聰明、最富足、最尊貴的人。」

所羅門得到上帝的應許，高興萬分。返回耶路撒冷後，再次在約櫃面前給上帝獻祭。

時隔不久，耶路撒冷發生了一起難斷的疑案：兩個妓女住在同一個房間，

她們先後生了一個孩子。一天晚上，一個妓女翻身的時候，將自己的孩子壓死了。於是，她將自己死去的孩子偷偷抱出房門扔了出去，將另一個妓女的孩子抱到自己的床上。第二天一早，兩個妓女起了爭執，都說孩子是自己的。有人出面調解，但是調解不成，於是兩人打起了官司。受理此案的官員對案件束手無策，一級一級上報，最後到了所羅門這裡。

所羅門審判

所羅門讓人帶著兩個妓女和孩子前來見他。兩人爭吵不休：

「活孩子是我的，死孩子是妳的。」

「不！她說的是假話！死去的才是她的兒子」。

「活著的是我的兒子！我的兒子……」

所羅門問到：「妳們都說這個孩子是自己的，可有什麼憑證？」

兩個妓女面面相覷，拿不出憑證來。

在所羅門的那個時代，醫學上還未發展到驗血認親、DNA親子鑑定的地步，而同時，本案又毫無其他的人證、物證可供參考。只見所羅門沉思良久，突然睜開眼睛，發出一個簡短的命令：「拿劍來！」

　　所羅門對妓女說道：「既然沒有憑證，那我就將孩子劈開，一人一半，這樣誰也不吃虧，妳們看怎樣？」說完，他命令士兵將孩子放在桌子上，要將孩子劈成兩半。一個妓女面露不忍之色，請求所羅門刀下留情；而另一個妓女嚎啕大哭，奔撲到桌子前，用身子護住了孩子。

　　所羅門微微一笑：「好了，案子了結了。」他指著撲在桌子上的妓女說道：「孩子是妳的，妳帶走吧！只有孩子的親生母親才肯面對刀劍，捨身保護自己的兒子。」

　　所羅門智斷疑案的事情迅速傳開了。人們紛紛嘆服所羅門的智慧，對他更加敬仰。

　　身為當時第一強國的埃及，法老肯將公主嫁給所羅門，反映了以色列的強盛和所羅門的威名。雙方和親可以避免戰亂，是一種成本小、收益高的外交政策。但是，所羅門和埃及和親，卻是他敗落的開始。由於和親，埃及的信仰習俗進入以色列，引誘以色列人進行偶像崇拜。所羅門也深陷其中，不能自拔。

　　所羅門智斷疑案，體現了他的智慧和明辨，同時也更廣泛地贏得了民心。

謝洪齎（1873年～1916年），中國近代歷史上著名的基督教徒翻譯家和著述家。出生於浙江省的慈溪，他的父親是一位基督教長老會牧師，所以他長大後就接受了西方教育。1895年大學畢業，並到上海擔任了中西書院的教授。

猶太和以色列南北分立

樞機主教是羅馬教廷中最高級主教，由教皇直接任命，分掌教廷各部和
許多國家重要教會的領導權。13世紀中葉，樞機主教開始穿紅色衣服，
所以又稱之為紅衣主教。

所羅門用了七年的時間，建造起了一座宏偉壯麗的聖殿。大殿建成後，將
約櫃放了進去；之後，又花了十三年時間，在耶路撒冷城內建造新王宮。新王
宮建成之後，所羅門從錫安搬了出來。

上帝的聖殿規模宏大。建造的時候動用了三萬名以色列役夫和十五萬迦南
人。聖殿分為內院和外院，外院能容納數千名朝聖者，內院用來舉行宗教儀
式。中央祭壇旁邊，有一個用銅澆築的巨大容器，高將近三公尺，直徑四公尺
多，周長十三公尺多，稱之為銅海，可容納八萬升水，用來清洗燔祭的牛羊。
銅海下面有十二隻銅牛做為支架；銅海四周有野瓜浮雕；院子裡面有十個帶輪
子的盆座，長寬各近兩公尺、高一公尺多，上面放著水盆，每個水盆盛水量
160升，用來補給銅海中的水。

大殿內的棟樑立柱，全部用珍貴的香柏木；大殿入口有兩根高達八公尺
多、周長五公尺多的鎦金銅柱。整個大殿裝飾精美，裡面的祭祀用品華麗昂
貴，稀奇珍寶不計其數。

連年大興土木耗盡民資民財，所羅門增加稅賦，國民有了怨言。在此其
間，所羅門不斷娶妻納妾，後宮一共聚集了七百名妃子，三百名姜嬪。嬪妃裡
面，有三百多名其他國家的公主，這些人信仰不同，習俗也不一樣，大多信奉
異教的神。所羅門耳濡目染，對上帝的信心減弱，也開始信奉起異教的神來。
他尤其信奉西頓人的女神亞斯他錄和亞捫人供奉的神米勒公。更加出人意料的
是，所羅門竟然在耶路撒冷對面的山上，給異教神摩洛建立祭壇。

所羅門崇拜異教神

　　所羅門的舉動大大觸怒了上帝。祂多次曉諭、警告，可是所羅門置若罔聞。最後上帝對所羅門說道：「你不遵從我的約定，屢教不改，我必定將你的國家從你家族手中奪走，交給其他臣子。但是，看在你父王大衛的情面上，生前我不讓你難堪。等你死後你兒子接替王位後，我只留一個支派給他。」

　　所羅門晚年，國家動盪，先後爆發了三次大叛亂最後一次叛亂，是所羅門手下的名將耶羅波安發起的。

　　有一次，耶羅波安在示羅城外，遇見了示羅的先知亞希雅。亞希雅將他帶到僻靜之處，將身上的衣服撕裂成了十二片，對耶羅波安說道：「所羅門不遵守上帝的約定，上帝發怒了，要將以色列的十個支派從所羅門手中奪走。這是一個機會，相信我吧！上帝會與你同在。」

　　受到了亞希雅的鼓舞和暗示，耶羅波安回城準備叛亂事宜，沒想到走漏了風聲。耶羅波安在所羅門的追殺下逃到了埃及，直到所羅門去世才回來。

所羅門六十歲那年在耶路撒冷病逝，在位四十年。他死後，兒子波羅安繼承了王位。波羅安志大才疏，狂妄驕橫。這時候的以色列王國處在衰敗和危機之中。所羅門死後，耶羅波安回到以色列，北方十派擁戴他為王。

就這樣，以色列再次分裂。北方十個支派，被稱為以色列人；而南方的猶大支派和便雅憫支派，統稱為猶大人，後來轉譯為猶太人。

上帝曾經叮囑過所羅門，不要娶外邦女子為妻。所羅門不聽，不但和埃及和親，還娶了三百多個外邦公主。這成了所羅門乃至全以色列人對上帝信仰危機的根源。

所羅門不是一下子就離開上帝的，他一開始在小事上偏離了律法，漸漸減弱了自己的信心，導致靈性冷淡。微小罪惡的增長，最終將他擊毀。這件事情給我們的啟示是：不以惡小而為之，微小的差錯累積多了，就能累積成大過錯。千里之堤毀於蟻穴就是這個道理。

這個事件象徵著以色列國家正式分裂了。在後來的數百年間，一直沒能統一。

賈玉銘（1880年～1964年），中國基督教福音派解經學家、神學教育家、著名牧師。出生於山東省，1904年畢業於美國北長老會創辦的學校，並獲得牧師資格，開始從事基督教活動。他先後在多所教會大學擔任教授，1936年在南京創辦了中國基督教靈修學院。

南北兩國的動盪和衰落

北以色列國王耶羅波安定都示劍城內。那時候，以色列南北兩國依然將耶路撒冷當作他們的宗教中心。每年，大批以色列平民和祭司都到耶路撒冷參加各種宗教活動，奉獻年祭。

耶羅波安害怕長此以往北以色列人會心向大衛家族，對自己不利。他想重新成立一個宗教中心，籠絡民心，鞏固自己的政權。於是，他指派工匠，鑄造了兩隻大金牛，一隻供奉在伯特利，一隻供奉在但城，在這兩個城市分別修建廟宇。之後，去耶路撒冷的北以色列人明顯減少，更多人開始信奉金牛神。耶羅波安在利未人之外的一般百姓中挑選容易控制、忠實可靠的人做祭司，規定每年的八月十五為金牛節日。每到這一天，金牛廟內香煙繚繞，人流如織，絡繹不絕。

一天，耶羅波安帶領眾人在伯特利的金牛廟裡舉行祭拜儀式。突然，有個人跑到祭壇面前，唸唸有詞說：「祭壇要崩塌了，祭壇上的香灰要飛散了。」

耶羅波安大怒，伸手指著那個人說道：「你是什麼人，膽敢到這裡搗亂！」耶羅波安話音未落，他的手一下子乾枯了，就像風乾了的柳樹枝，隨後祭壇崩塌，香灰撒滿一地。耶羅波安見狀大驚失色，哀求那個人道：「求您開恩，讓我的手復原吧！」那個人替他禱告，耶羅波安的手才復原。

耶羅波安知道這個人並非等閒之輩，盛情邀請他進餐。那個人說道：「上帝叮囑過我，不允許我在伯特利吃飯、喝水！」說完就走了。

伯特利城的一個老先知知道了這件事情，他騎上毛驢，追趕上神人，問道：「你是從猶太國來的神人對吧？請到我家吃飯。」

神人說：「上帝叮囑過我，不要在這裡吃飯、喝水。」

先知假藉上帝的命令，誆騙神人道：「我也是先知，剛才上帝差遣天使讓我攔住你，讓你在這裡吃飯、喝水。」

神人聽先知這麼說，就跟著先知回去了。在先知家裡吃飯後，騎著先知贈送給他的驢子上路了。神人違背了上帝的囑咐，在這裡吃飯、喝水，上帝要懲罰他。於是半路上跑出了一隻獅子，將神人咬死了，而驢子卻安然無恙。

伯特利的先知知道這件事後，找到了神人的屍體駝回家去，哀悼了幾日，厚葬了神人，並且對兒子說：「我死後，要將我葬在神人的墓穴裡。」

原來，這個神人是上帝派來給祭拜金牛的信徒施展法力，企圖驚醒他們。但是耶羅波安執迷不悟，依舊我行我素。上帝降罪給他，耶羅波安兒子染上了重病，遍請名醫也無法治癒。耶羅波安想到了老先知亞希雅，讓妻子拿著重禮前去請教。

此時的亞希雅，年老體衰，雙眼昏花。耶羅波安的妻子剛剛走進大門，亞希雅在房間高聲說道：「是示劍城裡的皇后來了吧！上帝這樣說過：『我從萬民之中舉薦你做以色列人的國王，你卻一而再、再而三地背叛我，竟然明目張膽供奉別的神。我必定降下災禍給你全家，讓你家裡的男丁全部死盡，一個不留。屍體拋棄在曠野，就像牛羊糞便一樣，讓狗吃，讓鳥啄。』」

皇后聽了老先知的一番話，淚流滿面。老先知說：「妳還是回去吧！不過妳的腳剛剛踏進家門，妳的兒子立刻就斷氣！」

皇后知道這是上帝的旨意，哀求也沒有用。拜別了老先知，匆匆趕往家裡。剛剛走進家門，聽見內院傳來嚎哭聲：兒子已經去世了！

耶羅波安在位二十二年，去世後傳位給他兒子拿答；拿答在位兩年，被大臣巴沙篡位，巴沙殺了拿答全家。這應了老先知的語言「讓你家裡的男丁全部死盡，一個不留」。之後，北以色列國家陷入了動盪不安，篡位、仇殺、奪

權,不斷上演。

南部猶太國也是風雨飄搖,內憂外患叢生。耶羅波安在位的時候,崇拜偶像,縱容王公貴族們變童嫖妓。一時間,猶太國道德敗壞、民風大變。所羅門去世五年後,埃及的士撒王攻打猶太國,將耶路撒冷王宮裡面的寶物財產掠去無數。之後,猶太國又多次被外族侵略。

南北兩國國王更迭頻繁,而且大都荒淫無道。就這樣,曾經顯赫一時的以色列,分崩離析,在內憂外患的困擾下,日漸衰敗。

上帝之所以禁止神人在伯特利吃喝,是因為伯特利信奉偶像,已經成為不潔淨的地方;還有一層意思,怕耶羅波安藉吃飯的機會巴結神人,讓神人在上帝面前說好話。伯特利的先知為了驗證神人的真偽,誆騙神人吃飯。神人違背了上帝的旨意,被獅子咬死,驢子卻安然無恙。這種反常現象是向先知顯示,神人的確代表了上帝的意思,我行我素的耶羅波安必定會受到懲罰。

田耕莘(1890年~1967年),字聘三,世界基督教公教第一位中國籍樞機主教。他於1939年被羅馬教廷升任山東陽谷教區宗座代理牧師,領主教銜。同年十月,他又被教皇召往羅馬,接受了教皇的祝聖,教皇並稱讚他為「若望宗徒」。1942年,他又被任命為青島教區主教。二戰結束後,教皇庇護十二決定提升他為中國歷史上第一個紅衣主教。

寡婦和先知

羅馬教廷是天主教會的中央行政機構，協助教皇處理整個教會的事務。教廷官方語言是拉丁語，但也採納國際通用語言。教廷協助教皇處理政教事務。羅馬教廷也是梵蒂岡國家的政權機構。

亞哈是北以色列的國王，定都在撒馬利亞，在位二十二年。

亞哈的王后是西頓公主耶洗別，西頓人信奉巴力，認為巴力可以使風調雨順，帶來豐收。在王后的影響下，亞哈背棄了上帝，將巴力教奉為國教。他大規模建造巴力聖殿，強迫全民信仰供奉巴力神。亞哈還殘酷迫害那些持反對意見的先知和祭司，好多人都逃到深山裡求生。

以利亞是當時最著名的先知，他對國王亞哈說：「我對上帝發誓，我要是不禱告就不會下雨。以色列要大旱三年。」亞哈說：「我有巴力保佑，祂能使我風調雨順、富足豐饒。」

先知

以利亞見亞哈如此執迷不悟，不禁嘆了一口氣。傍晚時，上帝對以利亞說：「亞哈起了殺你之心，你趕緊逃走吧！你出了城門一直往東走，過了約旦河，在基立旁邊有一條小溪。你在那裡住下，亞哈一定找不到你。」

以利亞連夜出逃，到了基立的小溪邊，搭了一間草屋住下。第二天一早，起了殺心的亞哈命

兵丁前來捉拿以利亞，當他得知以利亞逃走的消息，不由得暴跳如雷，但也無可奈何。以利亞住在小溪旁，渴了，喝小溪的水，餓了，有上帝派來的烏鴉給他銜來肉餅充飢。

以利亞對亞哈發下大旱的預言後，再也沒下一滴雨。旱災越來越嚴重，基立的小溪水斷流。上帝曉諭以利亞：「你到撒勒法去吧！那裡有一個寡婦會供養你。」

以利亞動身去了撒勒法，在城門口遇見一個正在拾柴禾的寡婦，口渴難耐的以利亞說道：「求妳給我點水喝吧！」喝完水，以利亞才感覺飢餓比剛才的口渴還難受，他祈求寡婦：「妳能賞給我一塊餅嗎？」寡婦面有難色：「指著全能的上帝發誓，不是我吝嗇，家裡沒有現成的餅。罐子裡面只有一點麵、一點油，灶裡面，也只有兩根乾柴了。那一點東西還得留著給我兒子吃，他吃了這一頓，下頓還沒有著落呢。」

寡婦說完，滿臉愁容。以利亞說道：「請妳相信我，去做餅子吧！妳會發現，妳罐子裡的油和麵一點也不會少！」

好心的寡婦半信半疑，給以利亞做了餅，發現正如他所說的，罐子裡的油和麵一點也沒有少。就這樣，以利亞在寡婦家裡住了下來，寡婦和兒子再也不必為吃飯發愁了。

有一天寡婦的兒子生了重病，全身沒有一點氣息。寡婦暗想：「是不是這個人住在我家裡，得罪了上帝了呢？」她對以利亞說道：「神人呀，我和你沒有瓜葛，你怎麼老在我家住著呢？現在上帝降罪了，我兒子這麼重的病，恐怕性命不保了！」

以利亞從寡婦懷中接過孩子，回到自己的房間放到床上，將身子伏在孩子身上，連聲禱告：「全能的上帝，求祢拯救這個孩子，讓靈魂回到他體內

吧 ！」以利亞三次伏在孩子身上，為其禱告。上帝應許了以利亞的禱告，孩子甦醒了過來。寡婦見狀，跪伏在以利亞腳下：「我現在相信您是真正的神人了！」

就這樣，以利亞在寡婦家裡一住三年。

一天，上帝對以利亞說：「三年旱災已滿，你回去見國王亞哈吧！」於是，以利亞告別了寡婦，踏上了回家的路程。

上帝降下三年旱災，用實際行動證明了所謂能給人們帶來風調雨順、五穀豐收的巴力是假神。在大災荒中，吃飯是個大問題。而寡婦一家三年之中卻能安然無恙，全靠自己單純的信心。在只有最後一頓的艱難情況下，她還是將最後一餐獻給先知以利亞，這種信心產生了神跡。

這個故事蘊含的宗教意義是：神跡的出現，無論大小，都是從順服和信心開始。邁出了信心的第一步，才會看到困難解決在望。

晏陽初（1890年～1990年），中國基督教青年會的積極活動家，「平民教育」的發起人。他生於四川巴中縣一個塾師之家，童年在傳教士舉辦的西式學堂接受教育，畢業於耶魯大學。1920年回國後，獻身平民教育事業，1923年成立了著名的中華平民教育促進會。1943年在美國被評選為「世界上貢獻最大、影響最廣的十大名人」之一。50年代之後，晏陽初將他的事業推廣到國際上，在泰國、印度、哥倫比亞、瓜地馬拉、加納等國繼續從事平民教育和鄉村建設，被譽為「國際平民教育之父」。

一夫抵萬夫：迦密山先知鬥法

樞機是教義用語，意為「中樞的」、「重要的」，是天主教羅馬教皇以下最高級神職人員的職稱。樞機是教皇的諮議大臣，協助教皇管理教廷政教大事。

亞哈的王后大肆屠殺以色列國的先知。亞哈的家宰俄巴底虔誠信奉上帝，將一百個先知藏在兩個山洞裡，每個山洞五十人，每天給他們送水、送餅。

大旱使以色列大地草木乾枯，亞哈王宮也面臨用水危機，大批騾馬缺少飲水和草料。亞哈對俄巴底說：「我們得四下尋找草料和水源，要不這些騾馬都得飢渴而死。」於是，他們出宮兵分兩路，去尋找水源和草場。

以利亞奉上帝的命令，告別寡婦回家，返程途中遇見了家宰俄巴底。俄巴底認出了以利亞，虔誠地跪伏在地上：「這是先知以利亞嗎？」

「你是家宰俄巴底吧！看到你很高興。煩請你稟報國王，說我要求見他。」

俄巴底知道亞哈早有殺害以利亞之心，聽了以利亞的話，臉色驚慌：「我的先知，我哪裡得罪您了，您讓我做這樣不仁不義的事情！」

以利亞說：「你不要害怕，我奉上帝之命，有要事要求見國王。」

俄巴底這才消除了顧慮，將以利亞引薦給國王亞哈。亞哈見到以利亞，怒氣沖沖地說道：「是你降下大旱災的嗎？你讓以色列遭受這麼大的災難，還敢主動見我，你膽子不小！」

「讓以色列遭災的不是我，而是你。你違背上帝，崇拜巴力神。能夠讓國家風調雨順、五穀豐收的巴力神，法力哪裡去了呢？現在就讓你知道，誰信仰

先知

的神更偉大。請你轉告侍奉巴力的四百五十個先知，讓他們帶著兩隻小牛，明天在迦密山上見我。」

百姓們聽到先知們在迦密山聚會的消息，一大早紛紛前來看熱鬧。以利亞見亞哈和侍奉巴力神的四百五十名先知都到齊了，就對眾人說：「如果大家信

奉上帝，就要順從上帝的安排；如果信奉巴力神，就要順從巴力神的安排。今天讓大家知道，上帝和巴力，誰是真正的神。」

以利亞對俄巴底說：「請你將帶來的兩隻小牛殺了，信奉上帝的先知和信奉巴力的先知各用一隻牛舉行燔祭。我們各自將燔祭的牛放在乾柴上，誰也不許點火。我們各自祈求我們心中信奉的神，哪堆乾柴自動點火，就表示他所信奉的是真神。」

以利亞說完轉身對著眾先知：「信奉上帝的先知，除了我之外還有別人嗎？那就只有我一個人了！信奉巴力的四百五十名先知都到了嗎？那我們就開始吧！」

信奉巴力的先知開始作法。他們將宰殺的牛放在乾柴上，一群人圍著牛肉唸經、跳舞、唱歌。從早晨到中午，他們反覆讚頌著巴力的名字：「全能的巴力，請祢應允我們吧！」以利亞諷刺道：「你們偉大的巴力神，祂或許正在默想或者睡覺呢！你們應該用更大的聲音叫醒祂。」四百五十個先知們開始狂躁了，他們按照他們自訂的規矩，在自己身上用錐刺、用刀割，幾百個人渾身傷痕累累，鮮血滴落在地上，可是那堆乾柴卻沒有一點動靜。

傍晚時分，群眾對巴力先知們的表演已經厭倦了，他們圍攏在以利亞身邊。以利亞請人用十二塊石頭修築起一個簡單的祭壇，十二塊石頭代表以色列人的十二個支派。然後命人在祭壇四周挖一個深溝，擺上乾柴，放好燔祭的牛。然後往乾柴和牛身上連澆了十二桶水，水將祭壇周圍的水溝都流滿了。以利亞跪在祭壇旁邊禱告：「全能的上帝，請祢顯靈吧！」話音剛落，濕答答的柴火冒出了火花，越燒越旺，燒盡了燔祭和木材，燒乾了四周的水，甚至將石頭也燒化了。

圍觀的人見狀，匍匐在地，齊聲高喊：「上帝才是我們的真神！」以利亞

趁機說道：「抓住這些巴力的先知，一個也別讓他們逃脫！」得知被愚弄的人們怒火萬丈，將四百五十名先知抓住，全部殺死。

當天夜裡，以利亞在加密山上禱告。他讓僕人向海上觀看，僕人說什麼也沒有看到。如此七次，僕人說：「我看到一片烏雲從海上飄來了。」不一會兒，烏雲籠罩了以色列大地，雷聲滾滾中，大雨傾盆。遭受了三年大旱的以色列人民從家門衝出來，在雨中舞蹈狂歡。

為了王宮裡面的牲口不被餓死，亞哈和俄巴底分頭尋找水源和青草。面對大旱災，一國之主想到的不是百姓而是牲口。這從另一面反映了亞哈的自私和昏庸。

以利亞除了揭露巴力崇拜的虛假之外，還提醒以色列人不要分裂。他用十二個石頭疊起祭壇，是在提醒人們：以色列人不單單是北部的十個支派，還包括南方的兩個支派，十二個支派原本是一家人。

洪山川總主教，美國天主教大學教育博士，歷經輔仁中學校長、台北靜修女中董事長、嘉義教區主教、台北總教區總主教，一生擔任神職，傳播福音，倡導族群融合，讓社會更祥和安定。

陰毒王后計奪葡萄園

彌撒，天主教的主要宗教儀式。由神父主持該儀式，宣稱祝聖後的葡萄酒與麵餅已變成了耶穌的「聖血」和「聖體」。讓參加祈禱的信徒分食麵餅。信徒們認為，吃了耶穌的聖體就可以獲得上帝的恩寵，又認為食聖體可以永生贖罪之效。教徒參與這種儀式的行為稱為「望彌撒」。

以利亞祈禱上帝，給大旱三年的以色列降下甘霖。亞哈的王后耶洗別見以利亞摧毀了以色列人對巴力的信仰，惱羞成怒，揚言要殺掉以利亞。以利亞連夜奔逃，在曠野疾走了一天一夜，累得實在走不動了。上帝遣天使給以利亞送去水和餅，以利亞藉著上帝賜予的力量，連續走了四十晝夜，到了何烈山，躲過了耶洗別的毒手。

耶洗別的陰毒，不僅僅表現在殘害上帝的先知上。

在亞哈王宮附近，有一個美麗的葡萄園。春天，美麗的鳥兒在葡萄園上空飛翔鳴叫；夏天，葡萄園的綠葉長大，從王宮望去，就像一片碧綠的海。風兒從葡萄園吹進王宮的窗子，帶著陰涼的氣息；秋天，碩大熟透了的葡萄，閃著晶瑩的光芒，吸引著好多遊客前來觀賞、採摘，歡歌笑語洋溢葡萄園；冬天，葡萄園在日光下一片靜謐。這個葡萄園，是耶斯列人拿伯的產業。

亞哈十分喜歡這片葡萄園，他對葡萄園主拿

何烈山

伯說：「你能將這片葡萄園給我嗎？我給你一片更大、更好的葡萄園。如果你想要銀子，我可以買下來。」

拿伯聽了亞哈的話，十分為難：「尊敬的國王陛下，這片葡萄園我是萬萬不敢出讓的。因為這是先人留下的產業。」

亞哈見拿伯堅決不肯出讓葡萄園，有些悶悶不樂。王后耶洗別見了，嘲笑亞哈無能：「你還是不是以色列的國王？這點事情都能難倒你！你儘管開心地吃飯、睡覺吧！我有辦法將葡萄園歸你所有。」

隨後，王后想出了一個陰毒的主意。她藉用亞哈的名義，給長老貴冑們寫了一封舉薦信，她在信中寫道：「我聽說拿伯為人正直善良，品格高尚，在百姓中很有威望。像這種有才有德的人，不可埋沒，要予以重用。」

長老貴冑們見了國王的信，立即召來拿伯，讓他做本地的民間首領。半年過去了，聚集在拿伯身邊的人越來越多，耶洗別授意兩個心腹，控告拿伯褻瀆國王和上帝，企圖造反，隨後，眾人將拿伯拉出城外，用石頭砸死了。

拿伯死後，亞哈順理成章地得到了那片葡萄園。

耶洗別的毒計儘管不露痕跡，但還是傳了出去，被以色列人知道了。懾於王后的淫威，誰也不敢說出來。上帝對此也十分震怒，讓先知以利亞去見亞哈，傳達上帝的曉諭。當時，亞哈正在拿伯的葡萄園中消暑，以利亞來到這裡對亞哈說：「你奪取了拿伯的葡萄園，上帝要懲罰你謀財害命的罪惡。狗在哪裡舔拿伯的血，也必定在那裡舔你的血。上帝要降災禍給你的家族，凡屬於你們家族的男丁，都要從以色列人中滅絕。你的妻子耶洗別，必定要喪命在耶斯列城外，野狗要吃光她的肉！」

亞伯聽了以利亞的預言，十分害怕。他無論睡覺還是平時，都身穿麻布懺悔。因為悔恨，他神情變得蒼老，走路也緩慢了。上帝見狀，對以利亞說：

「看來亞伯是真心懺悔了，他是那麼的難過。看在他懺悔的份上，他在世的時候我不會降下災禍；到他兒子這一代，我必定降災禍給他的家人。」

三年後，亞哈帶隊打仗，被一支流箭射中，不治身亡。亞哈死後，他兒子亞哈謝即位，時隔不久從樓上摔死。亞哈謝死後，他弟弟約亞登基。約亞在位十二年，以色列戰亂頻繁，動盪不安。

摩西法律規定，只要有兩個或者兩個以上的證人，證明某人褻瀆上帝，這個人就可以被處死。耶洗別正是利用這兩點，先給拿伯許以高位，然後將其謀殺。除此之外，她還將拿伯的孩子害死，致使拿伯的產業無人繼承。

亞哈的惡行雖然達到極點，甚至比以色列的其他幾個國王都嚴重，但是他最後真心誠意敬仰上帝，虔誠表達自己的謙卑和悔改之意。這種態度，其實是對上帝的信心，因而消滅了罪惡，上帝減輕了對他的處罰。

這個故事給信徒的啟示是：上帝既然能對亞哈產生憐憫，也能對別人產生憐憫。只要現在樹立起對上帝的信心，誠心謙卑，無論多麼邪惡的人，總有機會獲得上帝的赦免。

英斂之（1867年～1926年），天主教學者，中國近代報刊出版家，原名英華，字斂之，滿洲正紅旗（今內蒙古自治區烏蘭察布盟東部）人。1895年皈依天主教，1902年在天津創辦《大公報》，兼任總理和編撰工作。

法力無邊的以利沙

四規，又稱為聖教四規，是天主教徒對宗教生活應盡的四種義務：

一、凡主日及一總罷工瞻禮之日，該參與全彌撒。

二、當遵守聖教會所訂的大小齋期。

三、該妥當告解並善領聖體至少每年一次。

四、當盡力幫助聖教會的經費。

一天，以利沙套著二十四隻牛在田裡耕種，正好被路過此地的以利亞看見了。以利亞一眼就看上了這個小伙子，正在尋找先知接班人的他，一番自我介紹之後，問以利沙是否願意做自己的徒弟。以利沙很早就聽聞這個老先知的名聲，對他推崇備至。見老先知肯收自己為徒，欣喜萬分。

以利沙回去將這個喜訊告訴了父母和鄉親們，父母和鄉親們紛紛向他祝賀。他宰殺了兩隻牛，和鄉親們熱熱鬧鬧吃了一頓團圓飯，告別了父母，跟著以利亞上路了。

從此，師徒二人走南闖北，形影不離。數年過去了，以利亞老了，以利沙也學會了以利亞大部分本領。以利亞知道自己不久於人世了，就對以利沙說：「我要到伯特利去，路途遙遠艱辛，你就不必和我去了。」

隱居的聖人

以利沙說道：「我對著永生的上帝發誓，我絕不離開您！」

就這樣，以利沙到了伯特利。伯特利的先知們對以利沙說：「上帝要將你師父帶走，你知道嗎？」以利沙怕師父聽見了傷心，就對先知們說：「我知道，但請你們不要告訴他。」

就這樣，師徒二人水米未沾，從伯特利到了耶利哥，又從耶利哥到了約旦河。以利亞用衣角拍打河水，約旦河水左右分開，兩人足不沾水，到了約旦河對岸。

以利亞知道以利沙對自己忠心耿耿，決定將自己全部的本領都傳給他。這時候上帝降下火車、火馬，將兩個人隔開，以利亞身坐火車升空，漸漸不見了。以利沙看著這種神奇的景象，激動不已。他披上以利亞從空中掉下來的外衣，走到約旦河旁邊，用衣角拍水，約旦河分開一條旱道——以利亞將自己最後的本領傳授給了以利沙。

以利沙來到耶利哥，先知們在城外迎接。他在耶利哥小住了幾日，看到這裡的人神情萎靡，農作物還沒到成熟的季節就枯萎了，就問是什麼原因。有人告訴他，這裡的水質惡劣，人畜喝了，往往得病；澆過水的農作物，沒到成熟的季節就乾枯了。以利沙讓他們取來一個新瓦罐，裡面裝滿鹽。以利沙拿著瓦罐，將鹽倒入井中，裡面渾濁苦澀的井水瞬間變得清冽甘甜。從此以後，澆過水的農作物生機勃勃，長勢豐茂；人喝過水後，容顏煥發，神采奕奕。

以色列首都撒馬利亞，有一個先知的門徒去世了，留下了一個寡婦和兩個兒子。門徒生前得病，欠了很多錢，債主逼著寡婦賣掉孩子償債。以利沙聽聞此事後，找到寡婦問道：「妳家裡還有什麼值錢的東西嗎？」

寡婦說：「只剩下一瓶油了。」

以利沙讓寡婦從鄰居那裡借了很多空瓶子，將寡婦家的油瓶拿來，往空瓶

子裡面倒油，油瓶裡面的油源源不斷地流出，很快將所有空瓶子裝滿了。寡婦將這些油賣了，還清了債務，剩下了一些餘錢，維持著他們母子的生活。

有一年吉甲大災荒，百姓們吃野菜中了毒，以利沙用大鍋熬了一鍋麵湯讓人們喝了。從此，不管吃何種野菜，再也沒有發生過中毒的事情。一次，一個善心人帶給以利沙二十個餅來救濟吉甲的災民。以利沙身邊有一百多個飢民，他們說道：「才二十個餅，該分給誰吃呢？」以利沙讓人們排好隊，依次領取餅。一百多個人領完了餅，袋子裡面還剩餘很多。人們吃飽後各自拿了許多回家。

鄰國國王得了癩瘋病久治不癒，找來以利沙，以利沙讓他去約旦河沐浴七次，癩瘋病果然痊癒了；一個信奉上帝、尊敬先知的女人，因其丈夫年老一直無法生育，以利亞祈求上帝，讓她有了一個兒子；後來女人的兒子得

升天圖

了重病，以利沙施法，讓孩子起死回生；信徒借人的斧頭，不小心掉入河裡面了，以利沙施法，讓斧頭漂了上來。

以利沙法力無邊，他的故事被人們廣為傳頌。

關於先知以利沙的幾個小故事，出自《列王記下》。本卷書以先知升天開始，到以色列和猶太兩國人民被離散到外邦結束。原本威震四海的泱泱大國，由於對上帝的不信仰，分崩離析，最後衰敗。

以利亞直接被上帝接到天上。他是《聖經》中第二位沒有經過死亡直接升天的人。

以利沙意為「神即拯救」，或「神是救恩的神」。他是繼以利亞後北以色列的第二位重要先知，在位五十年，經歷了四個國王。

張文開（1871年～1931年），字鑒如，號亦鏡。廣西平樂人。1871年生。為中國基督教文壇上一名健將。幼讀鄉塾，以文章詞句聞名。1893年入浸信會，為基督徒。後赴廣州，在教會擔任文字工作，曾主編《真光》雜誌二十餘年。於1917年任香港基督教徒所辦的《大光報》主筆。著作有《去荊鋤》、《與老學究語》、《耶儒辨》等。

兩國破滅：耶路撒冷在哭泣

代禱是一種懇求的行動；由信徒為其他有需要的人祈求神的憐憫及恩惠。代禱是一種真實的祈求（不包含崇拜、感恩或補贖成分的懇求行為）。代禱表示在神聖愛的共融中彼此的關懷及支持。

何細亞起兵反叛，殺了前任國王，篡奪了北以色列國的王位。他在位期間，大肆信奉異教神，引起了上帝的極大不滿。

當時，北以色列國有埃及和亞述兩大強國環伺。亞述王派兵征服了以色列，以色列成了亞述國的附屬國，每年進貢。隨著時間推移，埃及勢力逐漸強大，北以色列的一些王公貴族為了擺脫亞述王朝的控制，暗地和埃及人私通。漸漸地朝內反對亞述王朝的人越來越多，並且佔了上風。迫於壓力，何細亞和亞述王朝斷絕了外交關係，不再向它進貢。在何細亞坐上王位的第四年，惱羞成怒的亞述王大舉進犯以色列。以色列在這場戰鬥中慘敗，何細亞被生擒，亞述人將他裝進了囚車，帶到亞述國囚禁起來。

北以色列的殘兵退到撒馬利亞頑強抵抗。亞述大軍將撒馬利亞團團圍住，用了三年時間才將城攻下來。攻破城池後，亞述人對撒馬利亞人展開了血腥屠殺。隨後，亞述王迫使以色列人進行大遷徙，大批以色列人被驅趕，零零星星安置到亞述國的偏遠地帶；與此同時，亞述王又將大量外地居民遷入以色列，就這樣，以色列國家徹底滅亡，存留在北以色列國家的十個支派，猶如滴水落入大海，渺不可見。

當時猶太國由希西家執政，希西家看到以色列亡國，大為恐慌。他吸取了以色列人的教訓，雷厲風行開始了宗教改革，損毀異教神的祭壇、神像，全面樹立上帝的權威。

耶路撒冷哭牆

希西家的宗教改革觸怒了亞述人，亞述人大舉進犯猶太國。希西家一方面施緩兵之計，派使者去拉吉見亞述王說：「我有罪了，求您離開我；凡您罰我的，我必承當。」亞述王罰他銀子300，希西家為了湊齊如數的金銀，把耶和華殿和王宮府庫裡所有的銀子都拿出來，甚至把聖殿和王宮裡包門和柱子的金子也刮了下來充數。另一方面，希西家動員全體人民起來抗戰。軍民同心，塞住了耶路撒冷城外的一切泉源和流向城裡的小河，使侵略者得不到水喝。希西家還指揮百姓修築所有拆毀的城牆，高與城樓相齊；在城外又築了第二道圍牆。

面對希西家的謙遜求和，亞述王得意萬分：「我們滅了那麼多國家，有哪個國家的神來拯救他們呢？我們滅了以色列，全能的上帝耶和華對以色列人的庇護在哪裡呢？」

上帝聽了亞述王的話，派出一位使者，將亞述軍營中的十八萬五千人全部屠殺。亞述王灰頭土臉逃回首都尼尼微。幾十年過去了，亞述王朝和埃及王朝逐漸衰落，新興的巴比倫國家強大起來，開始進犯猶太國。他們打敗了猶太人，將猶太國王約雅敬用銅鍊鎖住，押往巴比倫囚禁；與此同時，他們將猶太國內的工匠、壯丁和貴族全擄走；掠去的金銀珠寶、貴重器皿不計其數。

約雅敬的兒子約雅斤即位做了猶太國新國王，僅僅三個月零十天後，又被

巴比倫國王廢除，囚禁到巴比倫。

　　隨後，西底家就任猶太國王，在位十一年後，受到了親埃及派的蠱惑，起兵反抗巴比倫。巴比倫王興兵討伐西底家，防務脆弱的耶路撒冷不堪一擊，很快就被巴比倫軍隊攻破。巴比倫大軍進入耶路撒冷後，將上帝的聖殿當作刑場，無數猶太壯丁被驅趕到聖殿，慘遭屠殺。隨後，他們將聖殿的祭祀用品、金銀寶貝擄掠一空，燃起了一把大火。就這樣，曾經雄偉富麗的耶和華聖殿，成了一片灰燼。巴比倫人將耶路撒冷的城牆拆毀，燒毀了王宮。

　　猶太被劃歸成巴比倫的一個省，巴比倫王派人擔任省長。猶太國也因此滅亡了。

　　北以色列滅亡時間應該在主前七二二年。北以色列滅亡，主要原因是對上帝的不敬。他們拋棄上帝訂下的和約和法律，崇拜異教神。儘管先知們多次規勸，但他們始終不予悔改。最後上帝將他們從迦南趕走，讓他們顛沛流離，淪落他鄉。

　　耶利米是猶太國最後一位偉大的先知。他力勸西底家不要背叛巴比倫，並且預言埃及必定失敗、巴比倫必定攻破耶路撒冷。西底家不聽從耶利米的忠告，最終亡國。

陸徵祥（1871年～1949年），字子興，上海人。中國近代著名的天主教人士，也是著名的外交官。1911年陸徵祥受洗入教。之後他擔任了共和政府的外交總長，後來還曾經出任過政府總理，並一直負責外交事務。在918年12月1日率領中國代表團出席巴黎和會。1927年進入比利時一座修道院成為修士，學習拉丁文和神學，1935年成為神父，1949年去世。

第五編

耶穌傳說

約翰：曠野中生長的施洗者

聖事是基督教的重要禮儀。天主教和東正教認為聖事一共有七件：聖洗（洗禮）、堅振、告解、聖體、終傅、神品和婚配。新教通常只承認洗禮和聖餐是聖事，而有些宗派不承認有聖事。

猶太國滅亡後，幾十年過去了，巴比倫衰落，一個更加強大的波斯帝國誕生了。新興的波斯帝國消滅了巴比倫，遼闊的疆域從東部的印度河，一直延伸到西部的地中海地區。波斯帝國的領袖政治開明，對猶太人施行懷柔政策，允許猶太人歸家復國。

就這樣，猶太人在領袖羅巴伯（在巴比倫的名字是設巴薩）和耶書亞的領導下，返回猶太，重新修建了聖殿和耶路撒冷。

那時，猶太和加利利地區處在希律王的統治之下。當時有一個年邁的祭司撒迦利亞，他和妻子以利沙伯虔誠信奉上帝，遵從上帝的一切誡命禮儀。可是至今膝下無兒，夫婦二人因此鬱鬱寡歡。

一天，撒迦利亞在聖殿值班。一清早，按照規矩抽籤，他抽到了一支去聖所燒香的籤。他來到聖所的香壇旁邊，天使突然顯現，對他說道：「你不要害怕，你和你妻子的心事我都知道了。不久你妻子就會懷孕，為你生下一個兒子，名叫約翰。從今天起，你要滴酒不沾，以便讓孩子在母腹中充滿生靈。這個孩子必定有非凡的才智和能力，讓父親的慈愛轉向女兒，讓悖逆的人順從善良。」

撒迦利亞滿腹狐疑說道：「我和我妻子都已經年邁，怎麼可能生孩子呢？」因為不相信天使的話，他隨後變成了啞巴。

在殿外燒香的百姓很奇怪祭司在裡面這麼久的時間。等到撒迦利亞走出來

施洗約翰

的時候，人們發現他竟然無法開口說話了。

時隔不久，撒迦利亞驚訝地發現妻子果然懷孕了。六個月後，耶穌未來的母親馬利亞，按照天使的預言也懷孕了。她來到撒迦利亞家裡，向以利沙伯問安。聖靈注滿全身的以利沙伯心裡澄明，知道馬利亞是主的母親，一臉卑謙地給馬利亞施禮，向主母問好。馬利亞在以利沙伯家住了三個月後離開。

馬利亞離開後，以利沙伯生下了一個孩子，四鄰前來慶賀。第八天的時候，給孩子舉行了割禮。同族的長老要按照規矩給孩子取名撒迦利亞。以利沙伯說道：「這萬萬不可，就給孩子取名約翰吧！」

族人紛紛反對：「這怎麼行呢？我們親族中沒有叫這個名字的呀！」

變成啞巴的撒迦利亞在旁邊無法發表意見。人們打手勢徵求他的意見，他向人們要了一塊木板和一支筆，在上面寫了兩個字「約翰」。就這樣，孩子的名字定下來了。

令人感到稀奇的是，啞巴了十個月的撒迦利亞即刻能開口說話了，他舌頭舒展，口齒清晰地稱頌上帝，周圍的人都感到十分驚奇。這件事情傳遍了猶太

地區，人們議論紛紛：「這個孩子以後可了不得，因為上帝和他同在！」

被聖靈充滿全身的撒迦利亞預言道：「救世主即將降臨，拯救百姓，我的兒子約翰必定成為救世主的開路先鋒。」

約翰在曠野中一天天長大，心靈完美，體格強健。

這個故事出自《新約》中的〈路加福音〉。故事中的約翰是施洗約翰，區別於「使徒約翰」。施洗約翰童年在曠野居住，長大之後開始傳道，在約旦河給猶太人施行洗禮，就連救世主耶穌也是約翰施洗的。

研究者認為，約翰之所以在曠野長大，一方面是為了與世俗隔絕，遠離塵囂，讓靈命更好地成長；另一方面是避免受到虛偽宗教和世俗政治勢力的影響。

石美玉（1872年～1954年），湖北黃梅人，生於江西九江。幼年隨美籍傳教士赴美讀書，光緒二十二年（1896年）畢業於密西根大學醫學院。光緒二十六年回國，在九江創辦但福醫院及護士學校。民國9年，與美國傳教士胡遵理來上海，成立上海伯特利傳道會，創辦伯特利醫院（今上海第二醫科大學附屬第九人民醫院）及護士學校，任院長及校長。翌年，中華醫學會上海支會成立，被選為副會長。

耶穌出世：
安放在馬槽裡的聖嬰

按照基督教經典的說法，基督教的創始人是耶穌。他30歲左右（西元1世紀30年代）開始在巴勒斯坦地區傳教。耶穌聲稱，他的來臨不是要取代猶太人過去記載在《舊約》《聖經》的律法，而是要成全它。歷史上是否真有耶穌這個人，研究基督教的專家一直存在爭議，到現在也沒有一個求同的說法。

在加利利拿撒勒城，有一個童女馬利亞，她剛剛和大衛家族的約瑟訂婚不久，但尚未結婚同房。在以利沙伯懷孕滿六個月的時候，天使加百列奉上帝之命，告訴馬利亞即將懷孕生子，生下的孩子要取名耶穌。天使說道：「妳兒子耶穌將要成為一個至高無上的人物，上帝會將先祖大衛的位子傳給他。他統領的國家將延續不絕沒有窮盡。」

馬利亞聽後誠惶誠恐：「我相信全能的上帝，可是我尚未和丈夫同房，怎麼能懷孕生子呢？」

天使說道：「聖靈要降臨到妳身上，所以上帝會庇護妳。因為妳所生的孩子是聖者，是上帝的兒子。你親戚以利沙伯，也就是祭司撒迦利亞的妻子，年邁體衰，一直沒有孩子，六個月前也懷孕了。上帝說的話都會應驗的。」

馬利亞原本是一個對上帝虔誠的人，聽了天使的話更加順服上帝的旨意。

馬利亞的未婚夫約瑟是一個老實本分的木匠。當他得知馬利亞懷孕的事情後，又是驚訝，又是氣憤。驚訝的是，他和馬利亞兩小無猜，青梅竹馬，他知道她不是那種輕浮孟浪的人，怎麼會突然懷孕了呢？氣憤的是，馬利亞懷孕的事實就擺在他眼前，他感到巨大的恥辱。思前想後，善良的約瑟決定維護馬利

亞的名譽，不事張揚地和她退婚。

約瑟的心事讓上帝知道了，當天晚上他派出天使曉諭約瑟：「大衛的子孫約瑟，關於你未婚妻懷孕的事情，請你不要多想，這全是上帝的旨意，她將要生一個兒子，取名叫耶穌。你只管將馬利亞迎娶過來，你的兒子耶穌，要將百姓從罪惡中救贖出來。」

約瑟原本是一個虔誠信服上帝的義人，聽了天使的話，他即刻將馬利亞迎娶過來，只是沒有同房。約瑟小心侍奉馬利亞，一點也不敢懈怠。

時隔不久，羅馬政府進行第一次大規模的人口普查，目的是更好的控制稅源。約瑟帶著身孕已久的馬利亞前往伯利恆申報戶口。伯利恆的客棧住滿了客人，他們只好在客棧的馬廄裡面將就一晚。半夜時分，馬利亞腹中疼痛。忽然，一道神聖的光輝籠罩住了馬廄，所有原先打噴嚏、踢打蹄子的馬，都睜大了眼睛安靜了下來，靜待著萬王之王的降生。耶穌降生後，馬利亞用破布將聖嬰裹住，安放在馬槽中。

在伯利恆的鄉間野外，一群牧羊人在看護著他們的羊群。這時候天使降臨，輝煌的榮光照亮了牧人的四周，牧羊人感到十分害怕。天使說道：「我是來給你們報告喜訊，你們不要害怕。在伯利恆，誕生了你們的救世主。那個嬰孩用布包裹著，躺在馬槽裡面。」天使說完，一列天兵降臨，高唱讚美詩：

在至高之處，

榮耀歸於神，

在地上平安，

歸於他所喜悅的人。

好奇的牧羊人在伯利恆的馬廄中找到了約瑟夫婦，看到了安放在馬槽裡的

耶穌誕生

聖嬰。他們將天使的話四處傳開了。馬利亞親耳所聞、親眼所見，更加相信這是上帝的靈驗。

當時，羅馬皇帝委派希律管轄猶太和加利利地區。耶穌降生之後，有幾個博士從東方來拜見希律王：「我們觀察星象，得知這裡降生了一個猶太之王，請問您知道在哪裡嗎？」

希律王聽了忐忑不安，但他不動聲色，對東方博士說：「煩勞幾位尋到猶太之王，告知我，我好去敬拜。」

東方博士在馬廄中看到了睡在馬槽裡面的聖嬰耶穌，虔誠膜拜，獻上最珍貴的黃金、沒藥和乳香。他們知道希律王不安好心，沒有和他打招呼就離去了。

聖嬰取名耶穌，出生八天後進行了割禮。根據法律「凡頭胎的男子，必稱聖歸主」，約瑟和馬利亞帶著耶穌，到耶路撒冷聖殿給上帝獻祭。

獻祭完後當晚，上帝派遣使者告知約瑟：「希律王要尋找聖嬰並殺掉他，快點逃走吧！」按照上帝的指引，約瑟和馬利亞帶著耶穌逃到了埃及，一直到希律王死後才回來。

希律王為了消滅猶太人的王，對全境進行大搜捕，凡是兩歲以下的嬰兒，全部殺死，犯下了滔天罪行。

「耶穌」在當時是很普通的名字，相當於希伯來文的「約書亞」，是「主拯救」的意思。《聖經》時代，人們對名字十分重視，認為力量來自於名字。對於那些信徒而言，耶穌這個名字蘊含著巨大的能量，可以使病人得到醫治，罪惡得以赦免。在那個時代，沒出嫁的女人要是懷孕，是會遭受滅頂之災的。如果孩子的父親不願意娶她，不是被父親趕出家門，就是會淪落為妓女或者乞丐。即使冒著這麼大的危險，馬利亞依然遵照上帝的意旨，可見其信心是多麼

堅定。

　　如此偉大的救世主，為什麼降臨在又髒又臭的馬廄中呢？這正顯示了救世主的普遍性，哪裡需要，就出現在哪裡。

　　那些東方博士從哪裡來？到哪裡去？他們是什麼人？這些問題是《聖經》研究領域的難點，現有的資料都無法給予合理答案。但是研究者認為，東方博士送給耶穌黃金、沒藥和乳香是有目的性的，可以做為他們逃亡埃及之後的生活來源。

畢範宇，（1895年～1974年），美國美南長老會傳教士、漢學家、上海國際禮拜堂牧師。抗日戰爭期間曾做過蔣介石的顧問，孫中山先生《三民主義》一書英文本翻譯者。著有《金陵神學院史》、《戰時中國一瞥》《中國──黃昏乎？黎明乎？》等書。

聖殿中的辯難者

耶穌思想的中心，在於「盡心盡意盡力愛上帝」及「愛人如己」兩點。耶穌出來傳道，宣講天國的福音，勸人悔改，轉離惡行。他的教訓和所行的神跡，在民眾中得到極大的回應。

希律王去世後，上帝曉諭約瑟一家可以返回猶太地區了。

當時希律王的兒子亞基老做猶太王。亞基老殘忍好殺，約瑟一家不敢去耶路撒冷，只好回到加加利的拿撒勒老家。

經年沒人居住，約瑟的家荒草叢生，房屋破舊。懂事的耶穌，和父親母親一起拔掉荒草，壘砌院牆，修繕房屋。一切就緒後，他們拿著僅有的餘錢，買來炊具和少量糧食，給父親買了一套木匠工具。

約瑟每天天不亮就出去攬活兒，耶穌跟在父親後面打下手。幾個月過去了，耶穌也可以獨當一面了。父子二人勤勤懇懇，日子逐漸豐足起來。母親馬利亞操持家務，把家裡打理的井井有條。約瑟家裡，充滿著和諧、寧靜和幸福的氛圍。

幾年過去了，馬利亞又生了四個男孩兒和兩個女孩兒，四個男孩兒分別是雅各、約西、西門和猶太。耶穌不僅幫父親幹木匠活兒養家，還幫母親帶弟弟妹妹。

耶穌十二歲那年，父親和母親帶著他，像往年一樣去耶路撒冷朝拜聖殿。朝拜完畢後，馬利亞帶著耶穌，和一幫婦女兒童走在前面，約瑟和一幫青壯年男人殿後，一起往回走。剛到拿撒勒城門口，馬利亞才發現，原本走在身邊的耶穌不知什麼時候不見了。這下急壞了約瑟和馬利亞，他們找遍了親朋好友，都沒有耶穌的下落。無奈之下，他們抱著試試看的心理，到耶路撒冷沿街尋找。

耶穌上聖殿

　　三天後，他們找到聖殿，才長吁了一口氣。他們看見，年僅十二歲的耶穌，端端正正地坐在聖殿上，身邊都是宗教界的先知、祭司和領袖，以及大批猶太教師和學者。耶穌神情平靜，不卑不亢，專心聽他們講經佈道。自由提問的時間到了，他開始向學者們發問，面對耶穌的發問，學者們面面相覷，無法解答。一時間，聖殿上的人們把目光投到耶穌身上，耶穌成了聖殿的焦點。人們議論紛紛：「這是誰家的孩子？」

　　「這麼聰明的孩子，還從來沒見過呢！」

「真是少年奇才呀！」

面對這些誇讚，耶穌平靜自然。講經休息的時間到了，耶穌走出大殿，心急如焚的約瑟和馬利亞趕緊走過去，抱住耶穌：「你什麼時候離開我們的，怎麼也不說一聲呢，你知道我們多麼著急嗎？」

耶穌平靜地說道：「你們不必為我著急，這裡原本就是我的家呀！」

約瑟和馬利亞雖然知道耶穌是上帝的兒子，但他們撫養他這麼多年，就像撫養一般孩子一樣。耶穌這突然的舉動和突然說出這樣的話來，讓他們不知所措。但是他們明白，這個孩子肩負著神聖的使命，他隨著年齡的增長，必定會更加神奇和富有智慧。

講經完畢後，耶穌順從地和父母回到了拿撒勒，在父母的養育和教誨下，又一起生活了十八年。

在猶太地區，聖殿是最好的學習場所。當時耶穌隨父母朝拜，可能恰巧宗教界的高手學者在舉行聚會，耶穌不願意喪失這個學習的機會，但又害怕父母阻攔，所以偷偷留了下來。

這是耶穌有生以來第一次以上帝兒子的口吻和地上的父母談話。即便他知道自己真正的父親是上帝，他依舊和地上的父母回到了拿撒勒，一起生活了十八年。這充分說明，上帝的子民不會忽視家庭責任，更不會輕視家庭倫理。上帝的兒子都知道順服地上的父母，而那些一般的教眾，是不是更應該敬重家人呢？要知道，供奉上帝和尊敬家人是不矛盾的。

江長川（1884年～1958年），中國上海人，世居上海老西門。1941年，在華的美以美會、監理會、美普會在上海舉行合併後的第一屆中央議會，中文名稱為「中華基督教衛理公會」，首次選出華人江長川、陳文淵擔任會督。

耶穌受洗：
天國榮光籠罩約旦河畔

洗禮是基督教的入教儀式，分為「注水洗禮」和「浸禮」兩種。接受洗禮的人，可以赦免他的「原罪」和「本罪」。

約翰在曠野日復一日承受著夏日酷熱和冬日嚴寒的洗禮，忍受著狂風的侵襲和飛沙的擊打，他的體格日漸強壯；他的心靈時時刻刻傾聽聖靈的教誨，他對上帝的信仰虔誠而又堅定。

日子一天天過去了，約翰長大成人，他深知自己肩負著為救世主耶穌開道的神聖使命。在上帝的指引下，他離開曠野，走到約旦河附近，為過往行人佈道。

約旦河兩岸土地肥沃，每天有農人在田間勞作；商人也在兩岸穿梭往來。約翰身穿駱駝毛織成的大衣，腰束皮帶，他神情悲憫、語調高亢，對著過往行人高聲說道：「天國近了，你們應當悔改，趕快懺悔自己的罪惡吧！」

過往的行人恥笑他，認為他是個瘋子：「這個年輕人是從哪裡來的呢？憑什麼認為我們有罪！」

第二天，人們聽見約翰依舊高聲說著：「天國近了，你們應當悔改！」好奇的人們圍攏過來，想聽聽約翰怎麼說教。漸漸地，人們開始信服了。幾個月過去後，約翰的名聲廣為傳播，人們尊敬他、敬畏他，越來越多的人專程趕來聆聽他的教誨。人們誠惶誠恐地匍匐在約翰面前，承認自己的罪惡，懇請約翰將罪惡洗去。

於是，約翰開始在約旦河旁邊為過往行人洗禮。約翰對著前來接受洗禮的人說道：「你們都是有罪的人，約旦河水能讓你們摒棄自己的毒和惡。上帝能

寶座上的聖母子與洗禮者約翰

讓亞伯拉罕的子孫延續，也能將罪惡的人滅絕。上帝鋒利的斧頭已經準備好了，那些結出罪惡之果的樹木，必將被砍伐。」

約翰接著說：「我是用水給你們施洗，叫你們悔改；那些在我之後來的，能力比我更強，我就是幫他提鞋也不配。他要用聖靈與火給你們施洗。」

「我們如何去除自己的罪惡呢？」

「心靈向善，虔誠做上帝喜歡的事。比如你有兩件衣服，分一件給那些沒有衣服的人。」

250

耶穌受洗：天國榮光籠罩約旦河畔

約翰提醒那些前來受洗的官吏，要勤政愛民，不要貪暴；他對稅吏說：「按照規定的稅賦徵收就行了，不要額外加稅。」

耶穌得知約翰在約旦河旁施洗的事情後，知道他的開路先鋒出現了。他告別了父母，離開了拿撒勒，走出了加利利，來到約旦河畔。

他對約翰說：「請你為我洗禮吧！」

約翰見到耶穌，知道這就是他等待的救世主，為世人贖罪的羔羊。約翰面對他的主人、猶太人的救世主，匍匐在地：「您是無罪聖潔的，我哪裡有資格給您施洗呢？我還等著您給我施洗呢！」

耶穌說道：「照我的話做吧！這是我應當完成的禮儀。」

耶穌語調溫柔平靜卻又肅穆威嚴。約翰不敢抗拒。為耶穌施洗完畢後，遙遠厚重的天幕突然打開，天國的榮光照亮約旦河畔，聖靈變成聖潔的白鴿，翩躚飛至，停在耶穌的肩上。與此同時，耶和華那莊嚴肅穆的聲音從遠方傳來：「這是我的愛子，我所喜悅的。」

耶穌是一個無罪純潔的人，為什麼要接受洗禮呢？研究者認為，耶穌受洗是為了整個國家的罪惡而感到痛悔；同時對施洗約翰的工作表示支持，也顯示自己和平民百姓是平等的。

耶穌受洗，聖靈、聖子、聖父三個位格同時出現在約旦河畔：聖子受洗、聖靈降臨、聖父說話。

鄭建業（1919年～1991年），基督教學者，中國基督教協會副會長兼總幹事，安徽撫州人。鄭建業晚年大力參與學術工作，對建設宗教學提出了一系列創見。

施洗約翰之死：
豔后陰謀下的豔麗舞姿

注水洗禮是基督教洗禮方式的一種。行禮時，主禮者（通常為神父或者牧師）給受洗者額上傾注少量水，讓水從額頭流下，同時口誦規定的禮文。

那時候，希律王的兒子安提帕受羅馬皇帝派遣統治加利利。

有一天，安提帕到同父異母的兄弟腓力家做客，看到了腓力的妻子希羅底。希羅底風姿綽約、顧盼神飛，安提帕一下子看呆了。他不顧自己王侯的身分，熱情地和希羅底搭訕。而水性楊花的希羅底也被安提帕的英俊外表所吸引，況且安提帕的權力遠遠大於腓力。兩人心猿意馬，眉目傳情。

一來一往，兩人勾搭成姦。世上沒有永遠的秘密，姦情很快被腓力知道了，可是腓力忌憚堂兄安提帕的權勢，敢怒不敢言，假裝不知；而安提帕的髮妻更是懼怕丈夫的兇暴，只好睜一隻眼，閉一隻眼。即使這樣，兩人也不滿足於暗中私通，希羅底更是明目張膽跑到希律王的宮中，希律王拋棄了髮妻，將希羅底明媒正娶。

希律王的行為激起了人們的普遍非議。施洗約翰對希律王說道：「你拋棄髮妻，迎娶兄弟之妻，既不符合摩西法律，也違背倫理道德。現在人們對你的行為議論紛紛，我勸你還是知錯能改，將希羅底休了吧！」

嗜殺、兇暴、貪婪、好色的希律王，正和希羅底如膠似漆，哪裡聽得進約翰的規勸。約翰規勸希律王的話傳到了希羅底的耳朵裡，她不禁惱羞成怒，認為約翰誠心挑撥她和希律王之間的關係，更害怕希律王聽從了約翰的意見，將自己遣返回腓力身邊，於是力勸希律王將約翰殺掉。但是，施洗約翰威望很

高，人們對他十分敬仰，認為他是偉大先知以利亞的化身。希律王也怕殺了約翰引起眾怒；更怕得罪上帝受到懲罰。他思前想後，想出了一個三全其美的方法：將約翰關入監獄，既能出了自己心中的怨氣，也讓約翰受到懲罰，還不必背負殘殺先知的惡名。

希羅底一心想讓希律王殺掉約翰，她左思右想，忽然心生一計。

希羅底有一個女兒，聰明伶俐，能歌善舞，備受希律王寵愛。希羅底對女兒添油加醋的將約翰描述成一個陰險狡詐的惡人，時間一長，女兒也對約翰恨之入骨。希律王的生日到了，他宴請滿朝文武官員，還請了鄰國好多國王貴族。在酒宴上，希羅底女兒為希律王獻上了舞蹈，在場的人無不拍案叫絕。希律王更是喜不自勝，疼愛地對女兒說道：「我的女兒，今天妳需要什麼，只要開口，我一定滿足妳！」

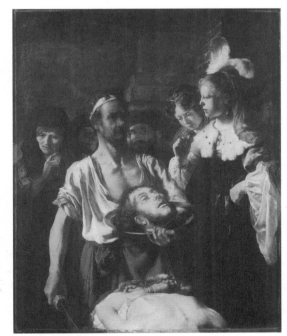

女兒按照母親昨晚的叮囑，對希律王說道：「我懇請父王把施洗約翰殺了，用盤子將腦袋呈上，拿來給我。」

希律王聽了女兒這個意外的要求，知道是希羅底的主意，萬分為難。但是當著這麼多人的面，諾言已出，他騎虎難下。最後還是命人將約翰殺死了。面對盤子裡約翰鮮血淋漓的頭顱，陰險狠毒的希羅底不由得暗自得意。

後來，約翰的門徒歷經周

施洗約翰被斬首

折，得到了約翰的屍身和頭顱，將他安葬。

按照摩西法律，迎娶兄弟的妻子是法律所不容許的。

希律家族有著嗜殺和狡詐的傳承，而希律安提帕更是暴虐專制。面對這樣一個人，指出其罪行是要冒很大風險的。約翰明知如此，還是要說真話，顯示了他的正直和對上帝法律的維護。

安提帕荒淫的個性也來自希律家族的遺傳。安提帕父親大希律有十個妻子，希羅底是大希律的孫女，卻嫁給了自己的叔叔腓力。這個家族歷來就是亂倫荒唐，糾纏不清。希羅底的女兒叫撒羅米，是希羅底和前夫腓力所生，當時年僅十六、七歲。希羅底明白丈夫希律王的個性，知道他在生日宴會上必定喝醉，於是教唆女兒跳淫蕩的舞蹈予以引誘，趁希律王心花怒放、半醉半醒時提出了殺害約翰的要求。

明恩溥（1845年～1932年），又作明恩普。美國人。基督教公理會來華傳教士。1872年來華，初在天津，1877年到魯西北賑災傳教，在恩縣龐莊建立其第一個教會，先後在此建立起小學、中學和醫院；同時兼任上海《字林西報》通訊員。他在魯西北傳教30年，寫了大量有關中國的著作，如《中國文明》、《中國人的素質》等。

魔鬼的誘惑

浸禮也是洗禮的一種。主禮者口誦經文，讓受禮者全身浸入水池片刻。
因為這種方式對體弱者不便，到12世紀幾乎完全用注水禮了。

耶穌接受完約翰的洗禮後，在聖父的指引下來到了曠野。

暮色降臨了，冷風吹動荒草颯颯作響。耶穌在暮色中行走在荊棘叢裡，他的衣服都被刮破了。這時候，烏雲壓頂，狂風吹起沙粒打在他臉上，一道閃電劃過，霹靂在他頭頂炸響，緊接著暴雨如注，耶穌在曠野中，沒有一處避雨場所。

大雨整整下了一夜，清晨雨停了，一陣冷風吹過，耶穌感覺寒冷刺骨。他四下望去，曠野中除了黃沙荊棘，就是亂石雜草。看著茫茫無際的荒野，他不知道該往哪個方向走。這時，太陽升了起來，慢慢地將他身上的衣服烤乾。中午時分，悶熱的風吹來，揚起的灰塵讓他備感難受，礫石雜草在烈日的炙烤下更加刺眼，耶穌找不到一個陰涼的地方，只能不停地奔走。白天，毒蛇從他身邊遊走而過；夜間，野獸鬼火般的眼睛在遠處窺視著他，發出飢餓貪婪的吼叫。

就這樣，耶穌在惶恐和困苦中度過了四十天，沒喝一滴水，沒吃一口飯，他感到飢渴難耐，只是每天虔誠禱告，從不間斷。

四十天過後，魔鬼來到耶穌身邊，說道：「你餓嗎？」

「我餓！」耶穌說。

「你是上帝的兒子，為什麼不把荒草變成美酒、把礫石變成美食享用呢？」魔鬼誘惑道。

撒旦的誘惑

耶穌說：「我信奉上帝，上帝將我放到這沒有水、沒有食物的地方，我怎麼能自作主張濫用法力呢？這豈不是對上帝不信任，違背上帝旨意嗎？經書上記載：人活著，不僅靠食物，還要靠神嘴裡所說出的一切話。」

魔鬼見耶穌這麼堅決，就對耶穌說：「我們到另一個地方吧！」於是，魔鬼帶著耶穌騰空而起，來到耶路撒冷，停在聖殿的頂部。

「如果你是上帝的兒子，就請你從這裡跳下去，你一定不會受到傷害。經書上記載：『主要為你吩咐祂的使者，用手托著你，免得你的腳碰在石頭上。』」魔鬼挑釁地對耶穌說。

耶穌說：「我怎麼能對上帝起疑心而去試探祂呢？經書上寫著：不可試你的神。」

魔鬼帶著耶穌來到最高的山峰上，俯瞰著世界上的每一個國家，魔鬼將萬國的榮華和富麗指給耶穌看。

魔鬼的誘惑

「你看這世界上，有享不盡的榮華富貴，有用不完的金錢，有使不盡的權力。這都是世人夢寐以求的呀！只要得到其中的萬分之一就富甲天下了。只要你願意跪拜在我腳下，我將這一切都給你。」魔鬼繼續誘惑耶穌。

「你退下吧！魔鬼。我只信奉上帝、跪拜上帝，怎麼可以拜你呢？」耶穌冷冷地說道。

技窮的魔鬼悄悄遠去，隱沒在雲層中。

剎那間，天空變得明澈清涼，微風裹著花香緩緩而來，天使從空中降下，將耶穌環繞。

這是上帝在考驗耶穌，虔誠而又堅定的耶穌沒有辜負上帝的企望。

魔鬼是靈界惡魔的領袖，在《聖經》中常常被稱為「那試探的人」。自人類始祖以來，他就不斷地引誘人們去犯罪，背叛上帝。魔鬼控制著世世代代的罪惡，又被稱為「世界之王」。他對抗上帝和信奉上帝的人，又被稱為「撒旦」，意思是「抵擋者」。

魔鬼想讓耶穌背叛上帝，放棄長遠計畫和紀律，尋求安逸舒適。他在耶穌最飢餓、最疲倦、最容易擊倒的時候趁虛而入，還是失敗了。這個故事給我們的啟示是：當一個人身處艱難險境，面對重大抉擇和考驗的時候，要堅持自己的信心。

方豪（1910年～1980年），中國天主教神父、歷史學家，浙江杭州人。1921年全家皈依天主教，在杭州神學院預備學校攻讀國學、拉丁文和宗教等，歷任浙江、復旦、輔仁、塘沽、臺灣大學教授，卒於臺北。

虔誠的漁夫和無花果下的聖徒

使徒（Apostle）原文的意思是受差遣者。指奉主差遣，掌握權力，有能力傳揚福音，有恩賜教導真理，並建立教會的信徒。如彼得和約翰是猶太人中的使徒，保羅和巴拿巴是外邦人的使徒，保羅帶領的提摩太和西拉也是使徒。《新約》中的使徒通常指耶穌的十二個門徒。

接受了約翰的洗禮後，耶穌經過了曠野中魔鬼的考驗。這個時候，關於耶穌的傳說已經廣為傳頌，人們都知道有一個名叫耶穌的救世主轉世了。大家議論紛紛：「他長什麼樣子呢？他真能將我們從罪惡和困苦中解救出來嗎？」這時，耶穌開始周遊各地傳道。他每到一個地方，聖子的榮光會引來好多人，他對這些人說道：「天國近了，你們應當悔改！」

一天，耶穌經過格尼撒勒湖邊傳道。眾人簇擁著他，聆聽他講述天國的福音。佈道完畢後，眾人歡天喜地的離開，只有西門和弟弟安德列一臉疲倦，愁眉不展。

耶穌問道：「你們苦惱什麼呢？這天國的福音還不能給你們帶來歡喜嗎？」

兄弟二人說道：「我們讚美全能的主，也相信上帝能救贖我們，使我們得到永生。可是從昨晚到今天，我們兄弟二人不停的撒網捕魚，連一條魚也沒有捕到。我們今天的飯食還沒有著落呢！」

耶穌說道：「你們拉起網、搖起船，往湖心去吧！」

旁邊的一個漁夫說道：「他們從昨晚到現在，一直在湖心魚兒最多的地方撒網，都沒有捕到一條魚呢！現在再去，恐怕也是空跑一趟吧！」

兄弟二人說道：「相信全能的上帝吧！或許會出現奇蹟呢！」

於是，二人拿起漁網，搖著槳划到湖心，一網撒下去，依舊是空的，連一

基督和門徒

根水草也沒有。這時候他們看見耶穌在岸上向他們招手，示意他們繼續。於是兄弟二人連續撒了十二次網，一無所獲。他們信心百倍地撒下第十三次網，歡喜的心情代替了失望和疲倦，滿滿一網魚實在太重了，他們竟然拉不上來。

在旁邊捕漁的雅各和約翰見狀，前來幫忙。一網魚裝在兩艘船上，到了岸邊。西門和安德列來到耶穌面前，跪伏在地上說道：「我的主，您法力無邊令人敬仰。請讓我們追隨您吧！」雅各和約翰也跪伏在地，表示願意追隨耶穌。耶穌看到了四個人的虔誠和順服，答應收他們為徒。

這樣，西門、安德列、雅各和約翰成了耶穌的第一批門徒。後來，耶穌給西門改名為彼得。

四人分別向家人告別，拋棄了所有家業，在耶穌的帶領下，踏上佈道的旅程。在半路上，師徒五人遇見了西門的同鄉腓力。西門對腓力說道：「這是我們遇見的彌賽亞（基督、救世主的意思）。」腓力聽了，虔誠地跪伏在耶穌面前，祈求耶穌收他為徒。得到耶穌的應允後，腓力說道：「彌賽亞的光輝不能我一個人獨享，我的至交拿但業一直仰慕您的盛名，求您也收他為徒。」

在腓力的帶領下，耶穌見到了拿但業。耶穌遠遠看到拿但業，滿意地說道：「這是一個真正的以色列人，他心中沒有詭詐。」

拿但業問道：「您又是如何得知的呢？」

耶穌微微一笑：「剛才我們還沒有到來的時候，你是不是站在無花果樹下乘涼呢？」

拿但業驚訝萬分地跪伏在地：「您就是上帝之子，是以色列之王，我願終生追隨您！」

耶穌說道：「因為我說在無花果樹底下看見你，你就信了嗎？你將要看到比這更大的事，天將要開了，天使會降臨在凡人身上。」

之後，又有幾個門徒跟隨耶穌傳教，耶穌一共收了十二位門徒：

彼得、安德列、西庇太的兒子雅各、約翰、腓力、拿但業、多馬、馬太、亞勒腓的兒子雅各和達太、西門、猶大。

這裡的約翰是使徒約翰，不同於施洗約翰，他和彼得、雅各是耶穌最信任的門徒。

彼得是希臘語，意為「磐石」；無花果樹下，是猶太人靜思、默想的好去處。

拿但業稱耶穌為「以色列之王」，顯示了猶太人對彌賽亞政治性的期盼。

衛禮賢（1873年～1930年），魏瑪教會的傳教士，在他57年的生活涯中，有20多個年頭是在中國度過的，他以一名同善會傳教士的身分來到青島，轉而將興趣和精力投向辦教育、辦醫院，進而踏入探究中國傳統文化的門徑。衛禮賢翻譯出版了《老子》、《莊子》和《列子》等道家著作，還著有《實用中國常識》、《中國的精神》等書，是中西文化交流史上「中學西播」的一位功臣。

一餅飽千人和履海神通

講道是一種宗教行為，基督教各派在舉行公眾崇拜儀式的時候，由牧師或者神父對《聖經》進行講解。

施洗約翰被希律王殺害後，耶穌為了眾信徒的安全，帶領眾門徒要退到曠野中去。人們得到了這個消息，從四面八方趕來，要跟著耶穌一同出奔。耶穌看到這些人，都是熟悉的人，好多人聽過他佈道，接受過他的醫治。

傍晚時候，他們來到了曠野。因為走的匆忙，他們沒有帶上足夠的食品。門徒們看到曠野中坐著黑壓壓一大片人，對耶穌說：「我們在這樣的地方，這麼多人，怎麼預備晚飯呢？要不讓他們各自散開，到附近村莊找些吃的？」

耶穌說道：「不用，你們給他們準備吃的。」

門徒為難地說：「我們只有五個餅、兩條魚，怎麼夠這麼多人吃呢？」

耶穌說道：「把餅拿來，我自有辦法。」

門徒將餅和魚交到耶穌手中，他讓眾人依次坐在地上。耶穌向天祝福，然後將餅和魚撕開，讓人們依次傳下去，那餅和魚就像山澗清泉一樣，綿綿不絕。人們都吃飽了，卻發現還有剩餘，裝了滿滿十二個籃子。

當晚吃飯的人，不算婦女和小孩，足足有五千人。

第二天，他們走到海邊，要乘船過海。這時候天色已經很晚了，黑漆漆的海面上，不時颳來一陣狂風。耶穌讓人們先上船，自己一個人到海邊的山上禱告。

禱告完畢後，已經是四更天了。這時候海風大作，捲起的巨浪拍打著船舷，船在風浪中自動駛離了海岸，越走越遠。搖船的人奮力要將船搖到岸邊讓

基督渡海

耶穌上船，但是風勢強勁，他們無法控制。

這時候有門徒指著海面驚叫：「你們看，那是什麼？」

人們抬頭望去，但見狂風巨浪之中走來一個人，步伐穩健，如履平地，在黑漆漆的海面上，顯得異常神秘。門徒感到害怕，大聲叫道：「你是人是鬼？」船上的婦女和小孩都害怕地大聲喊叫起來。那個人說道：「你們不要害怕，我是耶穌。」

海風將那個人的聲音送到人們的耳中，人們無法分辨這是不是耶穌的聲音。彼得說：「我的主，如果是您，就讓我從這海面上走到您身邊去。」那個人說：「你來吧！」彼得跳下船，雙腳入海，感覺像踩在硬物上，他試探地邁出一步，就像在平地上一般。於是放大膽向那個人走去，越走越近，彼得看清了那個人，正是耶穌。這時候風浪更大，彼得渾身搖擺，身體下沉，高聲叫道：「我的主，快點救我！」

耶穌伸手將彼得拉住，說道：「你怎麼這麼沒信心，難道還不相信我嗎？」

他們上了船，船上的人親眼見了這一幕，一起跪拜在耶穌面前，高聲頌揚：「您真是上帝的兒子，我們的救世主呀！」

彼得並不是試探神，他在不知道來人是耶穌的前提下，有那樣的舉動，是很了不起的。這來源於他的信心。由於他的回應，使他經歷了一次神能力的展示。他的搖擺，是因為他的眼神離開了耶穌，精神過於集中於身邊的狂風巨浪，信心產生了動搖。

這件事情給我們的啟示是：我們不可能在海面上行走，但是會經歷狂風巨浪般的人生考驗。只要心中有希望、有信心，就能度過難關。身為信徒而言，無論在任何艱難環境之下，如果看不到基督的幫助，就容易感到失望而消沉。所以，信徒要在任何環境中保持信心，定睛在耶穌身上。

德蕾莎修女（1910年～1997年），又稱為德蘭修女、泰瑞莎修女，是世界敬重的天主教慈善工作者，主要替印度加爾各答的窮人服務。於1979年得到諾貝爾和平獎。並被教宗若望・保祿二世在2003年10月列入天主教宣福名單Beatification。目前德蕾莎修女的名稱也變為真福德蕾莎修女（Blessed Teresa）。

乾枯的無花果和新生的聖殿

淨禮是天主教禮規之一，也稱為「洗手禮」。司祭在舉行彌撒祭獻前，準備穿祭服的時候，用清水洗手指；在彌撒中，即將舉行正式祭獻前，還要洗手；彌撒結束前，用酒和水洗淨手指，然後喝下該酒水。

猶太人的重大節日——逾越節快要來臨了，在外地傳道的耶穌趕往耶路撒冷，要在聖殿和信徒們一起度過這個喜慶的節日。

耶穌到了耶路撒冷，他先去了聖殿，要給天父禱告。可是，那裡的景象讓他感到驚訝：聖殿的外院，裡面牛羊成群，賣主招呼著買主，買主和賣主討價還價，呼喝喊叫之聲此起彼落，牛叫羊咩之聲不絕於耳。牛羊的屎尿將地面弄得污穢不堪；再往裡走，是一群賣鴿子的，鴿子們停在聖殿的屋樑上，不時有鴿子屎落下；走進內院，小販們的貨攤，挨挨擠擠，成了一個大市集，叫買叫賣聲嘈雜混亂，趕集買東西的人摩肩接踵。靠近祭壇，一排櫃子擺開，一群商人在兌換銀錢，銀錢的撞擊聲叮噹作響。幾個前來祭拜的虔誠信徒被擠到一個角落中，無法舉行祭拜儀式。

耶穌見狀大為震怒，他大聲說道：「聖殿原本是萬國禱告的殿，現在倒成了賊窩！你們趕快出去，不要把我父親的聖殿當作買賣物品的市集！」說完，他將幾個商人的錢櫃和貨攤掀翻踢倒。人們對這個陌生人的舉動感到奇怪，還沒有回過神來，耶穌抓起小攤上的一捆繩子，開始抽打身邊的人，人們四散逃竄；耶穌從內院走到外院，用鞭子一陣抽打，將那些牛羊都趕了出去。

聖殿的祭司長和文士們都是法利賽人，他們見狀剛想說什麼，就發現耶穌帶著門徒拂袖而去。於是，他們就起了殺害耶穌之心。

天色已晚，耶穌離開了耶路撒冷，到附近的伯大尼過夜。第二天一早，耶

基督將商人趕出教堂

穌返回耶路撒冷的時候，感到飢餓。他看見路旁有一棵無花果樹，走近一看，樹上沒有果子可採摘充飢。耶穌十分生氣，對著無花果樹說道：「這棵樹，永遠也不會結果子了。」於是，無花果就立刻乾枯了。隨行門徒見狀十分驚奇地問：「這樹為什麼乾枯了呢？」耶穌說道：「只要你們有信心，不但能使無花果樹乾枯，也能將山挪到海裡去。只要有信心，你們禱告什麼、祈求什麼，都能實現。」

他們到了聖殿，祭司長和民間的長老質問他說：「你昨天的行為是誰授權給你的？你有什麼資格趕走聖殿裡的生意人呢？」耶穌說道：「我也問你們一個問題，你們要是能回答出來，我就告訴你我的權力是哪裡來的。請問，約翰的洗禮是從天上來的還是從人間來的？」

聽了耶穌的問話，祭司長和長老們面面相覷：「我們若說『從天上來』，他必定對我們說：『這樣，你們為什麼不信他（耶穌）呢？』若說『從人間來』，我們可能會被百姓砸死，因為他們認為約翰是先知，約翰的權力，一定是從天上來的。」

他們回答不出這個問題來，心有不甘，繼續刁難耶穌：「你既然有這麼神秘的權力，為什麼不顯示神跡，讓我們親眼見識呢？」耶穌說道：「你們把這聖殿拆了吧！我三天之內能重新建起來。」

長老們聽了紛紛嘲笑耶穌誇海口：「聖殿建造用了四十六年，你能用三天建起來？」於是，他們真的將聖殿拆除了。三天之後，他們發現一座一模一樣

的雄偉聖殿拔地而起，驚訝得目瞪口呆。

伯大尼的希臘文意思是「棗」或「無花果之家」，是困苦之家。伯大尼距離耶路撒冷三公里，在約旦河西岸、橄欖山東麓，是一個不起眼的小村莊。前往耶路撒冷的客旅，經常在這裡住宿停留。耶穌在耶路撒冷受到猶太教首領們的排斥，在這裡卻備受歡迎。

耶穌詛咒無花果樹，暗喻聖殿外表雄偉莊嚴，裡面卻污穢不堪；無花果樹外表繁茂卻不結果實。耶穌在這裡提醒門徒，一定要對上帝充滿信心。

法利賽人質問耶穌從哪裡得到權力，耶穌用了一個不相關的問題反問。假如耶穌說是從天上來的，他們可以控告耶穌褻瀆上帝；假如耶穌說是從人間來的，那麼他們有理由認為自己擁有更大的權力。他們不在乎耶穌的答案，只是要挑釁，找藉口殺掉耶穌。但是耶穌用一個不相關的反問，讓他們陷入了兩難境地。

耶穌用三天時間讓坍塌的聖殿獲得新生，預示著自己死後三天復活。

蘇耀文主教（1959年11月9月~），輔仁大學哲學學士、輔仁大學神學院學士、美國聖路易大學（St. Louis University）宗教培育院（Insitute of Religious Formation）宗教培育課程結業、美國紐約福敦大學（Fordham University）宗教及宗教教育研究所（Graduate School of Religion and Religious Education）碩士，曾任彰化天主堂代理主任司鐸、員林天主堂主任司鐸、紐約中華聖母堂青年會輔導神父、靜宜大學宗輔室主任。

「你們之中有一個是魔鬼」

終傳是天主教和東正教的聖事之一，在教徒年邁或者病危時，神父用經過主教祝聖的橄欖油，敷擦病人的耳、目、鼻和手足，並且唸誦一段經文，認為藉此賦恩於受寵者，赦免罪過。

當時的以色列人忍飢挨餓、生活困苦。當他們知道耶穌用五個餅、兩條魚給五千多人提供了充足的食物後，許多人慕名前來，希望在耶穌的神跡下填飽肚子，得到意外的好處。

人們到了五千人吃飯的曠野，卻發現耶穌帶著眾人離開了。他們四處尋找，終於在迦百農的海邊找到了耶穌。人們說道：「我們虔誠的信服您，所以歷經千辛萬苦來找您。今後我們就要追隨您了。」

耶穌看透了這些人的心思，毫不客氣地說：「你們找到我，並不是信服我，而是我的那些神跡能給你們帶來好處，能夠用餅填飽肚子而已。所以我勸誡你們，不要為這些事情枉費心機了，要為那些永遠不腐爛的食物去奮鬥。如果你們有足夠的信心，聖子會賜給你們這些永生食物。」

「我們應當怎樣做，才能得到永生的食物呢？」人們疑惑不解。

「你們信奉上帝、順服上帝，對上帝所派遣的人心懷虔誠，就能得到永生的食物。」耶穌說道。

「我們憑什麼相信你說的話呢？你有沒有讓我們親眼所見的神跡呢？我們知道在很久以前，摩西從天上降下食物來給民眾吃。你的永生食物是從哪裡來的呢？」人們問道。

耶穌說：「你們錯了，那不是摩西降下的，是我父親從天上降下的。」

人們祈求：「上帝呀，從天上將那樣的糧食賜給我們吧！讓我們永遠擺脫飢餓之苦！」

耶穌說道：「我就是從天上降下來的，我就是你們永生的食物，追隨我、相信我，永遠不會飢渴。我父親差遣我下來，是讓信奉我的人永生。」

人們見耶穌這麼說，心生疑惑。人群中有敵視耶穌的猶太領袖，心懷惡意地說道：「你不是拿撒勒人嗎？你的父親是個小木匠，叫約瑟。你這個木匠的兒子，怎麼是從天上降下來的呢？大家不要信他，他是想矇騙我們、訛詐我們，他是一個瘋子！」

聽了這些話，人們議論紛紛，耶穌說道：「相信我的人必然會獲得永生。你們的祖先吃過上天降下的嗎哪，到老還是死了；我是上天降下的生命之糧。你們吃了這糧食，就會永遠活著。我要賜給你們的糧食就是我的肉。」

人們聽了更加驚訝：「他怎麼讓我們吃他的肉呢？」

耶穌說道：「我的肉是可以吃的，我的血是可以喝的。吃我肉喝我血的人，你們就會和我融為一體，因為我而永生，不像你們的祖先，吃了嗎哪還是死了。」

人們認為耶穌的話狂傲自大，不可信服。

耶穌接著說：「你們厭倦了我的說教了嗎？假如有一天，你們看見我回到了生養我的天國，你們會有怎樣的想法呢（《聖經》原文是：「倘或你們看見人子升到他原來所在之處，怎麼樣呢？」）？支撐一個人的生命的，是靈，而不是肉體，肉體是無益的。我對你們所說的話，就是靈，就是生命！」

聽了耶穌的這些話，躁動不安的人們安靜了下來。

耶穌轉身對著十二位門徒說道：「就連你們當中，也有不信的。我不是挑

選了你們十二個門徒嗎？但你們之中有一個是魔鬼。」

這是耶穌的一個預言，他知道信徒中有人不信任他，要出賣他。這個人就是猶大。

耶穌批評那些前來追隨他的人，是因為他們沒有靈性上的渴求，只有自身利益上的追逐。耶穌認為，信徒只有和基督建立正確關係，才能滿足信徒靈性的飢渴，維持屬靈生命。所以，耶穌將自己稱為生命之糧。

門徒猶大

「倘或你們看見人子升到他原來所在之處，怎麼樣呢？」這句話，預言自己不久將殉難。那些原本不信任耶穌的人，看到耶穌被釘死在十字架上，會更加不信任他；反之，那些真正的信徒會對他更加信任和順服。

吳經熊（1899年～1986年），著名法學家、中國天主教學者，浙江省寧波鄞縣（今鄞州區）人。 1937年皈依天主教。1940年吳經熊和妻子、兒女移居義大利羅馬，並同時出任中華民國派駐梵蒂岡教廷之公使。

耶穌對淫婦的審判

神品是基督教教會神職人員權力、職分的等級。天主教會神品分為七級，領受神品的儀式由主教主持。

耶穌雖然降臨於世，但好多人都不知道耶穌就是基督。有人認為施洗約翰是基督，有人認為摩西是基督，還有人認為基督一定出自那些偉大先知之中。

經過兩年的追隨，門徒親眼所見、親耳所聞，終於明白，他們的師父耶穌就是上帝的兒子，以色列人的救世主。

一天，耶穌問門徒：「人子是誰，我又是誰呢？」門徒彼得說道：「您就是我們的救世主，上帝永生的兒子！」

就這樣，耶穌是救世主的消息，慢慢傳播開了。

祭司長和法利賽人一心想陷害耶穌，他們派出差役前去捉拿。耶穌對差役說：「我在世的時間不多了。不久的將來，我從哪裡來，就要回到那裡去了。到時候，你們想要找我也找不到了，我所在的地方，你們也到不了。」

耶穌的話神秘而且具有震撼力，差役們不敢逮捕耶穌，只好空手而歸。

基督與信徒

但是法利賽人仍不死心，伺機為難、挑釁耶穌。一次，法利賽人捉住了一個正在偷情的女人。他們得知耶穌正在聖殿傳道，於是將婦人帶了過去。祭司長假惺惺地向耶穌請教：「這個婦人正在行淫，被人捉到了。如果按照摩西法律，這個婦人應該被石頭砸死。請問您該怎樣處置她呢？」

祭司長說完，站在一旁等待耶穌的宣判。正在接受傳道的人也都安靜下來，靜聽耶穌發言。耶穌

明白法利賽人和祭司長的用心，他用手指在地下畫來畫去，祭司長不斷催促耶穌盡快宣判。很長時間過去了，耶穌說道：「你們當中誰沒有犯過罪的，可以站出來，用石頭砸死這個婦人。」

耶穌說完，繼續用手指在地上畫字。祭司長和旁邊的法利賽人聽了耶穌的話都走了出去，大殿裡面就剩下了耶穌和婦人。驚恐的婦人跪伏在耶穌面前請求饒恕。耶穌站了起來，問道：「那些人呢？」

婦女回答：「他們都出去了。」

「現在還有人定妳的罪嗎？」

「我的主人，現在沒有了。」

耶穌說道：「我也不定妳的罪。妳快走吧！以後不要再犯錯了。」

婦人歡天喜地地走了，站在殿外的人面面相覷，誰也說不出話來。

法利賽人和祭司長利用女人設下陷阱，企圖陷害耶穌。如果耶穌命人砸死婦女，就會觸犯羅馬法律，因為羅馬法律禁止使用私刑；如果他判婦女無罪，就會觸犯摩西法律。事實上，擺在耶穌面前的，是一個兩難選擇，但智慧的耶穌還是輕鬆越過了陷阱。耶穌讓無罪的人用石頭砸死婦女，法利賽人僅憑這點，是無法控告耶穌的。同時，這也表現了耶穌的寬容和憐憫之心。

耶穌雖然放過了婦女，但是卻叮嚀她回去之後要悔改，不要再次犯錯，說明耶穌在寬恕的同時，並沒有縱容婦女的行為。

于斌（1901年4月13日～1978年8月16日），字野聲，洗名保祿，黑龍江蘭西人，曾任天主教南京總教區總主教、第二位華人樞機、天主教輔仁大學在臺復校後首任校長等職務。

復活在我，生命也在我

聖誕節是基督教的重要節日，為紀念耶穌基督的誕生，多數教會都有這個節日。現在這個節日已經成為西方國家普遍慶祝的世俗節日了。

耶穌在伯大尼居住、傳道，好多人信服他、尊敬他。馬利亞和妹妹馬大、弟弟拉撒路，既是耶穌的忠實信徒，又是耶穌的好朋友。耶穌每到伯大尼就住在馬利亞家裡。

這天，有人找到了在外地傳道的耶穌說道：「給您帶來一個不好的消息，拉撒路病了，很嚴重，請您回去看看他。」

耶穌對來人說道：「我抽不開身，還得在這裡待兩天。不過我會回去的，你轉告拉撒路，讓他放心。」

聽了耶穌的話，來人回去了。兩天過去了，耶穌對眾門徒說道：「我們回去吧！」

那時候，法利賽人正在尋隙迫害耶穌，門徒說道：「猶太人近來要拘捕您，您還要回去嗎？」

「我們的朋友拉撒路睡著了，我要回去叫醒他。」耶穌說道。

門徒誤會了耶穌的意思，說道：「他若睡著了，那病應該快痊癒了吧！」

「拉撒路已經去世了。他受了上帝的榮耀，所以我替他歡喜，也讓你們相信。」耶穌說完，帶著門徒動身趕往伯大尼。來到馬利亞家門前，圍觀的人紛紛說道：「你怎麼現在才來，還說是拉撒路的好朋友呢！他已經去世四天，葬在墳墓裡了。」

馬大聽聞耶穌來了，趕緊出門迎接，說道：「我的主呀，您若早點回來，我的兄弟就不會死了，他已經去世四天了。不過直到現在，我也依舊相信，無

論您向上帝祈求什麼，上帝都會讓您如願的。」

耶穌說：「妳的兄弟必定死而復生。」

馬大聽了耶穌的話，帶著信任的語氣說道：「是的，我知道我弟弟在末日復活的時候，一定能起死回生！」

「復活在我，生命也在我！信我的人，雖然死了，也必復活。妳相信我說的嗎？」耶穌問道。

馬大見耶穌的話這麼堅定，打消了所有的疑慮：「我的主啊，我相信您是基督，是上帝之子！」

這時候馬大和耶穌走進屋子，馬利亞看到耶穌，匍匐在耶穌腳下，說道：「我的主啊，您若在，我兄弟就不會死了，他已經去世四天了。」馬利亞說完，悲痛地嚎啕大哭，眾鄉親也忍不住紛紛哭泣。耶穌見狀，悲從中來，也忍不住哭了起來。鄉親們見狀說道：「你看他對拉撒路的感情多深呀！」也有人說道：「他能讓瞎子看見東西，難道不能讓拉撒路不死嗎？」

耶穌讓馬利亞帶著來到拉撒路墳墓前，墳墓是一個洞，用巨石擋著。耶穌吩咐身邊的人將石頭挪開，馬大說道：「我的主啊，我弟弟死了已經四天了，現在天氣這麼熱，屍體恐怕都臭了。」

耶穌說道：「我不是和妳說過嗎？只要妳相信，必定能看到上帝的榮耀。」

墓穴的石頭挪開後，耶穌雙眼望著天空祈禱：「天父啊，我感激您，我知道您經常聆聽我的祈求。今天我再次祈求您，讓我身邊的這些人相信，我是您從天國差遣來的聖子。」

祈禱完畢後，耶穌高聲說道：「拉撒路出來！」不一會兒，拉撒路從墳墓中走了出來，手腳還裹著布，臉上包著頭巾。圍觀的人見到如此神奇的事情，紛紛跪伏在耶穌面前，更加相信他就是降臨世間的救世主。

拉撒路復活

耶穌明明知道他最親密的朋友拉撒路重病在身，卻還要在外地多耽擱幾天。研究者認為，這是上帝對時間的安排，耶穌需要遵守。也有人認為，耶穌心裡面已經有了完美的安排，只是沒有說出來而已。

面對拉撒路的死，耶穌替他歡喜。對於這種反常的情緒，研究者認為，耶穌可以藉機顯示自己的大能，堅定人們的信仰。死而復生是基督教的信仰關鍵，耶穌不僅能讓自己死而復生，而且也能讓他人死而復生。而耶穌受到馬利亞情緒的感染也哭泣了，這是耶穌在表露人的不同感情。當時希臘人普遍認為上帝沒有喜、怒、哀、樂等情感，不理會人間瑣事。

故事中，無論圍觀的鄉親，還是死者的姐姐馬利亞和馬大，都反覆強調「他已經去世四天了」。這是當時猶太人的一個觀念，猶太人堅信人一旦死亡超過三天，身體開始腐爛，就絕對沒有復活的可能了。

這個故事後來衍生了一個生物學術語：拉撒路效應。拉撒路效應是指一種生物體在化石紀錄中消失了很長時間後的突然重新出現，好像死而復生。

王明道（1900年～1991年），中國基督教自立教會牧師，生長於中國北京一個窮苦的基督教家庭。王明道自幼在基督教學校接受基督教教育，但受北京下流社會的生長環境影響曾一度墮落，十四歲時重生正式成為基督徒。著有《基督的新婦》、《耶穌是誰》等。

羊的門

牧師，牧羊人的意思。基督新教大多數宗派中主持宗教儀式、管理教務的人員，一半是專職宗教職業者。耶穌以牧人自喻，以羊比喻教徒，這是牧師一詞的由來。

耶穌帶著信徒，在傳道的途中路過一個曠野，曠野上有一個牧羊人，他抱著一隻羔羊親吻、歡呼。信徒們走近牧羊人，問他說：「你為什麼這麼歡喜呢？」

「牠剛才脫離羊群迷路了，我剛剛找到牠，所以歡喜。」牧羊人說道。

「好奇怪呀，你面對一隻羔羊的喜悅，甚於面對一群羊的喜悅！」信徒們疑惑不解。

耶穌見牧羊人木訥無語，說道：「你們不可小看任何一個微小的東西，哪怕千百隻羊中的一隻小小羔羊。就像這個牧羊人一樣，他有一百隻羊，其中一隻羊迷途走失了，牧羊人必定會將牠找回來。要是找到了，就像這個牧羊人一樣，他會抱著羔羊親吻、歡喜，比面對其餘的九十九隻羊還要高興。你們就像這羊群裡的羊，天上的父親，時刻關心著你們每一個人，不會因為你卑微、低賤而放棄你。祂不願意看到你們之中有任何一個人沉淪，只要有一個人沉淪，祂就會極力救贖，將你引到正道上來。」

耶穌的話引起了牧羊人的興趣。他高聲向附近的牧羊人喊話：「大家快來呀，先知傳道了。」越來越多的人來到耶穌面前，他們在一棵茂盛的橄欖樹下坐定，耶穌繼續說道：「一個人要進入羊圈，他不從正門進入，而將籬笆弄壞鑽進去，或者越過羊圈的牆進去，那麼他就是竊賊、強盜。如果從正門進入，那才是牧羊人。」

　　牧羊人聽耶穌講關於羊圈的事情，興致勃勃地聽下去。耶穌接著說：「牧羊人走到羊圈門前，他將自己的羊叫出去，自己在前面領路，羊會自覺跟著他，那是因為羊聽得出他的聲音。羊不會跟隨牧羊人之外的陌生人，因為羊不認得陌生人的聲音。一旦陌生人走近，牠們就會逃跑。」

　　圍坐的人不明白耶穌話裡的含意。耶穌又對他們說：「我是從天過來的基督，我就是羊的門。凡是在我之前來的，都是竊賊和強盜，羊不會聽從他們的領導；凡是從我的門進來的，必然得到拯救，而且有豐美的水草。」

　　附近農田裡的人、海邊捕魚的人、去市集往返的人都圍攏過來，聽耶穌佈道。

回歸的羊群

「竊賊進入羊圈，無非是要盜竊羔羊，殺死賣掉或者吃肉；而我來了，是要拯救羊群，並且讓牠們更安全，吃的更好，活的更好。我是一個稱職的牧羊人，為了羊群，我會捨棄自己的生命。如果不是牧人，而是雇員，一旦狼群來了，他就會丟下羊群逃命，任由狼群踐踏羊群，因為羊不是他的。

　　我是一個合格稱職的牧羊人，我認識我的羊，我的羊也認識我。正如天父認識我，我也認識天父一樣，在別的羊圈裡面，還有我的羊，我要將牠們帶到這個羊圈裡來，牠們也要聽我的聲音，並且要合成一群，歸一個牧人了。天父

喜歡我，因此將我的生命捨棄，然後再收回來。沒有人有資格、有能力將我的性命奪走，是我自己捨棄的。我有權力捨棄，也有權力取回來，這是我從我的天父那裡所受的命令。天父把羊賜給我，牠比萬有都大，誰也不能從天父手裡把牠們奪走。我與天父合二為一（原文：我與父原為一）。」

圍觀的人中，有人對耶穌的話不屑一顧：「他一定是被魔鬼附體了，或者是個瘋子，為什麼這麼多人聽一個瘋子嘮叨呢？」

也有人受過耶穌的恩，或者見過耶穌的神跡，說道：「這不是鬼附之人所說的話，魔鬼附身的人，能醫治好瞎子、瘸子和聾子嗎？」

從此以後，跟隨、信奉耶穌的人越來越多。

這個故事耶穌用了比喻的手法，說明基督就是牧羊人，天下萬民就是待救贖的羔羊。在羊圈內，牧羊人就好像一扇門，抵擋著惡狼和盜賊，保護著羊群。對萬民而言，基督耶穌就是羊圈的門，萬民必須經過他，才能得到上帝的救恩。他也是萬民的保護者，維護著我們的安全。

耶穌自稱「我與父原為一」，耶穌也就是上帝的兒子，除了耶穌這個門之外，沒有通向上帝的更簡捷途徑了。耶穌之門也是通往上帝的唯一途徑。

其他羊圈裡的羊，暗示耶穌不僅僅來拯救猶太人，而且背負著拯救天下萬民的使命。

蔡詠春（1904年～1983年），福建晉江人，中國基督教新教學者。1930年畢業於燕京大學。1947年～1950年先後獲得哥倫比亞大學碩士與博士學位。1950年回國任教於燕京大學宗教學院。1956年～1975年任教於東北人民大學。

稅吏撒該的稅銀

聖牌是天主教徒佩戴的宗教物品，用金屬或者塑膠製成，上面刻有耶穌、馬利亞、天使或者聖徒像，教徒佩戴在脖子或者身上，或者掛在車船內，認為可以避禍得福。死後隨之下葬。

法利賽人和大祭司害怕耶穌的威望和影響力越來越大，會爭取到更多的下層猶太人，引起羅馬政府的猜疑和不滿，於是密謀殺害耶穌。因此，耶穌在聖殿過完住棚節後，不敢在耶路撒冷過多停留，帶著門徒到各地佈道去了。

逾越節臨近了，許多猶太人趕往耶路撒冷，要在節前潔淨自己。他們在聖殿中互相詢問：「你們有沒有耶穌的消息，他來這裡過節嗎？」祭司長和法利賽人吩咐眾人：「你們要是看到耶穌在哪裡，要即時舉報，我們好去捉拿他。」

此時，耶穌帶著眾門徒正在前往耶路撒冷的路上。他們經過耶利哥的時候，遇見了當地人撒該。

撒該是個財主，被羅馬政府委任為當地的稅吏長，負責稅銀的徵收。撒該貪橫暴斂，往往在規定之外加重稅收，人們十分痛恨他。

撒該內心裡信奉上帝，他得知耶穌必定要從這裡經過，一心想見耶穌一面。站在路邊等候耶穌的人很多，撒該個頭小，擠不到前面，他靈機一動，爬上了路邊的一棵樹。耶穌一行人遠遠來到了，路邊等候的人，有的心懷疑慮議論紛紛：「他真是上帝的兒子嗎？」虔誠信服的人則暗自祈禱。

耶穌走近了，他抬頭看見了樹上的稅吏長，說道：「撒該，你下來吧！」

圍觀的人聽了十分驚訝：耶穌怎麼知道他叫撒該呢？

撒該聽見耶穌叫他，心裡更是驚慌：他如何知道我的名字，難道我惡名遠揚觸動了神靈，今天要接受懲罰嗎？撒該從樹上下來，小心翼翼走到耶穌面前，虔誠地匍匐在地：「罪人撒該，接受我主的懲罰！」

「今晚我要住在你家。」耶穌說道。撒該聽聞，歡天喜地，將耶穌一行帶到了家裡。

圍觀的人疑惑不解：「這個被稱為救世主的耶穌，怎麼能和這個狠心貪婪的人親近，到他家過夜呢？」耶穌的門徒也感到奇怪。

到了撒該家裡，撒該匍匐在耶穌腳下：「全能的主呀，我以前有罪，現在決定徹底悔改。我要將我所有的家產的一半，拿出來散發給窮人；我要是欺凌過誰、訛詐過誰，我將四倍償還給他。」

「今天我之所以到你家住宿，是為了救贖你。基督降臨世間，就是尋找、拯救那些迷途的人。」耶穌說道。

基督與撒該

　　第二天，撒該在耶利哥的繁華之處，搭起了賑濟貧民的棚子。「貪心狠心的稅吏撒該，在耶穌的教誨下改過自新了！」人們議論紛紛。

　　羅馬政府對所統治的國家徵收很重的稅賦，藉以維持龐大的帝國開支。在猶太，人們對重稅十分反感，所以，稅吏成了人們最為痛恨的人。猶太人將那些做稅吏的同胞當作賣國賊看待。

　　撒該是當地的一個稅吏，他曾經忠心效勞羅馬帝國，而且假藉稅收飽入私囊。儘管如此，耶穌依然愛他，沒有拋棄他。不過，稅吏撒該也表現出了他的信心：誠心看望主、認真接待主、虔誠悔改。

　　這件事情給我們的啟示是：我們不要遠離那些犯錯的人，要給他們機會，給他們溫暖。

龔品梅（1901年8月2日～2000年3月12日），中國天主教樞機。又名龔天爵，聖名伊納爵，出生於中國上海一個天主教家庭，在上海徐匯中學讀書，19歲進神學院，1930年5月28日（29歲）晉鐸成為神父，先後擔任教育工作，出任多間天主教小學、中學校長。1949年8月9日被教廷任命為蘇州主教。1991年6月29日教宗在羅馬接見了龔品梅主教，並授予樞機紅冠。成為第三位中國籍樞機。

舖滿椶枝的聖城街道

椶枝主日：又稱聖枝主日、主進聖城節和椶櫚主日。耶穌受難前，騎驢
進入耶路撒冷，民眾手持椶櫚枝夾道歡迎。教會將復活節前一週的星期
日，定位椶枝主日，以表紀念。節日當天，教堂用椶枝裝飾，也有教徒
手拿椶櫚枝，環繞教堂一周。

第二天一早，耶穌帶著眾門徒從撒該家裡出來，繼續前往耶路撒冷。這天
距離逾越節還有五天，也是他最後一天進入耶路撒冷的日子。

行至半路的時候，耶穌對眾門徒說道：「看哪，我們上耶路撒冷去，人子
要被交給祭司長，他們要定他死罪，還要交給外邦人，將他戲弄、鞭打、釘在
十字架上，第三日他會復活。」

西庇太兒子的母親和她兩個兒子雅各和約翰，正巧也在耶穌身邊，她上前
來拜耶穌，求他一件事：「願你叫我這兩個兒子在你天國裡，一個坐在你右
邊，一個坐在你左邊。」

耶穌回答說：「我將面對的苦難，你們也能面對、也能承受嗎？」

他們說：「我們能承受。」

耶穌說：「那麼，我所經歷的苦難，你們也要經歷和忍受。但是到了天
國，你們是坐在我的左邊還是右邊，那不是我所能決定的，這要看天父的安
排。天父為誰預備的就賜給誰。」

那十個門徒聽見，認為雅各和約翰兩人在爭取高位，心中大為不滿。

耶穌教訓他們：「你們不要因此而生氣。在天國裡面，地位最高的是僕
人。權力不是用來炫耀地位和尊榮的，而是服侍上帝和萬民的。」

耶穌一行到了耶路撒冷附近的橄欖山，耶穌對兩個門徒說道：「你們到對面的村子裡，看見一頭驢和驢駒拴在那裡。有人問起你們，你們就說：『我的主要使用牠們。他們必定不會為難你們。』」

耶穌騎著驢子，進入耶路撒冷。耶路撒冷的猶太人知道耶穌進城，好多人站立在街道兩旁歡呼迎接。虔誠的信徒們將自己的衣服放在路面上，然後將砍下來的棕櫚樹枝鋪滿了街道。一剎那，棕櫚樹的清香飄滿了整個耶路撒冷。人們高聲呼喊著：「和散那（註：「和散那」原有「求救」的意思，在此乃稱頌的話）歸於大衛的子孫！奉主名來的，是應當稱頌的！高高在上和散那！」

歡呼聲驚動了整個耶路撒冷，人們相互詢問：「這個人是誰？」知情的人說道：「這是先知耶穌。」

人們聽聞讚嘆地說道：「奉上帝的命令降臨的王是應當稱頌的，在天上有和平，在至高之處有榮光。」

就這樣，耶穌帶著門徒，騎著驢，踏著棕櫚樹枝，在百姓們的歡呼聲中走進了耶路撒冷，來到了聖殿。

隨後的幾天裡，法利賽人和祭司長企圖殺害耶穌，但忌憚群眾對耶穌的崇拜和熱情，一直沒敢下手。法利賽人感慨萬千：「你們看，這麼多人都跟隨他了！」

耶穌進入聖殿，看到聖殿的景象還和自己三年前來過的一樣，到處是牛羊交易，小商小販呼喝叫賣。耶穌清潔了聖殿，每天在裡面傳經佈道，一直到逾越節前被抓的晚上。

橄欖山位於耶路撒冷一公里處，是耶穌升天的地方。

雅各和約翰的母親在耶穌面前為他們祈求天國的位置，耶穌告訴他們要經

耶穌進入耶路撒冷

受苦難。後來，雅各為信仰而殉道，約翰也被放逐到了拔摩島受苦。

　　耶穌當著眾門徒的面，再次預言自己要死後復活。但是門徒熱衷於天國位置的安排，對耶穌的預言極不理解，也不放在心上。他們見雅各和約翰的母親替兒子爭天國的位置，於是起了嫉妒之心。

　　耶穌騎驢駒進入耶路撒冷，一是顯示了彌賽亞的謙卑和尊貴，另一方面也是為了應驗先知的預言。早在五百多年前先知就預言救世主要騎驢進入聖城。這更加證明耶穌就是彌賽亞耶穌來到世上，使預言應驗。

　　耶路撒冷的人們歡迎耶穌，是因為耶穌的很多神跡，他們希望耶穌帶領他們抵抗羅馬人，恢復國家以前的強大。但是，當他們發覺耶穌並不能達到他們的願望時，他們就開始反對他、攻擊他，袖手旁觀看著他被釘死在十字架上。

胡振中（1925年3月26日～2002年9月23日），生於廣東省五華縣河口鄉，生前為羅馬天主教樞機、天主教香港教區主教。1952年在九龍東頭村難民中心工作。1956年至1957年先後到美國紐約、波士頓及芝加哥三個總主教區秘書處實習後，隨即赴臺灣新竹教區苗栗縣擔任工作。1988年5月29日獲教宗若望．保祿二世宣佈任命為樞機，並於同年6月29日正式就任，是香港首位紅衣主教。

最後的晚餐

靈魂與永生（immortality），基督教義之一。人有靈魂，依生前行為，死後受審判，生前信仰基督者，得靠基督進入永生。怙惡不悛者，將受公義的刑罰與滅亡。世界終有毀滅的末日，但在上帝所造的新天新地中，卻是永生常存。

一心想將耶穌置於死地的法利賽人和祭司長，在逾越節前秘密制訂了抓捕耶穌的計畫，但是害怕士兵們在抓捕耶穌的時候認錯人，讓耶穌逃掉。於是，他們買通了貪財的猶大，猶大從祭司長那裡得到了三十塊銀錢。猶大說：「逾越節前一天，十二位門徒要和耶穌一起共進晚餐；晚餐後，耶穌必定到客西馬尼園禱告。到時候，那個和我接吻的人就是耶穌，你們直接抓捕就是了。」

逾越節前一天到了，晚上門徒們預備好了晚餐，和耶穌一同進食。耶穌拿起餅來，祝福之後掰開分給每一個人，說道：「你們吃吧！這是我的身體。」然後又拿起盛滿葡萄酒的杯子，祝福之後遞給每個人喝下，說道：「這是我立約的血，為很多人流的血。」

耶穌也知道自己離世歸父的時間到了。他起身離座，拿了一條毛巾，將水倒在盆子裡，為十二位門徒認真洗了一遍腳。彼得感到十分奇怪，問道：「您為什麼幫我們洗腳呢？」

耶穌說道：「我所做的，你們今後必定明白。凡洗過腳的人，全身都乾淨了。你們是乾淨的，然而不都是乾淨的。」

耶穌最後一句話暗指出賣他的猶大。耶穌為門徒洗完腳，重新回到宴席上，滿腹憂愁的說道：「你們當中的一個人就要出賣我了！」

門徒聽後，大吃一驚，面面相覷，互相詢問：這個人是誰呢？只有猶大心

知肚明，默不作聲。猶大的異常表現引起了人們的注意，人們將目光都投向了他那裡。猶大低頭吃飯，裝作若無其事的樣子。

耶穌最喜愛的門徒約翰在耶穌身旁，問道：「主啊，這個出賣您的人是誰呢？」

耶穌低聲對約翰說道：「我給誰餅，就是誰。」

說完，耶穌將餅遞給猶大，猶大吃了餅後，魔鬼進入了他的心裡面，他變得惡毒異常。耶穌對猶大說道：「快點做你要做的事情吧！」於是，猶大就走出去了。在場的門徒除了約翰，誰也不知道怎麼回事。他們還以為猶大拿著錢袋，出去買明天過節用的東西，或者是周濟窮人去了。

猶大出去後，耶穌對十一名門徒說道：「我和你們在一起的時間不多了，我將要離開你們，去一個你們永遠也找不到的地方。我給你們一條新命令，要牢牢記住：我怎樣愛你們，你們也要怎樣相愛。」

就這樣，耶穌最後的晚餐結束了。他們走進安靜的夜色，一直走到客西馬尼園，耶穌開始虔誠的禱告。這時候猶大帶著一批人走了進來，他們手拿燈籠和刀劍繩索。猶大走到耶穌面前，和他親嘴。士兵們一擁而上，將耶穌抓住。耶穌的一個門徒抽出刀子，朝著大祭司的僕人砍去，砍掉了他一隻耳朵。耶穌說道：「把刀收起來。誰要動刀，必定死於刀下！」揮了一下手，傷者的耳朵痊癒了。轉身對捉拿他的人說：「我坐在聖殿教訓人的時候，你們不去捉拿我；現在你們拿著刀槍來捉拿我，真是黑暗掌權了！」

這時候門徒都已經逃走了，士兵們押著耶穌走出了園子。

《聖經》專家認為，最後的晚餐這個故事蘊含著豐富的內容：

第一，猶大為什麼要出賣耶穌？

最後的晚餐

對於這一點，《聖經》故事中沒有交代。但研究者認為，猶大和其他門徒一樣，希望耶穌是一個強硬的政治領袖，發動一次革命推翻羅馬政權；在革命成功之後，能在新政府中佔有重要地位。當他無法得到金錢和地位的滿足時，便出賣了耶穌。《馬太福音》中記載猶大出賣耶穌所得到三十塊銀錢，這在當時可以購買到一個強壯的奴隸。

第二，耶穌為什麼幫門徒洗腳？

耶穌將自己當作最卑微的僕人，對門徒以身作則奉獻關愛之心。根據當時的風俗，如果客人來訪，僕人要幫客人洗腳。耶穌知道自己即將離世，幫門徒洗腳也是對門徒最後的侍奉和愛。

第三，耶穌流血和《新約》的關係。

耶穌舉著葡萄酒說道：「這是我立的約的血。」在《舊約》時代，人們靠祭司和燔祭才能贖罪靠近上帝；而《新約》時代，耶穌就是一個贖罪的祭牲，

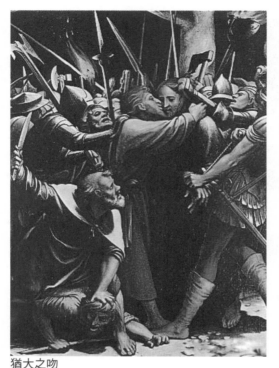

猶大之吻

是一隻羔羊。這隻羔羊不是獻在祭壇上，而是被釘在十字架上。耶穌之死，就是一次無罪的祭牲，可以一次性赦免人類的罪惡。

所有的門徒都曾經發過誓，不會背棄耶穌，願意為他而死。可是士兵一來，他們全部逃走了。門徒的信心沒有經得起考驗。一個人的信心只有經過大危難，才能顯現出來；此外，捉拿耶穌的人，不是羅馬士兵，而是宗教領袖。猶大絕對可以帶領宗教領袖，在耶穌獨處的時候將他捉拿。之所以公開捉拿耶穌，是因為猶大答應在審判中做一個公開的控告者。

單國璽 ，耶穌會會士，為天主教高雄教區退休主教。單國璽樞機在1923年12月2日在河南省濮陽縣出生，年輕時加入耶穌會，1955年在菲律賓碧瑤晉鐸，1980年任天主教花蓮教區主教，於1991年6月任天主教高雄教區主教，隨後在1998年獲教宗若望‧保祿二世擢升為樞機，成為臺灣地區的第一位樞機。

聖徒的謊言：波得三次逆主

苦路十四處，是天主教為緬懷耶穌遭受的苦難而設置的崇拜路線，沿途設有反應耶穌受難全過程的十四個景點，每處景點設立一個十字架，或者按照順序配有圖畫或畫像。

眾人將耶穌用繩索捆綁，連夜押到大祭司該亞法的住處。他們急於將耶穌審判定罪，在安息日之前處死。從捉拿耶穌到安息日，已經不只一天一夜了。宗教領袖們連夜聚集在該亞法家裡，等待耶穌的到來。

祭司長和全公會找了很多假證人控告耶穌，企圖定他死罪。但是這些假證人手裡都沒有耶穌犯罪的確切證據，說來說去都說不到重點上，耶穌面對這些莫須有的指控一言不發。

有人指控耶穌：「他曾經誇口拆毀上帝的聖殿，三天之內建起來，這不是褻瀆聖殿嗎？」

耶穌一言不發，大祭司心急如焚。他站了起來問道：「你怎麼一句話都不說呢？難道這個人對你的控告，你都默認了嗎？」

耶穌還是不言不語。大祭司急躁萬分：「我對著全能的上帝讓你發誓告訴我們，你是不是上帝的兒子基督？」

耶穌知道，只要他宣稱自己是彌賽亞，自己即刻就會大難臨頭。面對大祭司咄咄逼人的詰問，耶穌絲毫沒有恐慌，他平靜、果斷地回答：「我就是上帝的兒子基督耶穌。你們很快就會看見，我即將坐在上帝的旁邊升天而去！」

大祭司聽了耶穌的話，撕開衣服，做出悲痛的樣子呼喝：「他說了這樣褻瀆上帝的話，我們何必再去找其他的見證人呢？這樣僭妄的話（僭妄：在舊社會冒用上級的地位和名義，被認為超越本分），你們都聽見了吧！你們說怎麼辦？」

彼得的否認

　　旁觀的人高聲呼喊：「他犯了死罪，應該判處死刑！」對耶穌心懷憤恨的法利賽人向耶穌臉上吐口水。有人用拳腳踢打耶穌，侮辱、挑釁地問道：「你是先知，是全能的救世主。那麼請你說說，是誰在打你呢？」

　　眾人捉拿耶穌的時候，聖徒彼得躲藏在暗處。看著眾人押解耶穌遠去，彼得暗中在後面跟隨，混在差役中進了大祭司的院子，在外面等候，探聽耶穌受審的消息。看門的使女見彼得眼生，問道：「你和那個被押的人是一夥的嗎？」彼得說道：「不是。」

　　夜間天氣很冷，僕人和差役在院子裡生起了一堆火，彼得混在裡面烤火取暖。旁邊的一個差役問彼得：「你不是和耶穌一夥的嗎？」彼得發誓說：「絕

對不是！」

　　這時候，那個耳朵被砍傷的人出來了，認出了彼得，驚訝地說：「你不是剛才和耶穌在一起的門徒嗎？」彼得發咒起誓：「我不認識那個人！」這時候天色大亮，公雞啼叫了。彼得想起耶穌之前對他的預言：「雞叫之前，你會三次不認識我。」想起了耶穌的這句話，彼得走出院子哭了起來。

　　耶穌曾經預言彼得在天亮之前三次不認主，彼得對此不認同，信誓旦旦地說道：「我就是必須和您同死，也不能不認您！」耶穌知道彼得個性有缺陷，是一個情緒不穩的人，所以曾經對他說：「你要成為磯法。」希望他能把自己鍛鍊成石頭一樣穩定的性格。可是彼得在危難之機，背叛了自己的信仰，三次不認主。回想起耶穌的預言，彼得不由得留下了悔恨的淚水。

吳貽芳（1893年～1985年），江蘇泰興人。中國著名的教育家，中國基督教婦女領袖，在國內外享有盛譽的社會活動家。是金陵女子大學第一位由中國人擔任的校長。吳貽芳執掌金陵女子大學校長達23年，為中國培養了大批優秀人才，學生遍佈海內外，其中不少成為卓有成就的專家、學者。

波拉多的審判

拯救，基督教教義之一，上帝的獨生子化身成人，以其在十字架受死替人贖罪，克服人離棄上帝的罪過，使人與上帝重新修和。

天色濛濛亮的時候，耶穌在眾人的押解下，來到總督府。祭司長和長老們怕沾染了污穢，不能吃逾越節的宴席，所以沒有進門，他們讓士兵進去稟報。

聽到稟告，剛剛起床的總督彼拉多準備開庭審案。妻子問：「這麼早怎麼會有案子，你要做什麼呢？」

「祭司和長老們昨夜捉到耶穌，要控告他死罪。」彼拉多說。

妻子聽後，臉色驚慌地說道：「夜裡上帝的兒子耶穌出現在我夢裡了，我感到十分痛苦。耶穌是個義人，今天你萬萬不可難為他。」

彼拉多走出來，看見被捆綁的耶穌，他對押解耶穌來的人說道：「這個人犯了什麼罪，為什麼要控告他？」

「這個人要是沒有犯罪，我們就不會把他交給你了。」他們說。

「你們可以帶他走，按照你們自己的法律懲處。」

「這個人蠱惑民眾作亂，抵制納稅，自稱君王、基督。」面對他們的指控，耶穌一句話也不辯解。彼拉多感到奇怪：「你是猶太人的王嗎？」

耶穌說道：「我是王，但不屬於這個世界，我是天國降臨的聖子，是基督。」

彼拉多對祭司長和長老們說道：「我查不出這個人的罪惡，要不要釋放他？」在逾越節有個規矩，可以按照民意釋放一個囚徒。圍觀的猶太人，大

祭司審問耶穌

多受了祭司長和長老們的蠱惑，他們高喊：「不能釋放耶穌，我們要求釋放巴拉巴！」

長老們極力誇大歪曲耶穌的罪行，對彼拉多說道：「他藉傳道為名，四處煽動蠱惑百姓，企圖謀反叛亂。他從加利利一直傳道到了這裡。」

彼拉多問：「他是加利利人嗎？既然如此，應該交給加利利王希律管轄。」當時希律王正好在耶路撒冷，彼拉多讓人們押著耶穌來找希律王。希律王很早就聽聞耶穌的聲名，讓耶穌顯露神跡，但耶穌一言不發。惱羞成怒的希律王讓士兵們戲弄他、侮辱他，讓他穿著華麗的衣服，又將他送到了彼拉多這裡。

彼拉多對祭司長和圍觀的人說道：「你們控告他誘惑百姓，我審問過了，並沒有查出他犯了什麼罪；希律王也是如此，所以把他送回來，可見他沒有做什麼該死的事。因此，我要把他釋放。」

圍觀的人高聲呼喊：「不能釋放他，要把他釘死在十字架上！」

彼拉多想起了妻子的夢，再次要求釋放耶穌，但民眾堅決不同意。彼拉多

害怕人們藉機暴亂，無奈之下讓手下端來一盆水，在眾人面前洗了手，說道：「你們堅持要殺死他，罪責不在我。一切後果你們承擔吧！」

於是，彼拉多釋放了巴拉巴，讓人鞭打耶穌，交給了釘十字架的人。

彼拉多的良知告訴他，耶穌是無辜的；他妻子的夢也警示他，不可冤枉義人；而且他也的確沒有找出耶穌所犯的罪行。但是在猶太人的要挾下，他只好屈從。洗手只是他自我安慰的舉動，並不能推卸他的責任。

耶穌面臨被指控之所以沉默，是因為即便他為自己辯護也沒用。最重要的是自己拯救萬民的時刻來臨了，他想順服上帝的安排，不想拖延時間或者祈求脫險。

人們強烈要求釋放的囚犯巴拉巴，他曾經領導人們對抗羅馬政府，被猶太人視為英雄。巴拉巴的意思是「父親的兒子」，這正是耶穌與上帝的關係。

林吉男主教（1943年5月14日~），台灣花蓮縣人，1973年1月6日主顯節從教宗保祿六世手中領受鐸品于伯多祿大殿。1992年9月28日教宗若望保祿二世任命為高雄教區輔理主教。1993年1月2日祝聖為主教，2004年1月24日教宗若望保祿二世任命為台南教區主教。

耶穌之死：
十字架上的贖罪羔羊

救贖是基督教基本教義之一。人生的希望在於信奉耶穌基督為主，因他在十字架上的贖罪，並在三日後從死裡復活，使悔改、相信他的人一切的罪皆得赦免，並能得到永生。

宣判完後，彼拉多命士兵將耶穌的外衣脫掉，綁在柱子上，用帶鉤子的皮鞭抽打他，一鞭下去，鉤子將身上的肉撕裂，馬上血肉模糊。彼拉多想透過鞭打，使長老和祭司長得到滿足，尋求機會釋放耶穌。

鞭打之後，士兵們給耶穌穿上紫袍，將荊棘編製的冠冕讓耶穌戴上，荊棘的尖刺刺進耶穌的頭皮，耶穌感到痛楚，鮮血順著髮際流到臉部。士兵們和圍觀的猶太人侮辱耶穌：「恭喜你呀，猶太的國王。」人們用蘆葦輕挑、抽打耶穌腦袋，用口水吐他。戲弄完畢後，換上耶穌的衣服。彼拉多指著耶穌對眾人說：「你們看這個人，我沒查出他到底犯了什麼罪過！」

人們看出彼拉多想釋放耶穌，大聲喊道：「釘死他，釘死他！你如果不釘死他，你就不是該撒的忠臣！他自稱為王，已經背叛該撒了！」

彼拉多不敢得罪眾人，只好押著耶穌來到聖殿西北角的安東尼堡。此時正好是逾越節的中午時分，彼拉多再次問道：「你看，這是你們的王。我們可以將他釘死在十字架上嗎？」

祭司長和圍觀的長老們、猶太人狂熱歡呼：「釘死他，釘死他！我們除了該撒，沒有王！」

耶穌出了城門，士兵們隨手抓住一個叫西門的人，讓他背負耶穌的十字

架，來到一個名叫骷髏地的所在。好多百姓跟著耶穌，期間得到過耶穌幫助的人，高聲哀悼。耶穌勸慰他們：「你們不要為我而哭泣了，還是為自己哭泣吧！」耶穌已經預言，在四十年後，耶路撒冷和聖殿要被羅馬人毀滅！

到了骷髏地，士兵讓耶穌服用沒藥調製過的酒，這樣可以減輕痛苦。耶穌說道：「我不喝這酒，我要在清醒的時候接受釘死的痛苦，為百姓贖罪！」

行刑的士兵們將尖銳的釘子用錘子一下又一下的釘在耶穌的手腳上，鮮血順著十字架滴落下來。耶穌忍著痛楚給那些行刑的士兵禱告：「上帝呀，饒恕他們吧！他們並不曉得他們的所作所為！」

圍觀的人諷刺耶穌：「你們看呀，這個人就是拆毀聖殿，三天之內又建起來的人！他有能力救自己的，他一會兒就從十字架上下來了。」

祭司長和士兵也幸災樂禍的說：「他能救別人，也能救自己。他是以色列的基督，現在就從十字架上走下來吧！我們就信服你了！」

釘在十字架上的基督

和耶穌一同被釘在十字架上的有兩個犯人，其中一個犯人也譏諷耶穌：「你不是基督嗎？你怎麼不將你和我們一同救走呢？」另一個犯人說：「都是一樣受刑的，你又何必如此呢？你不怕上帝的懲罰嗎？耶穌呀，你到天國的時候，要記得我們呀！」

耶穌說道：「我老實告訴你們吧！今天你們就要和我一樣升上天國了！」

耶穌的母親馬利亞和聖徒約翰，在人群中看到耶穌這樣受苦，悲痛欲絕。耶穌對母親說：「母親，看您的兒子。」又對約翰說：

「兄弟，母親今後就交給你扶養了！」

　　這時候，耶穌感到口渴。耶穌身邊有一個罐子裝滿了醋（一種廉價的酒，是羅馬士兵在等候被釘犯人死亡時喝的），有人將醋用海綿沾了沾，綁在牛膝草上，送到耶穌口中。耶穌品嚐了醋，大叫一聲就死去了。

　　從正午到耶穌斷氣，天地變得一片黑暗，長達三個小時。耶穌斷氣後，聖殿的幔子裂成兩半，大地震動，磐石裂開。守衛在耶穌身邊的百夫長和士兵們見狀，驚慌的跪伏在地喊道：「他真的是上帝的兒子！」

　　釘十字架是羅馬人設立的一種殘酷刑法。罪犯要按照既定路線，沿著大道自己背負沉重的十字架到刑場。十字架處死的方式分為兩種，一種是釘子將人的手腳釘在上面，另一種是用繩子捆綁。整個死亡過程十分緩慢，受刑者的身體重量會讓他們呼吸困難，在他們飽受苦楚之後死亡，所以這種刑法極其恐怖。週五日落到週六日落，是猶太人的安息日，耶穌受刑的時候是週五日落之前。為了加速受刑者的死亡，羅馬士兵將受刑者的腿打斷，這樣受刑者沒有了腿部力量的支撐，受刑者立刻會窒息而死。

　　耶穌被釘在十字架上，表示這個代替世人贖罪的羔羊已經完成了他在凡間的神聖使命。

皮漱石（1897年～1978年），奉天（今遼寧）遼陽人。聖名依納爵。1910年入奉天教區小修道院，1921年進神學院，1928年晉鐸，在小修院任教14年，1942年調到大連市任本堂神父。曾任瀋陽教區大修道院文科教授、小修道院預修院代理院長。1946年任瀋陽教區主教，東北教區總主教，中國天主教愛國會第一、二屆主席。

基督復活升天

耶穌基督復活的那天，西方的基督教國家將其確立為「復活節」。復活節沒有固定日期，每年春分月圓後的第一個星期天是復活節。假如月圓的那天恰好是星期天，復活節則會延遲一週。根據這樣推算，復活節可能在3月22日至4月25日之間的任何一天。復活節是基督宗教中的偉大節日。基督死亡，是為世人贖罪；基督復活，是為了讓信徒永生。

耶穌被釘死的當天晚上，來自亞利馬太城的大財主約瑟求見彼拉多，請求彼拉多讓他埋葬耶穌的屍體。得到了彼拉多的同意後，約瑟將耶穌的屍體從十字架上取了下來，放到馬車上，帶到自己新鑿的墳墓裡面。用淨水將耶穌的屍身擦拭乾淨，裹上乾淨的細麻布，然後用大石頭封住墓穴口。從加利利來的幾位婦女守護著耶穌的屍身，她們尾隨約瑟，看到耶穌被安葬後就回去了，準備安息日一過，就用香膏和香料塗抹耶穌的身體。

第二天，祭司長和法利賽人找到了彼拉多說道：「我們記得耶穌生前的時候說過：『我死三日後一定復活。』我們害怕門徒玩鬼把戲，到了第三天將他的屍體偷走，謊稱耶穌復活。要是這樣，崇拜他的人或許就更多了。因此我們建議派人看守耶穌墳墓。」得到彼拉多的同意後，他們就帶著兵丁來到耶穌墓，用大石頭重新封住了墓穴口，墓穴口加上封條，用石灰堵住，然後派人在那裡看守。

安息日一過，也就是耶穌被釘死的第三天，一大早，抹大拉的馬利亞和雅各的母親馬利亞帶著香料和香膏來到耶穌墓前。突然大地震動，天使從天而降，形貌如閃電，衣服潔白如雪。祂們將墓穴的石頭滾開，坐在上面。看守墓穴的兵丁們嚇得渾身顫抖，臉色慘白如同死人。

天使對婦女們說：「妳們不要害怕，我知道妳們前來尋找被釘在十字架上

的我主耶穌。他已經不在這裡了，按照之前的預言，已經復活了。請妳們去告訴門徒，讓他們前往加利利，在那裡可以看到我主。」

婦女們離開墳墓，心裡既惶恐又歡喜，她們急急行走，要給門徒報信，半路上遇見了復活的耶穌，耶穌說道：「願妳們平安。」婦女們匍匐在地，抱住他的腳。耶穌對她們說：「妳們不要害怕，快去告訴我的兄弟們，在加利利可以見到我。」

婦女回去，將耶穌復活的消息告訴了門徒。彼得不信，趕往耶穌墓中去看，只見包裹耶穌屍體的麻布完好，裡面的屍體不見了，這才相信，耶穌基督真的復活了。

基督升天

看守墳墓的士兵們看到天使，慌忙跑回城去，將天使顯身和耶穌復活的事情告訴了祭司長。祭司長和長老們一起商議對策。他們給了士兵們一些銀錢，叮囑他們道：「有人問起你們來，你們就說夜晚睡覺的時候，耶穌的門徒將屍體偷走了。如果這件事情被總督知道了，有我們在，保證你們不受牽連。」兵丁們拿了錢，就按照長老們的話，四處製造輿論。至今，猶太人之中還流傳著這樣的話。

彼得查看完墳墓後，相信耶穌真的復活了。他和十一個門徒前往加利利，到了耶穌約定的山上，他們見到了耶穌。

耶穌走近他們說：「天上、地下所有的權力都賜給我了。所以，你們要去各地傳經佈道，萬民信奉我，做我的門徒，我會奉父、

子、聖靈的名給他們施洗。只要他們遵從我的吩咐，我就常與你們同在，直到世界末日。」

耶穌基督復活四十天後，在距離耶路撒冷一公里遠的橄欖山上，再次召見了門徒。門徒親眼看著耶穌被一朵絢爛的雲彩托著，慢慢地飛升到天上去了，眾門徒仰望天際，依依不捨。

耶穌的復活是基督信仰的關鍵：

第一，奠定了信徒們的信仰基礎，既然能死而復生，那麼其他應許也能實現。

第二，耶穌復活顯示基督是神永恆國度的統治者，他不是假先知或騙子。

第三，耶穌復活顯示死並不是人唯一的結局，世人將來還有生命。

第四，復活是教會對全世界做見證的基礎。

崔憲祥（1895年～1980年），字錫章。博興縣人。基督教牧師、神學家。原中國基督教三自愛國運動委員會副主席。泰安基督教美以美會萃英中學畢業，後升入北京基督教美以美會匯文大學，畢業後入燕京大學神學院就讀。1920年在泰安任美以美會主任牧師3年。1923年去美國留學，獲神學博士學位，回國後曾任濟南齊魯大學神科教授。

猶大之死

受難節是基督教紀念耶穌受難日的節日，《新約》全書》記載，耶穌被羅馬統治者釘死在耶路撒冷的十字架上。教會稱這一天在猶太教安息日的前一天，規定復活節前的星期五為受難節。

猶大眼看著耶穌被判處死刑，追悔莫及。他痛哭流涕找到祭司長和長老說道：「我把那三十塊銀錢還給你們吧！我出賣我主耶穌，犯下了大罪惡！」

祭司長一反往日和猶大親密的樣子，他臉色冰冷地說道：「這個和我們有什麼關係，你自己承擔吧！」

猶大將銀錢扔在聖殿，跌跌撞撞跑了出去。在聖殿門口，猶大遇見了前幾天來聖殿捐錢的寡婦。

這個寡婦是耶路撒冷的一個窮人，獨自撫養好幾個孩子。她對上帝虔誠、信服。那天，耶穌在聖殿的奉獻箱旁邊坐定，猶大站在耶穌旁邊，看眾人怎麼捐款。有好多財主紛紛往奉獻箱裡面捐獻，耶穌毫不動容。此時這個貧窮的寡婦往裡面投了兩個小錢。耶穌對猶大和眾門徒說道：「我老實告訴你們吧！這個寡婦投到箱子裡面的錢，比那些財主投的都多。那些財主放進去的都是他們的餘錢；而這個寡婦放進去的，可能是自己的養生錢。」

寡婦看到猶大，撕開衣服，悲痛萬分：「耶路撒冷的婦孺老幼都知道你得了祭司長的三十塊銀錢。那銀錢裡面，或許有我的血汗呢！你這個無恥、貪婪的小人，竟然狠心殘害你的主人！」

猶大看見寡婦，更加慚愧。貧窮的寡婦拿出自己的養生錢奉獻自己的信心和虔誠；而自己卻從祭司長那裡獲取賞銀，出賣自己的信心和虔誠。

猶大的背叛

這時候人們圍攏過來，有人說道：「你那三十塊銀錢能買一個強壯的奴隸為你效勞了吧！」

「什麼強壯的奴隸，三十塊銀錢是明的賞銀，這個加略人，暗地裡不知得了多少好處呢！」

有認識寡婦的人說道：「妳看妳多傻，將自己的養生錢都奉獻了，到頭來被猶大這樣賣主的人揮霍！」

面對這麼多人的指責，猶大昏昏沉沉。他走出人群，來到聖殿旁邊的橄欖山下。解下褲腰帶，繫在半山腰的一棵橄欖樹枝上，閉著眼睛禱告了一番，將脖子伸了進去，雙腿一蹬，身體懸空。沒想到橄欖枝斷裂，猶大從半山腰摔了下來，尖銳的石頭和荊棘將猶大的肚子劃開，肚腹崩裂，腸子流了一地。

話說祭司長撿起猶大扔下的銀錢，感到為難：「這銀錢有血腥，不能放在銀庫裡。」他們商議了一番，決定用這三十塊銀錢購買磚窯主的一塊田地，用來埋葬外鄉人。猶大的屍體就葬在裡面，那塊田地被稱為「血田」。

兩千多年來，猶大一直是貪婪、無恥、背叛、謊言的代名詞。可是在2006年，美國皇家地理學會聲稱，他們發現了一份遺失近1700年的《猶大福音》手稿，根據手稿內容，他們對《聖經》的研究有了最新進展。他們認為，猶大之所以出賣耶穌，是在耶穌的授意下進行的，目的是為了完成上帝的救贖計畫。猶大既不貪婪也不無恥，而是耶穌最喜歡、最信任的門徒，為了耶穌，不惜犧牲自己的名聲。

劉振宗主教（1951年5月13日~），1974年9月進入台南碧岳大修院，1980年1月神學院畢業，回嘉義教區牧靈實習，4月13日在斗六正心中學晉鐸，隨後就任主教座堂副主任。1985年7月赴羅馬傳信大學攻讀教會法，1987年6月獲教會法碩士學位，1988年3月任斗六聖心小修院院長。1994年7月1日教宗若望保祿二世任命為嘉義教區主教，2004年7月5日教宗若望保祿二世任命為高雄教區助理主教，2006年元月5日教宗本篤十六世任命為高雄教區主教。

第六編

福音傳播

降臨在五旬節的聖靈

五旬節在逾越節後五十天，又名七七節，是為了慶祝農作物豐收而獻上感謝的節日，也是每年三大節日之一。耶穌在逾越節被釘在十字架上，並在四十天後升天，聖靈在耶穌復活後五十天降臨。

耶穌復活四十天後，在橄欖山上和眾門徒會面，囑咐他們說：「不要離開耶路撒冷，要等候天父所應許的，也就是我以前說過的話：『約翰是用水給你們施洗，過幾天後，你們就要接受聖靈的洗禮了。』」

門徒問：「我們全能的主啊，到我們接受聖靈洗禮的日子，就是您復興以色列國的日期嗎？」

耶穌對他們說：「天父有自己的計畫，這就不是你們所知道的了。聖靈降臨到你們身上的時候，你們會具備很大的能力做我的見證，然後給人傳道，要從耶路撒冷到猶太全地、撒馬利亞，直到天涯海角，做我的見證人。告訴世人，我降生，我死亡，我復活，我是救世主，讓人們信服我、歸順我。這是門徒的責任。」

耶穌說完後就升天了。十一位門徒從橄欖山來到耶路撒冷他們的住所，一邊等候聖靈的降臨，一邊祈禱。

這一天信徒大聚會，一共有一百二十人。彼得站起來說道：「加略人猶大出賣我主耶穌已經自盡身亡了。他本來在我們使徒的行列，現在他死了，需要填補一名使徒代替猶大的職位，保持十二使徒的數目。詩篇中早就預言：『願他的年日短少，願別人得他的職分。』」

在眾人的商議下，確定了推選使徒的資格：第一，施洗約翰出來施洗至耶穌復活這段時期，常跟隨在耶穌左右的人；第二，見過復活的耶穌的人。

　　根據這兩個標準，他們確定了巴撒巴和馬提亞兩人，透過抽籤選出馬提亞和十一名使徒同列。

　　五旬節到了，門徒聚集在一起。這時候天上一陣驚雷般的大響聲，隨後，一種鼓盪的、靈動的東西充滿了屋子；與此同時，他們的頭上閃爍著舌頭似的火焰，使徒們全身被聖靈充滿，按照聖靈的指派，用各個國家的語言開始傳道。

　　那時候，有虔誠的猶太人從各地趕來，住在耶路撒冷。他們聽見了響聲，紛紛聚集而來想看個究竟。這些人中有帕提亞人、瑪代人、以攔人；住在美索不達米亞、猶太、加帕多家、本都、亞西亞、弗呂家、旁非利亞、埃及的人；靠近古利奈的利比亞一帶地方的人；從羅馬來的客旅中，或是猶太人，或是信猶太教的人。

基督的引導

　　這些旅居在外地的猶太僑胞，大都說流行的希臘語，也有少數人說當地的方言；而出身於加利利的十二位使徒，平時只會說當地的土語亞蘭語。這些人語言各有不同，但是門徒的話，他們都能聽得懂。這種奇異的景象，讓在場的人感到萬分驚奇。他們驚訝地互相詢問：「你們看，這些傳道的人不是加利利人嗎？他們怎麼會說我們的話呢？」

　　有人說：「這是上帝在顯

靈。」

也有人譏誚的說道：「我看他們是酒醉胡說罷了。」

彼得聽了譏誚的話，站起來說道：「大家知道我們猶太人是嚴守時節的，從早到中午是不吃不喝的，現在是九點，我們怎麼可能喝酒呢？」

之後，彼得動情地發表演講，講述了耶穌的生平、受害、受難、死亡和復活，然後呼籲人們信奉基督，贖去罪惡。在場的人聽了無比動容，當下就有很多人接受了聖靈的洗禮。那一天，信奉上帝的門徒達到三千人。

上天之所以降臨舌頭似的火焰，是用舌頭來象徵預言和福音的傳播。火能使我們聖潔，除去生命中的雜質，使我們的心火熱起來，也激發人去改變生命。聖靈降臨的時候，透過狂風、驚雷和火焰等蔚為壯觀的方法，證實上帝和使徒們同在。

原本不會其他語言的使徒們，在聖靈降臨之後會說各種語言，這種景象讓聚會的人感到驚訝。這說明上帝的大能和體諒。

曾寶蓀（1893年～1978年），湖南省湘鄉縣荷塘鄉（今屬雙峰縣）人，女，中國基督教婦女教育家。父親曾廣鈞是曾國藩孫輩中最年長的一個，她又是曾孫輩中最年長的一個。她一生從事教育工作，編校過《新《舊約》《聖經》提要偈子》。1949年去臺灣。1978年在臺北逝世。

聖司提反：基督首位殉道者

公會：在耶穌和保羅時代猶太人領導者的政務會。在基督時代，公會是猶太人領導層、法利賽人和撒都該教派的主要委員會。它有七十一位成員，由當時選舉出來的大祭司負責工作。在猶太人宗教律法問題上，羅馬人承認公會的統治。

十二使徒的福音傳播，吸引了越來越多的人順服上帝，拜在耶穌門下，接受教化和洗禮。隨著人數的增多，他們成立了教會，做為信徒們的組織機構。

最開始，信徒們處於一種自發的、散亂的狀態。他們變賣了自己的房產家業，將錢交給教會，只留下自己所需要的一小部分。他們所有的物品都公用，聚集在一起吃飯，過著一種各取所需的集體共產生活。

這麼多人在一起生活，需要籌劃，需要管理。公用物品的分配，需要一個公平機構來實施，自發的狀態不可能維持很長時間，尤其是以色列這樣多民族聚集的社會。但是，十二使徒並沒有這方面的心理準備和管理經驗。

時隔不久，問題出現了。這一天，彼得在教會午休，希利尼語的猶太人一起來找彼得，說教會的膳食供應沒有條理也不公平。那些行動慢、體質弱的寡婦，吃飯的時候往往挨餓。

彼得聽了，覺得這是個大事情，如果不及早處理，會影響教民的情緒。於是，他召集十二使徒召開教會會議，商議解決辦法。他們決定從教眾中挑選幾個人來擔當膳食的管理分派工作，適合擔當此項工作的條件是：

第一，勇於承擔管理責任（這是責任心的基礎）。

聖司提反

第二，名聲好，道德威望高（這是公平的基礎）。

第三，被聖靈充滿，富有智慧（這是信心和能力的基礎）。

透過選舉，選出了七名符合上述條件的人做為教會的執事，管理日常事物，他們是：

司提反、選腓利、伯羅哥羅、尼迦挪、提門、巴米拿、尼哥拉。

教會有了初步的管理體制，克服了種種弊端，信徒們更加虔誠祈禱、傳教，教會影響越來越大，很多祭司都開始信奉上帝了。

司提反在教眾的威望一直很高，他具有大信心、大智慧，是一名虔誠的基督徒，被上帝所信賴。他行走各地，行了很多神跡，救治了很多垂危的病人。許多人在他的影響之下皈依上帝。因此，利百地拿會堂的幾個人，和古利奈、亞歷山太、基利家、亞西亞各處會堂的幾個人猶太教領袖，都起來和司提反辯論，企圖尋挑釁、迫害司提反。但是司提反辯才卓越，而且還被聖靈所充滿，這些人辯不過他。他們收買了幾個證人製造偽證，污蔑司提反「不住地蹧踐聖所和律法」，聲稱「這拿撒勒人耶穌要毀壞此地，也要改變摩西所交給我們的規條」。

司提反在猶太教公會裡受審，他表情平靜，渾身散發著天使的榮光。面對眾人的污蔑，他知道自己必定會成為一名殉道徒。他神情自若，言語清晰的做了生前的最後一次演講：「諸位在座的，以色列人千百年來為什麼屢遭災難，難道不是屢次拂逆上帝的旨意嗎？上帝三番兩次恩寵以色列人，將流著牛奶和蜜的迦南之地賞賜給以色列人，又制訂了摩西法律。可是，以色列人認同上帝的恩寵、遵守摩西法律了嗎？上帝派遣聖子耶穌前往世間做為人類的救世主，

卻被你們釘死在十字架上！有人控告我不遵守摩西法律，恰恰相反，違背摩西法律、犯下難以饒恕的罪行的人，正是這些高高在上的祭司和長老。你們必定會效仿你們的祖先，不，你們還要比你們的祖先以十倍的罪惡去違反摩西法律！」

司提反的演講令在座的公會人員大為惱怒，他們透過決議，要將司提反處死。

在差役的推搡下，渾身捆綁的司提反被押解到荒郊野外，陰沉的雲層透著一絲亮光，照射在司提反身上。狂怒的公會人員，鼓動人們用石頭砸死司提反。一塊又一塊的石頭，砸在他身上，他高聲呼喊：「求主耶穌接收我的靈魂！」又跪下大聲為那些扔石頭砸他的人祈禱：「主啊，不要將這罪歸於他們！」說完就死去了。

司提反是《聖經》記載的第一個殉道者。他在臨終的呼喊和語氣，和耶穌在十字架上所說的話十分相似。在教會初期，信徒們都以承受耶穌所遭遇過的苦難為榮。在遭受審判之前，司提反就做好了殉道的心理準備，預備要像耶穌一樣受苦。在臨終前，他像耶穌一樣，祈求上帝赦免殺害他的人，這種寬容，只有依靠聖靈才能做到。

黃兆明主教（1954年8月23日~ ），台灣省花蓮縣人，1983年4月12日在台東晉鐸，1998年7月16日當選高雄教區輔理主教 領 LAMFUAM 銜，1998年9月26日在高雄祝聖主教，2001年11月19日在花蓮就職教區主教。

打破陳規向外邦人傳教

上帝是基督教信奉的至高無上、唯一的真神，祂是世間萬物的創造者，超越自然世界和人類社會。上帝不受時間、空間和社會環境的限制。上帝無所不能、無所不在、無所不知、無所不有。祂主宰自然和歷史發展，對人們的行為進行審判，獎勵良善，懲治罪惡。

在約帕有一個女信徒叫大比大，她心地善良廣行善事，在當地威望很高。一天她患病死了，好多人前來弔唁，悲痛萬分。彼得正在附近傳教，得知這個消息後，來到了大比大家。

人們知道彼得多行神跡，祈求彼得讓大比大死而復生。彼得讓人們都到屋外去，然後跪下禱告，轉身對著死者說：「大比大，起來！」大比大睜開眼，看到了彼得，就坐了起來。這件事情傳遍了整個約帕，很多人更加信奉上帝了。

救活大比大後，彼得在約帕的一個名叫西門的皮硝匠家住了幾天。

該撒利亞有一個人叫哥尼流，是義大利營的百夫長。哥尼流信奉、敬畏上帝，而且十分虔誠，每天禱告；他為人善良，經常周濟窮人。因而，哥尼流在當地名聲很好。

一天夜晚，上帝遣派使者來到哥尼流面前，呼喊他的名字：「哥尼流。」哥尼流從夢中驚醒，驚慌地說道：「我的主，祢有

彼得接受天國的鑰匙

什麼吩咐嗎？」天使說道：「上帝領受了你的禱告，而且你的行善上帝也看到了。現在上帝的聖徒彼得正在約帕的西門家裡，你派人把他請來，他會給你洗禮，讓你正式皈依我主。西門的家在海邊。」

天使說完離去了。第二天，哥尼流叫來兩個家人和一個經常伺候他的士兵，讓他們前往約帕。

這天中午，彼得在西門家的房頂上禱告，禱告完畢後要下去吃午餐，他忽然覺得身體輕飄飄的，靈魂好像飛了出去。這時候，他看見天上裂了一個大洞，有一塊繫著四個角的大塊布，從半空中落在房頂上。彼得看到裡面有地上各種走獸和昆蟲，還有天上的飛鳥。這時，一個聲音說道：「彼得，把這些禽鳥走獸殺了吃掉吧！」

彼得聽聞，匍匐在地，說道：「主啊，這怎麼可以呢？這些禽鳥和走獸都是不潔淨的，我從來沒有吃過呀。」

那個聲音第二次向他說：「這是上帝所說潔淨的，你不可將牠們當作一般的俗物！」

這樣一連三次，布裡面包裹的東西又飛升到天上去了。

彼得疑惑不解，弄不清所看見的異象是什麼意思。哥尼流所差來的人已經找到了西門家。這時候聖靈對彼得說：「有人來找你。你趕緊下去和他們一起走吧！不要疑惑和猶豫，這些人是我差遣來的。」

彼得下去見那些人，說：「我就是你們要找的人。你們找我有什麼事呢？」

來人說道：「百夫長哥尼流敬畏上帝、信服上帝。他蒙一位聖天使指示，請你到他家裡去，聆聽你的教誨。」

　　第二天，彼得和其他幾個使徒在來人的帶領下來到了凱撒利亞。哥尼流已經請了幾個親朋好友等候他們。哥尼流一看見彼得，上前迎接，俯伏在他腳前拜他。

　　彼得攙起哥尼流說：「你起來，我也是普通人。」然後一起進屋，給他們傳播上帝的出生、受難、死亡、復活和升天。最後彼得說：「這些人既受了聖靈，與我們一樣，誰能禁止用水給他們施洗呢？」

　　於是，彼得打破了陳規舊俗，給這些外邦人舉行了洗禮。而在此之前，猶太人是不和外邦人來往的，更別說進行宗教方面的互融了。

　　早期的猶太人是不和外邦人有任何往來的，他們不和外邦人接觸，不和他們在一張桌子上吃飯，不進入他們的房子，即便有和外邦人來往的意圖和想法，也被認為是可恥的。猶太人認為，外邦人吃猶太法律所禁止的食品，他們在禮儀上是不潔的，和他們往來就會沾染不潔。正是這種「宗教偏見」妨礙了上帝福音的傳播。

　　上帝給彼得降下異象，旨在告訴彼得不要輕視外邦人，福音是為世上萬民而設的，不僅僅侷限於在猶太人中傳播。

許地山（1893年～1941年），現代作家、學者，中國基督教學者。名贊堃，字地山，筆名落花生。祖籍廣東揭陽，生於臺灣臺南。1916年加入閩南基督教新教倫敦會，著有《道教史》等。

波得獲救和希津王之死

教會是基督教的基本組織，是全體在世和去世的基督徒的總體。教會涵義較廣，既可指基督教各派的整個組織，如基督教會、天主教會、東正教會等；也可指某一國家、某一地區或者某一教堂全體基督徒的組織，如英國教會、安提阿教會，以及某某教堂的教會等等。

司提反殉道後，許多信徒到安提阿避難。在那裡，外邦基督信徒建立了第一個以外邦人為主的教會。從那時起，信徒被初次稱為基督徒。

希律王亞基帕一世（西元前4年～西元41年統治猶太）迫害基督信徒，殺死了使徒約翰的哥哥雅各。

除酵節的前幾天，亞基帕一世從該撒利亞的官邸趕到耶路撒冷準備過節。希律王知道彼得在內的好多教眾都在耶路撒冷，於是派人大肆搜捕，將彼得捉住關進大牢。教會為了營救彼得，除了四處奔走外，每天為他禱告。

希律王派出四班兵丁在監牢看守，每班四個人，等逾越節一過，就將彼得交給猶太人處置。在逾越節的前一夜，希律王害怕教眾來救彼得，加強了看守，命人將彼得用鐵鍊鎖定，讓他睡在兩個兵丁當中，門外另派兩個兵丁看守。

半夜時分，牢裡牢外的兵丁都沉沉入睡了。天使從天而降，來到彼得身旁。天使身上散發的榮光讓大牢裡面充滿了榮耀。天使伸手將彼得拍醒，輕聲說：「快點起來，跟我走。」彼得坐起身，身上鐵鍊隨之脫落。

天使讓彼得穿上鞋子，披上外衣跟祂走出牢房。彼得順從天使的話，跟著天使走出牢房。他不知道這個天使是真的，還是自己看到了異象。

313

聖彼得——耶穌最得意門徒

彼得隨著天使過了第一層監
牢，來到第二層監牢前，監牢門自
動打開。他們來到臨街的鐵門，那
扇門也自動開啟。他們出來，走過
一條街，天使便離開他了。彼得這
才醒悟過來：原來是上帝遣派使者
前來救我，讓我逃脫希律王的毒
手！

彼得走進一位教眾家裡，好多
人正聚集在一起為彼得祈禱。教眾
看到彼得大吃一驚：「祢是彼得的
天使嗎？」原來，猶太人相信上帝
的每一個子民都有天使在守候，天
使和被守候者的面貌一樣。彼得說
道：「我不是天使，我是彼得。」
於是，他給眾人講述了逃獄的經
過。稍微休息了一會兒，彼得說道：「天亮之前，希律王恐怕會全城搜捕，我
不宜久留。」說完，彼得就到別處躲藏了。

天還未亮的時候，看守彼得的兵丁換哨，發現彼得不見了，驚慌萬分，連
夜稟告希律王。希律王大怒，殺了看守牢獄的兵丁，然後命人全城搜捕。折騰
到天亮，一無所獲。

逾越節過後，希律王離開耶路撒冷返回該撒利亞。幾天後，有人稟報說，
因為推羅、西頓的土地貧瘠糧食產量少，那裡的人民請求希律王放糧救災，希
律王聽後很惱怒。兩地的人們在希律王為羅馬皇帝慶典的日子，來到希律王官

邸求情，希律王身穿朝服，坐在王位上，給他們訓話。求情的人們諂媚希律王，讚頌道：「這簡直就是上帝的聲音呀！」

希律王聽了，得意洋洋。上帝見狀大為惱怒，派出使者懲罰希律王。希律王頓時感到渾身被千萬隻蟲子撕咬，痛苦不堪，連連慘叫，不久就一命嗚呼了。

有人或許會質疑，上帝為什麼派出天使拯救彼得，卻讓雅各被殺呢？解經專家對這個問題的解釋是：這的確是生命中經常遇到的難題。為什麼同一個家庭，一個孩子智力平平，另一個孩子聰明智慧？為什麼一個孩子腿腳殘廢，而另一個孩子是運動健將呢？我們之所以覺得這是一個難題，是因為我們不能像上帝一樣看到全部。祂可能會讓罪惡留在世界一段時間，但我們可以相信祂的帶領，因為祂曾應許最終要消滅一切罪惡。在這期間，有的人會遭遇苦難，有的人會蒙恩，這都是很正常的現象。所以，信徒要相信上帝的引領，祂拯救彼得，祂看著雅各被殺，自然有祂的道理。

鮑哲慶（1893年～1957年），中國基督教浸信會領袖之一，牧師，浙江鎮海人。曾任世界浸禮宗聯盟大會副會長、中國基督教三自愛國委員會委員。1923年任浙滬浸禮議會總幹事後，英才卓越，深得北美總差會的信任，將差會全權交出。這是中國牧師接受美國差會大權的第一人。

從惡徒到聖徒：掃羅新生

天使——猶太教、伊斯蘭教和基督教中對天使的概念十分相近，祂們是侍奉神的靈，神差遣祂們來幫助需要拯救的人，傳達神的旨意，是神在地上的發言人。天使的外形是人形（即是神的形狀），會在身上發出光輝，頭頂上方有光環，背後長有翅膀。

掃羅是一名虔誠的猶太教信徒，在司提反被處死當天，掃羅也在現場。看到司提反被處死，掃羅很高興。他為了幫助猶太教徹底清除基督信徒，帶人到各家各戶搜查，將信徒們逮捕入獄。耶路撒冷的基督教會，遭到了猶太教領袖們的瘋狂迫害。除了十二名使徒以外，門徒都分散在猶太和撒馬利亞各處。掃羅找到大祭司，自告奮勇要求大祭司給他發一個文書，他要到大馬士革的各個會堂，搜捕基督信徒。無論男女老幼，一律捆綁押解回耶路撒冷。

大祭司應允了掃羅的請求，他拿著大祭司的文書，動身前往大馬士革。臨近大馬士革時，忽然從雲層中透出一團亮光，將掃羅籠罩。這種突然出現的奇異景象，讓掃羅感到十分驚慌，他不由自主地匍匐在地。這時候有聲音對他說：「掃羅，掃羅！你為什麼逼迫我？」

掃羅問道：「主啊，祢是誰？」

那聲音說：「我就是你所逼迫的耶穌。起來！進城去，你應當做的事，必有人告訴你。」

和掃羅一起同行的人站在那裡，只聽見掃羅和人說話，卻看不到誰和掃羅說話，也聽不懂說話的內容，驚駭地站在那裡呆若木雞。

掃羅從地上起來，睜開眼睛，發現什麼也看不見了。有人拉他的手，帶

保羅歸宗

他進了大馬士革。就這樣三天過去了，掃羅不能看東西，也吃不下飯、喝不下水。

當時，在大馬士革有一個門徒，名叫亞拿尼亞。這天晚上，耶穌降臨在亞拿尼亞身前，呼喊他的名字：「亞拿尼亞。」亞拿尼亞匍匐在耶穌腳下說：「我的主，祢有什麼旨意，我聽著呢！」

耶穌對他說：「你起來吧！在猶太的家裡住著一個客人，名叫掃羅。他雙眼看不見東西了，你用手按在他身上為他祈禱，他就能看見東西了。」

掃羅迫害基督徒的惡名遠揚，亞拿尼亞早就聽聞他的名聲，痛恨萬分。聽耶穌這麼吩咐，他疑惑地問：「主啊，這個人在耶路撒冷迫害祢的聖徒，做盡了壞事。他這次來大馬士革，就是前來捉拿聖徒的，祢怎麼還要我去救助他呢？」

耶穌說道：「你只管去。他是我選定的聖徒，要在外邦人和以色列人面前宣揚我的名。」

亞拿尼亞動身找到了掃羅，把手按在掃羅身上說：「兄弟掃羅，在你來的路上向你顯現的主，指使我來，讓你能看見，並被聖靈充滿。」

言畢，掃羅驚喜的發現自己又能看見東西了。他匍匐在亞拿尼亞腳下，感激萬分，發誓要做主的虔誠信徒。

第二天，掃羅接受了洗禮，他和大馬士革的門徒一起住了幾天，一同宣揚上帝的福音。他在各個會堂高聲宣講：「相信我吧！耶穌就是上帝的兒子！」

大祭司對掃羅的「叛變」大為惱怒，他指派人守候在城門，伺機暗殺掃羅。門徒用框子將掃羅從城牆下縋了下去，掃羅才得以逃命。到了耶路撒冷之

後，所有的信徒都厭惡掃羅以前的名聲，不願意和他結交，只有巴拿巴信賴他，帶領他去見使徒。

就這樣，一個偉大的基督信徒「出世」了。

隨後，掃羅改名保羅。保羅為了躲避猶太領袖的迫害，到大數避難去了。

掃羅，這個曾經熱衷迫害基督徒的人悔改後，為其他觀望的人樹立了榜樣。同時，也使得猶太教領袖信心大減、元氣大傷，基督教會也因此獲得了一段較為平安的日子。

謝扶雅（1892年～1991年），中國基督教宗教哲學家、著述家，浙江紹興人，幼年熟讀中國傳統文化經典，深受中國傳統思想及佛教影響。青年時期先後留學於日本的高等師範學校、立教大學，美國的芝加哥大學、哈佛大學。在日本立教大學就讀期間，受洗禮於聖公會。曾任嶺南大學、中山大學、金陵大學、東吳大學和湖南國立師範學院教授。著有《基督教與中國》、《基督教與中國思想》、《巨流點滴》等多部學術專著。

巴耶穌的眼睛和使女身上的鬼

上帝選民唯一的救贖主是主耶穌基督，他是上帝永恆的兒子。只有一位上帝，在上帝和人之間有一位中間人，就是成為人的基督耶穌。

為躲避猶太人的迫害，好多基督信徒逃往安提阿，安提阿教會日益興盛起來。

在安提阿教會中，保羅和巴拿巴是比較出名的先知和教師。這一天，保羅

主在何方

和巴拿巴受教會指派，到羅馬各地佈道。他們到了帕弗，遇見了一個有法術、冒充先知的猶太人，名叫巴耶穌。巴耶穌是方伯士求保羅的朋友。士求保羅是個通達人，當天得知保羅和巴拿巴在本地佈道的消息後，虔誠地將他們請來，要聽上帝的福音。

巴耶穌害怕保羅和巴拿巴的傳道會影響他在本地的權威。於是他在兩人身上使出法術，企圖阻擋二人在士求保羅面前佈道。這時候，保羅被聖靈充滿，定睛看著巴耶穌，說：「你這充滿各樣詭詐奸惡，魔鬼的兒子，眾善的仇敵，你混亂主的正道還不止住嗎？現在主的手加在你身上，你要瞎眼，暫且不見光日。」

保羅言畢，巴耶穌突然兩眼昏黑，看不見東西了。他雙手摸索著，團團轉著求人拉著他的手走了。

方伯親眼看見保羅施行神跡，對上帝更是敬仰萬分，成了一名虔誠的基督徒。

保羅和巴拿巴第一次佈道旅程結束後，時隔不久，就和另一位先知西拉再次踏上了佈道的旅程。他們來到腓立比，迎面跑來一個巫鬼附身的使女，這是使女的主人讓巫鬼附在使女身上，到街上騙錢。使女看見了保羅和西拉，跟在他們身後不停的喊道：「你們都來看呀，這兩個人是上帝派來的，專門講解救人的道理。」一連好幾天，使女跟在他們後面喊叫，保羅心裡十分厭煩，對使女大聲說道：「我奉耶穌基督的名，吩咐你從她身上出來！」附在使女身上的鬼當時就出來了。

使女的主人見保羅破了他們的法術，沒有了獲利的指望，便揪住保羅和西拉，將他們帶到長官面前指控到：「這兩個人原是猶太人，竟然騷擾我們的城市，還在這裡傳道，這些宗教是我們羅馬人所不能接受的。」

跟隨使女主人一起來的羅馬人，一起攻擊保羅二人。長官吩咐脫了他們的衣裳，用棍打；打了幾十棍後，就把他們關進監獄裡，囑咐獄卒專心看守。

當天夜裡，保羅和西拉在獄中高唱讚美詩，一邊唱詩一邊禱告。牢內的囚犯側耳傾聽。突然間，大地一陣顫動，監牢的地基都搖動了，所有的監門大開，囚犯的鎖鍊鐐銬也鬆開了。獄卒被驚醒，看到監門全開了，以為囚犯已經逃走，拔刀要自殺。保羅大聲呼叫說：「不要傷害自己！我們都在這裡。」

獄卒叫人拿燈來，跳進內監，虔誠的將他們帶了出來，戰戰兢兢俯伏在保羅、西拉面前：「兩位先生，我要怎樣做才能得救？」二人對他們說道：「你們虔誠信奉上帝，你們全家就能得救。」於是，獄卒將他們帶了出去，治療了他們的傷，並且將兩人帶到他們家，預備了晚飯。他們就給獄卒全家佈道、施洗。之後，又將二人帶回內監。

第二天，長官得知保羅是羅馬人，於是差人釋放了保羅一行人。

使女之所以讓保羅厭煩，是因為巫鬼在宣告保羅正在行使的事情。保羅害怕人們認為他的福音是和巫鬼的邪靈有關連的，這樣會破壞他所傳揚的資訊，影響人們的信心。

徐寶謙（1892年～1944年），上虞龍浦鄉江沿村人。1913年加入基督教受洗禮。曾任北京基督教青年會幹事、燕京大學哲學院院長、滬江大學、震旦大學、華西大學教授、全國基督教青年會總幹事。

千夫長三救聖保羅

教堂也稱禮拜堂，基督教舉行宗教儀式的建築物。教堂創建於西元4世紀，當時基督教被羅馬定為國教。

保羅在亞細亞四處傳道，受到了信徒們的虔誠信服。五旬節之前，保羅在米利都住了幾天，打算在五旬節趕到耶路撒冷。臨行之前，保羅召集了教眾做了長篇演講，最後他說道：「現在我要去耶路撒冷，心甚迫切，不知道在那裡會遇見什麼事。只知道聖靈在各城裡向我指證，說有捆鎖與患難等待我，以後不能再見我的面了。」

人們聽後紛紛跪下來，痛哭祈禱，勸說保羅不要離開，但保羅心意已定。

保羅行至該撒利亞，在信徒腓利家過宿，遇見了從猶太來的先知亞迦布，亞迦布預言保羅到耶路撒冷必定會被捆綁逮捕。隨行人員再次苦勸保羅不要去耶路撒冷了，保羅說道：「我為了上帝的信仰，即便被捆綁入監也心甘情願！」

一行人到了耶路撒冷，保羅給教眾們講述了在外邦傳教的經過。然後到聖殿獻祭、佈道。從亞細亞回來的猶太人看到保羅，煽動猶太教的教眾抓捕保羅：「這個人在外地到處遊說，踐踏我們神聖的律法，並且還帶著不潔的外邦人來玷污聖殿！」人們一擁而上，將保羅拖出了聖殿，想趁亂打死他。

有人去軍營報了信，千夫長聞訊趕來。他用鐵鍊將保羅鎖住，帶到了軍營中的營樓上。眾人簇擁著跟在後面，狂呼亂叫：「打死他，打死他！」眾人喧鬧著，甩掉衣服，弄得灰塵飛揚，表達他們的憤怒。

千夫長詢問他犯了什麼罪，保羅說：「我沒有犯罪，我只是信奉上帝，被猶太教的人迫害罷了！」

保羅遞交天國的鑰匙

營樓下的猶太人聽了保羅的話，更加憤怒，激動不已。千夫長怕出亂子，命人用鞭子抽打保羅來平復人們激動的情緒。保羅辯解道：「我是羅馬人，沒有經過公審，憑什麼鞭打我？」

行刑的百夫長聽聞此言，趕緊稟報千夫長，千夫長說：「你真的是羅馬人嗎？我的羅馬籍是用銀子買來的。」

保羅說：「我生來就是羅馬人！」

千夫長聽後就不敢再鞭打他了。

第二天，千夫長、祭司長和全體公會人員一起會審保羅。保羅極力為自己辯護，揭露猶太教領袖迫害基督教徒的卑劣行徑。在場聽審的猶太人惱羞成怒，趁機暴亂。千夫長害怕保羅在混亂中被殺，急忙吩咐兵丁將保羅帶回去。

當天夜裡，四十個激進的猶太人密謀要殺害聖保羅。他們對祭司長發誓：「不殺死聖保羅我們就絕食！」保羅的外甥得知這個陰謀後，跑到營樓報信。於是，千夫長吩咐兩百名步兵、兩百名長槍手、七十名騎兵，連夜將保羅護送到該撒利亞，轉交給總督腓力斯審理此案。

當時和保羅同行的有馬其頓教會的所巴特、亞里達古、西公都，加拉太教會的該猶和提摩太，亞西亞的推基古和特羅非摩。他們代表不同地區的外邦教會將捐款送往耶路撒冷，救濟該處貧苦的信徒。保羅之所以急於到耶路撒冷過五旬節，一方面要將捐款交給當地教會，另一方面要讓猶太的基督徒知道他尊重摩西律法——保羅不是無律法主義者，他只是認為得救與遵守律法無關。

劉廷芳（1892年～1947年），浙江永嘉人，中國基督教教育家、公理會牧師。哥倫比亞大學博士，曾任燕京大學校長，在全國基督教大會上被推舉為教會領袖。

保羅上訴羅馬皇帝

教父有兩層意思，第一層意思是「教會的父老」，指在神學上具有權威的早期作家；第二層意思和「教父教母」中的教父意思一樣。

保羅被押至總督大牢五天後，大祭司和幾個長老帶著律師帖土羅，從耶路撒冷來到該撒利亞，向法庭控告保羅。律師帖土羅巧舌如簧：「尊敬的腓力斯大人，我們在您的領導下得以永享太平，我們感謝不盡。但是保羅就像瘟疫一樣到處鼓動猶太人作亂，而且還想玷污聖殿。」

最後的審判

和帖士羅一起來的猶太人隨聲附和：「他說的全是實情，我們可以作證！」

保羅辯解道：「腓力斯大人，只要您調查一下就能澄清事實。我到耶路撒冷做禮拜到今日，不過十二天。誰見過我在殿裡，或是在會堂裡，或是在城裡，和人辯論，鼓動人們作亂呢？不過我向您承認，我就是他們所認為的異端的道，但我行止端正、合乎律法，勸說人們向善。請問我犯了什麼罪呢？」

腓力斯也明白基督教徒是不會騷擾社會、鼓動作亂的。他含含糊糊地說：「這個案子暫且擱著，以後再議。」他暗自吩咐百夫長看守保羅，並且寬待他，允許親友前來探望。幾天後，腓力斯和他夫人一起請保羅給他們宣講基督教義。當保羅講到公義、節制和將來的審判時，腓力斯感到恐懼，說：「你先回去吧！我有時間再聽你講。」

在保羅關押期間，腓力斯經常請他談論教義。就這樣過了兩年，新任長官非斯都接替腓力斯的職務，在交接期間，腓力斯為了討好猶太人，依舊將保羅關在監獄裡。非斯都上任三天，就從凱撒利亞到耶路撒冷去巡視。祭司長和猶太人的首領聽聞新任總督來了，紛紛前來面見非斯都，控告保羅，請求把他押解到耶路撒冷來，企圖在半路埋伏，殺死保羅。

非斯都要求他們指派幾個人和他一起去該撒利亞會審保羅。就這樣，祭司長和長老們又隨從非斯都來到該撒利亞，老生常談指控保羅觸犯法律、玷污聖殿和意圖造反。保羅據理力爭，非斯都找不出保羅犯罪的證據，為了討好猶太人，就問保羅說：「你願意去耶路撒冷？」

保羅說道：「我要上訴羅馬皇帝凱撒，只有在他那裡，才是我應該受審的地方。我從來沒有做過什麼罪惡的事，這你也是知道的。他們所告我的事，都是無中生有憑空捏造，所以我要上訴凱撒大帝，反對將我交給他們審理。」

非斯都和他身邊的謀士，以及高級行政官員和較年輕的隨員商議了一會兒，說道：「我們允許你上訴凱撒大帝。」

時隔不久，亞基帕王來到該撒利亞和非斯都會晤。非斯都知道亞基帕王熟悉猶太宗教事務，於是就保羅案子予以諮詢。非斯都向亞基帕王說明案情後，說道：「我查明他沒有犯什麼該死的罪，並且他已經上訴羅馬皇帝了，所以我決定將他押送羅馬。但我認為，解送囚犯，不表示他的罪案是不合理的。」

亞基帕王讓保羅在他面前辯護，保羅藉機向這個羅馬的高級官員佈道，講述了自己如何見證耶穌的神跡、如何在感召下成了基督徒，陳述了猶太教領袖迫害基督徒的事實。亞基帕王聽了，也認為保羅無罪，對非斯都建議：「儘管查不出他犯什麼罪，也只能釋放他了。但他已經上訴到了羅馬皇帝那裡，不妨將他押解到羅馬去。」

非斯都聽從了亞基帕王的建議。

在當時，所有的羅馬公民都有向羅馬皇帝上訴的權利。但這並不代表羅馬皇帝會親自審理，而是要交給全國最高法院審理。非斯都之所以同意保羅上訴，他認為這是讓保羅離開的好方法，可以平息猶太人的情緒。而保羅上訴的主要目的，是想將基督的福音傳播到羅馬去。

顧子仁（1887年～1971年），中國基督教學生運動活動家，上海人。曾任基督教青年會全國協會副總幹事、世界基督教學生同盟巡迴幹事、主席，1948年後在美國任教，卒於美國。

到羅馬去

教區，原意「區域」。基督教一些施行主教制的教會，主教所管轄的行政區域，稱之為教區。

保羅由一個叫猶流的百夫長押解，乘船沿著亞西亞一帶海邊，踏上了前往羅馬的旅程。

在海上航行了幾天後，已經過了禁食的節期，海風大了起來，天空經常烏雲密佈。那時候海上航行沒有羅盤，只能靠夜間觀察星象確定航線。烏雲遮住了星星，航行很危險，保羅對眾人說：「我看這次行船不但貨物和船隻會受損、破壞，連我們的性命也難保。」

但是沒人聽從保羅的忠告，加上在海上無法過冬，更多乘客贊同到非尼基去。非尼基是克裡特的一個海口，一面朝東北，一面朝東南。這時颳起了南風，他們順風起錨，向非尼基駛去。

沒多久，海上狂風大作，巨浪翻滾。眾人無法控制航向，只好任由船隨風飄盪。第二天，迫於風浪的威逼，眾人就把貨物拋到海裡；到了第三天，他們又將船上暫時用不著的器具丟棄了。一連數天天氣陰沉，太陽和星星好久不露臉了。面對狂風巨浪，人們都感到絕望。保羅安慰大家說：「請大家放心，我們都沒有性命之憂，不過這艘船恐怕保不住了。我侍奉上帝，昨晚上帝派遣使者告訴我：『保羅，不要害怕！你必定會站在凱撒面前，並且與你同船的人，神都賜給你了。』所以，你們儘管放心好了。我們可能要落腳在一個島上，耽擱些日子。」

到了第十四天夜裡，船依舊在亞得裡亞海飄來飄去。到了半夜十分，水手們放下救生艇要逃命，保羅說：「你們只有在船上才能保住性命，否則必會葬

福音降臨

身大海。」水手們不理會保羅的忠告，執意要走，最後被海浪吞沒了。

天亮的時候，人們因為擔心受怕，吃不下飯。保羅安慰他們：「我勸你們吃飯，這是關係你們性命的事；相信我，你們會毫髮無傷，都能活命。」說完，保羅拿著餅，在眾人面前禱告，撕開讓人們吃了。當時，船上一共有兩百七十六人。

船行至一個海島旁邊擱淺了，船頭卡住不動，船尾被巨浪拍壞了。士兵們將麥子扔到海裡，船還是動不了，最後他們建議將囚徒殺死，避免他入水脫逃。那時候的法律規定，如果囚徒逃脫，士兵要判處死刑。

百夫長為救保羅，不贊成他們的做法。他命令會游泳的士兵，跳下水游上岸，其餘的人用木板划水上岸。這樣，船上的人都得救了。這個海島的名字叫馬耳他，島上的居民對他們十分熱情。他們在島上居住了三個月，保羅給島上的居民治病、佈道，受到了島民的尊敬。當他們

搭乘過路船要離開時，島上居民都表現得依依不捨。

　　到達羅馬後，保羅請猶太人的首領前來會面。保羅給他們宣傳上帝的福音，但是收效甚微。看著福音再次被猶太人棄絕，保羅十分失望，從此之後，他將精力放在為外邦人傳道上。

　　保羅在羅馬被軟禁了兩年後獲釋。他在羅馬期間，為福音的傳播和基督教的發展做出了巨大貢獻。

　　保羅堅持認為耶穌的福音不應限於猶太人，也該向非猶太人傳道時，受到了強烈的抨擊。傳教對象的爭議導致保羅開始向非猶太人傳播福音。他在地中海各地進行了三次的傳道之旅，足跡遍及小亞細亞、馬其頓、希臘及地中海東部各島，共計一萬兩千餘里，他還在外邦人中建立了許多教會。期間被關押兩年，出獄後再次前往各地傳教。後被羅馬皇帝尼祿處死。保羅是第一個去外邦傳播福音的基督徒，是世界上第一位穿梭外交家。他被歷史學家公認是對於早期基督教會發展貢獻最大的使徒，可稱為基督教的第一個神學家。

韋卓民（1888年～1976年），廣東珠海縣人。中國基督教教育家、學者。就讀於美國基督教聖公會主辦的文華書院。歷任文華大學訓育主任、教授，私立華中大學教務長、副校長、校長等職，華中師範學院外語系、政治系教授，是全國基督教反帝愛國、三自革新運動委員會領導人之一。著有《中國古籍中的上帝觀》、《祭祀的研究》、《孟子理論思想》，譯著有《康得純粹理性批判》等。

國家圖書館出版品預行編目資料

關於聖經的100個故事／林彥麒 編著
——第一版——臺北市：宇炯文化出版；
紅螞蟻圖書發行, 2008.11
面；　公分. ——（Elite；15）
ISBN 978-957-659-694-0（平裝）

1.聖經　23.通俗作品
241　　　　　　　　　　　　97019563

Elite 15

關於聖經的100個故事

編　　著／林彥麒
美術構成／Chris'office
校　　對／周英嬌、楊安妮、朱慧蒨
發 行 人／賴秀珍
榮譽總監／張錦基
總 編 輯／何南輝
出　　版／宇炯文化出版有限公司
發　　行／紅螞蟻圖書有限公司
地　　址／台北市內湖區舊宗路二段121巷28號4F
網　　站／www.e-redant.com
郵撥帳號／1604621-1　紅螞蟻圖書有限公司
電　　話／(02)2795-3656（代表號）
傳　　真／(02)2795-4100
登 記 證／局版北市業字第1446號
數位閱聽／www.onlinebook.com
港澳總經銷／和平圖書有限公司
地　　址／香港柴灣嘉業街12號百樂門大廈17F
電　　話／(852)2804-6687
新馬總經銷／諾文文化事業私人有限公司
新 加 坡／TEL:(65)6462-6141　FAX:(65)6469-4043
馬來西亞／TEL:(603)9179-6333　FAX:(603)9179-6060
法律顧問／許晏賓律師
印 刷 廠／鴻運彩色印刷有限公司
出版日期／2008年11月　第一版第一刷

定價320元　　港幣107元

ISBN　ISBN 978-957-659-694-0　　　　　　Printed in Taiwan